E-Book inside.

Mit folgendem persönlichen Code
erhalten Sie die E-Book-Ausgabe
dieses Buches zum kostenlosen
Download.

3r65p-6wwc0-
18101-741mz

Registrieren Sie sich unter
www.hanser-fachbuch.de/ebookinside
und nutzen Sie das E-Book
auf Ihrem Rechner*, Tablet-PC
und E-Book-Reader.

* Systemvoraussetzungen:
Internet-Verbindung und Adobe® Reader®

Weitzel

Contao für Webdesigner

Thomas Weitzel

Contao für Webdesigner

Mit responsiver Beispielwebsite,
Tutorials, Checklisten

HANSER

Der Autor:

Thomas Weitzel, Stuttgart

Alle in diesem Buch enthaltenen Informationen, Verfahren und Darstellungen wurden nach bestem Wissen zusammengestellt und mit Sorgfalt getestet. Dennoch sind Fehler nicht ganz auszuschließen. Aus diesem Grund sind die im vorliegenden Buch enthaltenen Informationen mit keiner Verpflichtung oder Garantie irgendeiner Art verbunden. Autor und Verlag übernehmen infolgedessen keine juristische Verantwortung und werden keine daraus folgende oder sonstige Haftung übernehmen, die auf irgendeine Art aus der Benutzung dieser Informationen – oder Teilen davon – entsteht.

Ebenso übernehmen Autor und Verlag keine Gewähr dafür, dass beschriebene Verfahren usw. frei von Schutzrechten Dritter sind. Die Wiedergabe von Gebrauchsnamen, Handelsnamen, Warenbezeichnungen usw. in diesem Buch berechtigt deshalb auch ohne besondere Kennzeichnung nicht zu der Annahme, dass solche Namen im Sinne der Warenzeichen- und Markenschutz-Gesetzgebung als frei zu betrachten wären und daher von jedermann benutzt werden dürften.

Bibliografische Information der Deutschen Nationalbibliothek:

Die Deutsche Nationalbibliothek verzeichnet diese Publikation in der Deutschen Nationalbibliografie; detaillierte bibliografische Daten sind im Internet über http://dnb.d-nb.de abrufbar.

© 2014 Carl Hanser Verlag München, www.hanser-fachbuch.de
Lektorat: Sieglinde Schärl
Fachlektorat: Peter Müller
Copy editing: Irmgard Böger, München
Herstellung: Irene Weilhart
Umschlagdesign: Marc Müller-Bremer, www.rebranding.de, München
Umschlagrealisation: Stephan Rönigk
Gesamtherstellung: Kösel, Krugzell
Ausstattung patentrechtlich geschützt. Kösel FD 351, Patent-Nr. 0748702
Printed in Germany

Print-ISBN: 978-3-446-43781-4
E-Book-ISBN: 978-3-446-43852-1

Inhalt

Einführung

Seit Erscheinen meines ersten Buches zum Content-Management-System (CMS) Contao sind drei Jahre vergangen. Die seitdem vollzogenen Versionssprünge von Contao haben viele Neuerungen mit sich gebracht und ich habe durch die Umsetzung zahlreicher Projekte neue Erfahrungen sammeln können. Gerne möchte ich diese Erkenntnisse weitergeben und mit diesem Buch in Ihre Hände legen.

Viele Dinge im Alltag eines Webdesigners haben sich geändert, mit zum Teil hoher Geschwindigkeit. All diesen Entwicklungen gerecht zu werden, ist im Rahmen dieses Buches nicht möglich. Es wird Ihnen jedoch eine Fülle von praxisrelevanten Informationen liefern und Sie, sofern Sie das noch nicht sind, von Contao begeistern.

Ziele dieses Buches

Eines der wichtigsten Ziele dieses Buches ist es, Sie zum eigenständigen Arbeiten mit Contao anzuspornen und Sie dabei so gut wie möglich zu unterstützen. Darüber hinaus möchte ich erreichen, dass Sie mit Spaß und Begeisterung an die Umsetzung von Projekten herangehen und nebenbei auch Ihr Wissen um die Dinge „drum herum" ausbauen.

Anhand der Beispiel-Website werden verschiedene Techniken gezeigt, die sich mit Contao verbinden lassen. Die fortlaufende Entwicklung von Webtechnologien kann dieses Buch nicht abdecken, aber es kann Ihnen einen Anhaltspunkt liefern, diese Techniken mit Contao anzuwenden.

Vergessen Sie nicht, sich immer wieder aufs Neue mit den verschiedenen Themen unseres Berufsfeldes zu beschäftigen – die Möglichkeiten sind vielfältig und anspruchsvoll. Evaluieren Sie Contao als CMS für Ihre Kundenprojekte. Das Buch wird Sie dabei unterstützen – praxisnah und mit vielen hilfreichen Informationen!

Bleiben Sie vor allem neugierig und brennen Sie für Ihren Beruf. Das schafft nach außen die Begeisterung, mit der Sie Ihre Kunden motivieren, spannende Projekte mit Ihnen als Partner umzusetzen.

Was können Sie erwarten?

Kapitel 1, *Contao und die Open-Source-Kultur*, liefert einen Einstieg in das Thema. Hier habe ich meine Ideen, Anregungen, Kommentare und Beobachtungen zu Contao und der Open-Source-Kultur aus den vergangenen sieben Jahren zusammengetragen.

In Kapitel 2, *Briefing & Projektplanung*, finden Sie Anregungen, wie Sie das Briefing und die Planung von Projekten mit Contao erfolgreich angehen.

In Kapitel 3, *Checkliste für die Projektkalkulation*, finden Sie eine Sammlung von wichtigen Fragen zur Projektkalkulation, die weniger an Zahlen als vielmehr an Inhalten ausgerichtet ist und die um den einen oder anderen Praxistipp ergänzt wird.

In Kapitel 4, *Der Contao-Kosmos im Überblick*, erhalten Sie einen Überblick über die wesentlichen Anlaufstellen und Informationsquellen zu Contao.

In Kapitel 5, *Hilfreiche Tools für Webdesigner*, finden Sie eine Auswahl von sinnvollen Werkzeugen für Ihren Webdesigner-Alltag.

Kapitel 6, *Contao-Erweiterungen – eine Auswahl*, gibt einen Überblick über Contao-Erweiterungen, deren Einsatz ich Ihnen empfehlen möchte. Die Auswahl erhebt keinen Anspruch auf Vollständigkeit, enthält aber eine ganze Reihe von Erweiterungen, bei denen es sich lohnt, sie einmal genauer anzusehen.

In Kapitel 7, *Contao-Kochbuch*, stelle ich Ihnen einige Tipps vor, wie Sie die Darstellung einzelner Komponenten einer Website visuell sowie technisch anpassen können.

Kapitel 8, *Beispielprojekt: Die Erstellung einer Website*, erklärt Ihnen den Aufbau der hier vorgestellten Beispiel-Website im Detail – eine OnePage-Website mit Slider, responsiver Umsetzung und der ein oder anderen Besonderheit.

Kapitel 9, *Suchmaschinenoptimierung (SEO)*, zeigt einige grundlegenden Dinge, die Sie bei der Optimierung und dem Aufbau einer Website berücksichtigen sollten.

In Kapitel 10, *Checkliste für die Website-Veröffentlichung*, sind einige praktische Tipps zusammengefasst, die Sie **vor** der Veröffentlichung einer Website berücksichtigen sollten.

Kapitel 11, *Contao maßgeschneidert – individuelle Anpassung von Websites*, ist ein Tuning-Kapitel, in dem detailliert beschrieben wird, wie Sie häufige Anforderungen umsetzen und individuelle Anpassungen vornehmen.

Das Buch ist also ein Querschnitt durch die Contao-Welt, der Sie zur Entwicklung und Umsetzung Ihrer eigenen Ideen anregen soll.

Website zum Buch

Die Website zum Buch dient der Ergänzung des Buchangebots und wird aktiv gepflegt:

www.contao-fuer-webdesigner.de

Sie finden dort Neuigkeiten rund um das CMS Contao, Tipps aus dem Webdesigner-Alltag und gegebenenfalls Errata zum Buch.

Download-Material für die Beispiel-Website

Um Kapitel 8, das den Aufbau einer Beispiel-Website beschreibt, Schritt für Schritt nachvollziehen zu können, finden Sie auf der Website zum Buch einen Login-Bereich. Dort können Sie die gesamte Installation (Dateien und Datenbank-Dump) herunterladen und so in aller Ruhe den Aufbau des Backends und der Website untersuchen. Hier werden auch dazugehörige Updates bereitgestellt.

Für den Login verwenden Sie bitte folgende Zugangsdaten:

www.contao-fuer-webdesigner.de/service.html

Benutzername: contaowebdesigner

Passwort: BG7zg5CgSy4q

Ziele nach dem Lesen des Buches

Ich hoffe, Sie werden sich nach der Lektüre dieses Buches beflügelt fühlen, viele tolle Projekte mit Contao umzusetzen. Einige Kniffe im Umgang mit Contao werden Ihnen nun bekannt sein, Sie werden Streifzüge in die Arbeitswelt eines Webdesigners unternommen haben und im besten Fall kreativ inspiriert mit Contao „unterwegs" sein.

Im nächsten Schritt werden Sie vielleicht in die reale Contao-Welt hineinschnuppern und die nächste Contao-Konferenz, das nächste Contao-Camp oder einen der zahlreichen Contao-Stammtische besuchen. Tauschen Sie sich aus und bringen Sie sich und Ihre Stärken aktiv in die Community ein.

Sie werden merken, dass nicht nur Contao unglaublich bereichernd ist, sondern auch die Tatsache, dass sich viele kreative Menschen mit Know-how und jeder Menge Erfahrung im Dialog austauschen und gegenseitig zu neuen Dingen anregen. Denn mit Contao kann man weit mehr als „nur" Websites erstellen. Es sind die Menschen, die das System lebendig machen und in Bewegung halten.

#öftersmaldankesagen

An dieser Stelle möchte ich all denjenigen danken, die mit dazu beigetragen haben, dass Sie als Leser dieses Buch in den Händen halten.

Dazu zählt natürlich vorneweg Leo Feyer, der Kopf des CMS Contao. Ebenso gehören dazu meine Kolleginnen und Kollegen aus dem Contao-Team, die regen Geister der Contao Association sowie all jene Entwickler von tollen Erweiterungen, die neben Funktionen für bestimmte Anforderungen auch das System Contao weiter nach vorne bringen.

All den Teams und Entwicklern der im Buch vorgestellten Erweiterungen gilt mein besonderer Dank. Danke für die Tipps und Anregungen sowie den konstruktiven, kritischen Dialog. Ihr habt mich darin bestärkt, eure Erweiterungen in den Fokus der Leser zu rücken.

Und der Dank geht auch an alle Anwenderinnen und Anwender von Contao und an die, die es noch werden wollen. Ohne all die Fragen, das rege Interesse und den Austausch auf der Contao-Konferenz, in den Contao-Camps sowie an den verschiedenen Stammtischen wäre das Projekt Contao nicht das, was es ist. Denn nicht alle Themen für ein Buch kann man sich am Schreibtisch oder im Grünen ausdenken – fühlen Sie sich inspiriert und werden auch Sie Teil einer kreativen, konstruktiven Gemeinschaft.

Mein Dank gilt ganz besonders meinem wertgeschätzten Kollegen Peter Müller für seine fachliche und menschliche Kompetenz sowie seine stets humorvollen Kommentare und Hinweise, an der einen oder anderen Stelle noch mal am Text zu feilen.

Sieglinde Schärl vom Hanser Verlag danke ich für den tollen Einstieg, den sie mir bei meinem neuen Verlag bereitet hat, sowie den nötigen Freiraum, den sie mir gegeben hat, um dieses Buchprojekt zu bewältigen.

Monique Hahnefeld danke ich nebst dem Porträtfoto für die vielen Dialoge rund um das CMS Contao und darüber hinaus.

Über mich

Ich bin Thomas Weitzel, Diplom-Designer, und seit 1967 auf Entdeckungsreise. Ich lebe und arbeite als selbstständiger Designer und Webentwickler in Stuttgart.

Thomas Weitzel (Foto: Monique Hahnefeld)

Nach dem Industriedesign-Studium und dem Abschluss als Diplom-Designer habe ich mich selbstständig gemacht und zunächst Projekte aus dem Bereich Industriedesign realisiert. Doch es stellte sich bald heraus, dass Kommunikationsdesign mein Steckenpferd ist.

Erste Berührungen mit dem Internet und dem Erstellen von Websites gab es Mitte der 1990er-Jahre. PageMill und CyberStudio waren die Anwendungen, mit denen die erste Version der Hochschulwebsite erstellt wurde. Als visueller Mensch hatte ich das Gefühl: Ja, das kann ich jetzt auch!

Nach Umwegen über den Nachfolger von CyberStudio, GoLive, fand ich dann den Weg zu Dreamweaver. Zunehmend rückten die Content-Management-Systeme in den Fokus – nicht zuletzt aufgrund von Kundenwünschen und den Möglichkeiten, die mit statischen Seiten nur schwer oder gar nicht zu realisieren waren.

Unzählige Arten von Open Source CMS wurden installiert – oder scheiterten schon daran – bis ich im Jahr 2006 auf Contao (damals als TYPOlight bekannt) aufmerksam wurde. Wow, dachte ich, das sieht edel aus und scheint, gerade auch für Designer mit Webkenntnissen, bedienbar zu sein. Kurzum: Contao wurde installiert und der Einstieg begann. Schnell wurde mir klar: Das System ist mächtig, ohne im Backend – auch visuell gesehen – zu überfordern.

Weiterhin wurde mir klar: Jetzt lag es daran, Cascading Style Sheets (CSS) besser zu verstehen, damit auch optisch ansprechende Resultate mit diesem System entstehen konnten. Bücher und Websites wurden rauf- und runtergelesen, Quellcodes analysiert und nachgebaut.

In den letzten zwei Jahren haben die Themen zu Responsive Webdesign sowie mobiler Onlinenutzung zugenommen und sind in den Fokus gerückt. Ein permanentes Update der eigenen Fähigkeiten steht also auf dem Tagesplan.

Im Vergleich zum vorher eingesetzten CMS gab es hier positives Feedback zu den Vorschlägen, das System zu verbessern; ebenso gab und gibt es in konstanter Folge Updates, die nicht nur Neues bringen und kleine Korrekturen umfassen, sondern die Nutzervorschläge ernst nehmen und umsetzen.

Seit September 2006 setze ich Contao professionell ein und biete individuelle Websites auf Basis von Contao an – neben den Themen Beratung & Konzeption, Gestaltung sowie Workshops & Schulungen. Seit Anfang 2010 bin ich außerdem offizielles Mitglied des Contao-Teams[1]. Im Herbst 2010 erschien mein erstes Contao-Buch.

Ich bin Mitglied der *Contao Association*[2] und *Offizieller Contao-Premium-Partner*[3].

Ich engagiere mich in der deutschsprachigen Contao-Community und unterstütze die Fundraising-Aktivitäten für die Entwicklung von Contao-Erweiterungen wie MetaModels, Isotope eCommerce und Avisota.

Ich freue mich über Ihr Feedback – per E-Mail (info@contao-fuer-webdesigner.de) oder persönlich auf einer der nächsten Contao-Veranstaltungen, zum Beispiel der Contao-Konferenz oder dem Contao-Camp.

Im Web finden Sie mich unter *http://www.weitzeldesign.com.*

---

[1] *https://contao.org/de/team.html*
[2] *https://association.contao.org/*
[3] *https://contao.org/de/partners/show/107.html*

1 Contao und die Open-Source-Kultur

In diesem kurzen, aber nicht minder wichtigen Kapitel finden Sie Gedanken und Beobachtungen zu Contao und Open Source, zum richtigen Umgang mit Open Source und dazu, welchen Einfluss man selbst auf die Open-Source-Kultur nehmen kann – egal ob als Webdesigner, als Entwickler, als Agentur oder als selbstständiger, kreativer Mensch.

■ 1.1 Zum Begriff Open Source

Wikipedia definiert Open Source wie folgt:

Open Source und quelloffen nennt man Software, deren Lizenzbestimmungen in Bezug auf die Weitergabe der Software besagen, dass der Quelltext öffentlich zugänglich ist und – je nach entsprechender Lizenz – frei kopiert, modifiziert und verändert wie unverändert weiterverbreitet werden darf.[1]

Einen guten Überblick über Open-Source-Lizenzen bietet die Website *http://choosealicense. com/licenses/* (Bild 1.1).

Auch die *Open Source Initiative* hat sich zum Ziel gesetzt, Open Source zu fördern und dafür zu werben, Open Source einzusetzen (Bild 1.2).

Eine der Zielsetzungen der Open Source Initiative lautet:

Open source is a development method for software that harnesses the power of distributed peer review and transparency of process. The promise of open source is better quality, higher reliability, more flexibility, lower cost, and an end to predatory vendor lock-in.[2]

Was übersetzt so viel bedeutet wie:

Open Source ist eine Entwicklungsmethode für Software, die die Stärke der verteilten Begutachtung durch viele andere Interessierte und die Transparenz der Verfahren nutzt. Die Ziele von Open Source sind eine bessere Qualität, eine höhere Zuverlässigkeit,

---

[1] *http://de.wikipedia.org/wiki/Open_source*
[2] *http://opensource.org/about*

mehr Flexibilität bei geringeren Kosten und keine herstellerabhängige, geschlossene Software.

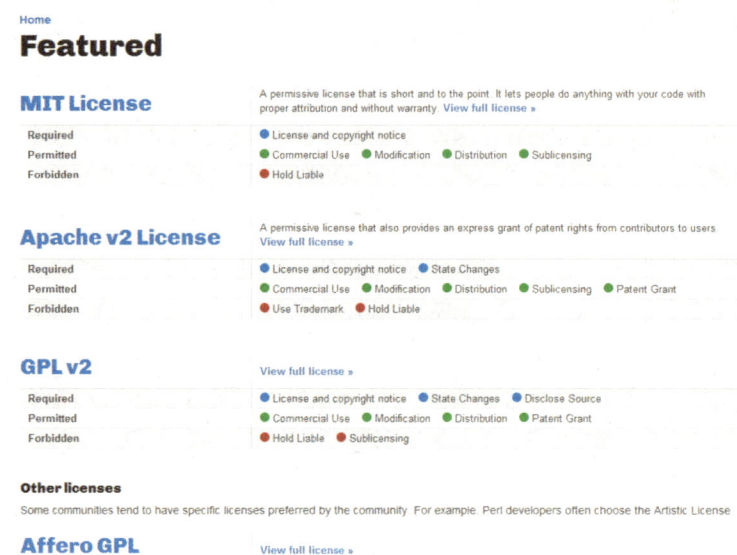

Bild 1.1   Die Website *http://choosealicense.com/licenses/*

 **Bild 1.2**
Logo der Open Source Initiative

Als Designer kennen Sie sicher auch die Creative-Commons-Lizenzen (CC)[3], mit denen Sie Ihre Arbeiten unter verschiedenen Lizenzen verbreiten können und Werke von anderen unter Beachtung der CC-Lizenz verwenden dürfen (Bild 1.3).

 **Bild 1.3**
Logo Creative Commons

■ 1.2 TANSTAAFL oder „There ain't no such thing as a free lunch"

Die Abkürzung *TANSTAAFL* steht für „There ain't no such thing as a free lunch" und bedeutet so viel wie „Es gibt nichts wirklich umsonst".

TANSTAAFL bedeutet, dass für eine Person oder Gesellschaft etwas nie wirklich kostenlos sein kann. Selbst wenn es den Anschein hat, dass etwas kostenlos ist, gibt es immer Kosten

---

[3]   *http://creativecommons.org/licenses/*

*für die Person oder die Gesellschaft als Ganzes, auch wenn diese Kosten versteckt oder ver-
teilt sein können.*[4]

Der Begriff *TANSTAAFL* wird im Open-Source-Bereich immer wieder verwendet und zitiert.
Open Source kann zwar kostenfrei benutzt werden, ist aber keine Umsonst-Software. Die
Entwicklung kostet Zeit und somit auch Geld, dass die Entwickler aufbringen müssen.
Daher spricht man auch von Open-Source-Software und nicht von NoCost-Software.

■ 1.3 Contao und Open Source

Contao wird seit der Version 2.5 unter der Lesser General Public License (LGPL) veröffentlicht[5] (Bild 1.4).

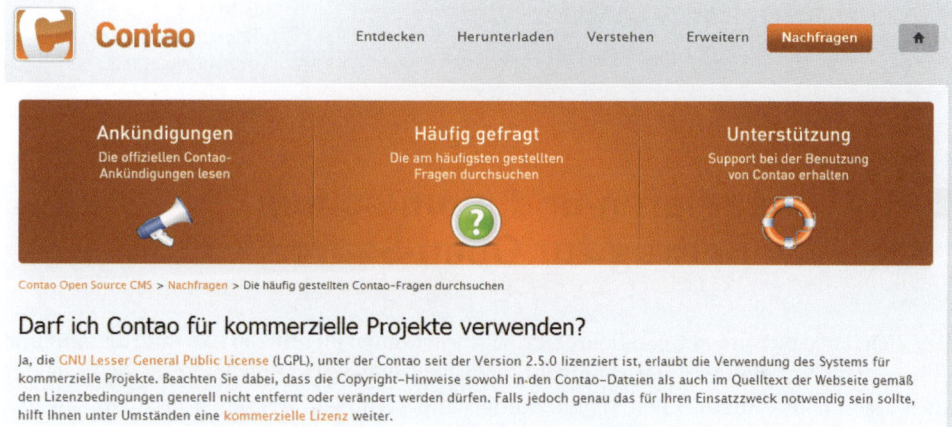

Bild 1.4 Hinweis auf die Verwendung der LGPL auf contao.org

Die LGPL erlaubt Ihnen den Einsatz auch in kommerziellen Projekten und schränkt diese
auch nicht in ihrer Nutzung ein. Ein Entfernen von Copyright-Hinweisen ist nicht gestattet.
Dies gilt auch für Copyright-Hinweise auf andere Open Source-Projekte, die in das Contao-
Projekt eingebunden werden. Seit den Versionen 2.11.7 und 3.0.1 wird der Copyright-Hin-
weis nicht mehr im Quelltext ausgegeben, sondern lediglich der Meta-Tag mit dem Hinweis
auf Contao.[6]

Wenn Sie sich ins Backend von Contao einloggen, finden Sie auch noch einmal einen Hinweis auf die LGPL (Bild 1.5).

---

[4] *http://de.wikipedia.org/wiki/TANSTAAFL*
[5] *https://contao.org/de/faq/darf-ich-contao-fuer-kommerzielle-projekte-verwenden.html*
[6] *https://contao.org/de/news/entfernung-des-contao-copyright-hinweises.html*

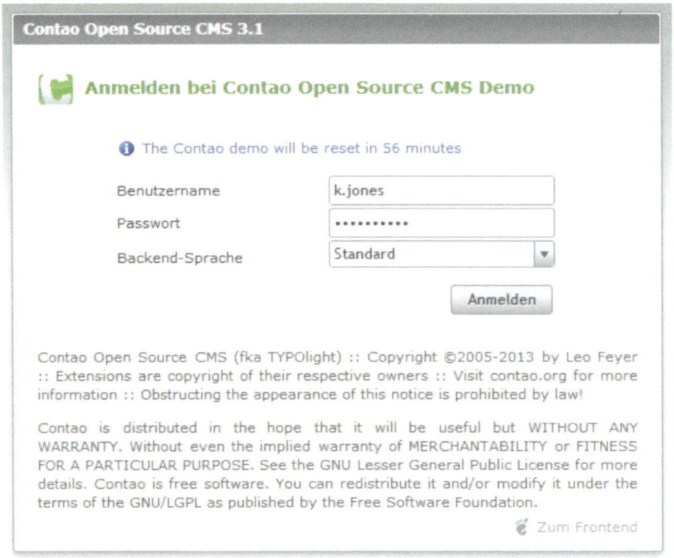

Bild 1.5
Backend-Login von Contao
mit Hinweisen zu LGPL

■ 1.4 Engagieren und einmischen: Ihr Beitrag zur Open-Source-Kultur

Wer sich lange mit einem Open-Source-Projekt wie Contao identifiziert, es mit Herzblut und Engagement begleitet und darin aufgeht, dem liegt neben der Entwicklung des Projektes auch viel am Umgang mit den vielen, bunten und kreativen Menschen in einem solchen Projekt.

Auch Nicht-Entwickler wie wir als Webdesigner können uns aktiv an der Weiterentwicklung von Contao und den vielen Erweiterungen beteiligen sei es durch das Testen von Beta-, RC- (Release Candidate) und finalen Contao-Versionen oder den vielen Erweiterungen.

Geben Sie Rückmeldungen an die Entwickler auf GitHub oder auch im offiziellen Contao-Forum, wenngleich sich die Entwickler im Forum seltener aufhalten und hier in der Regel nicht nach Angaben von Fehlern und Beschreibungen suchen. Daher sind Ihre Tickets (Fehlermeldungen, Funktionswünsche) auf GitHub deutlich besser aufgehoben. Jeder Hinweis auf ein fehlerhaftes Verhalten hilft, die Erweiterung oder auch Contao zu verbessern. Es profitieren alle davon! Treten Sie ein in den aktiven Dialog.

Auch bei Erweiterungen, die es für die Long-Time-Support-Version (LTS)[7] 2.11 von Contao gibt und die noch nicht für Contao 3 angepasst oder weiterentwickelt wurden oder werden, kann eine Anfrage bei einem der Entwickler sicher sinnvoll sein. Hier wird die Priorisierung Ihrer Anfrage sicher auch davon abhängen, wie viel Zeit sich ein Entwickler für die gewünschten Anpassungen freimachen kann.

---

[7] https://contao.org/de/news/anpassung-des-contao-releasezyklus.html

Bei professioneller Anwendung in einem Kundenprojekt ist es für mich auch selbstverständlich, dass die Anfrage gekoppelt ist mit der Frage nach dem Zeitraum *und* dem zu veranschlagenden Budget.

Open Source bedeutet teilen – neben dem CMS Contao und den Erweiterungen eben auch die Kosten für die Anpassungen.

Wichtig: Bieten Sie einen *Gegen*-**Wert**. Dies kann das vereinbarte Budget für die individuelle Anpassung sein, Sie können aber auch etwas aus der Amazon-Wunschliste spendieren (den Link finden Sie im Community-Forum beim Profil des Entwicklers) oder aktiv an der Dokumentation für eine Erweiterung mitarbeiten.

Wir sind kreativ – nutzen wir es auch hier!

Wertschätzung ist eine der wichtigsten Währungen!

In diesem Sinne: Happy Contao und auf kreative Zeiten!

2 Briefing & Projektplanung

Wenn Sie bereits viele Projekte umgesetzt haben, werden Sie sicher den einen oder anderen Erfahrungswert auch für ein Contao-Projekt anwenden können. Was für mich sinnvoll war und ist: alle Aktivitäten aufschreiben, Notizen dazu machen und am Ende eines Projektes eine kurze Zusammenfassung schreiben auch bei Projekten, die sehr gut liefen. Notieren Sie, was in diesem Fall das Besondere ausgemacht hat.

Aus fast 20 Jahren Projekterfahrung lässt sich eins zusammenfassen:

Kommunikation ist alles!

Und an diesem Punkt lässt sich aus meiner Erfahrung fast alles aufhängen. Klare Formulierungen, präzise Angebote und eine parallele Projektdokumentation sind Dinge, um ein Projekt auf einen guten Weg zu bekommen.

Neben allen individuellen Faktoren wie schwierigen Charakteren – die gibt es immer wieder – und ungünstigen Umständen, angefangen von falsch registrierten Domains, der schleppenden Freigabe von AUTH-Codes etc., ist der Einsatz einer Basis-Checkliste sinnvoll. Im Wesentlichen beziehe ich mich hier auf ein umzusetzendes Webprojekt mit Contao. Oft lässt sich dies aber auch auf andere Arbeitsbereiche übertragen.

Neben den technischen Faktoren für eine Umsetzung sind eine Reihe weiterer Faktoren aufzuzählen:

Zu Beginn eines ersten Gespräches oder Kontaktes ist zu unterscheiden, ob ein Kunde bereits eine Website betreibt oder ob es seine erste ist. Entsprechend sind Erfahrungen und Erwartungen vorhanden, die es in ein erfolgreiches Projekt zu transformieren gilt. In der Regel möchte ein Kunde, der bereits eine Website online gestellt und damit auch Erfahrungen gesammelt hat, eine Optimierung bestimmter Eigenschaften. Das kann ein neues Design für seine Website oder eine bessere Benutzerführung für deren Besucher sein. Auch werden öfters Suchmaschinenoptimierungen (SEO) und Aktualisierungen gewünscht. Bei einem Kunden, der neu einsteigen möchte, sind die Prioritäten anders. Hier wird sicher viel mehr Basisarbeit nötig sein.

Viele Kunden setzen eine funktionierende Website auf ihrem Smartphone und Tablet voraus. Sprechen Sie dies in einem Gespräch deutlich an – entsprechend wird sich dies in Ihrem Angebot niederschlagen müssen. Insofern ist es sinnvoll, diese Positionen in Ihrem Angebot klar hervorzuheben, um spätere Schwierigkeiten auszuschließen beziehungsweise deutlich zu minimieren. Aus Sicht eines Kunden ist es nachvollziehbar, dass die Darstellung

„automatisch" überall funktionieren muss – aus Ihrer Sicht auch, aber eben mit dem nötigen Mehraufwand.

Diesem Punkt sollten Sie vor allem Beachtung schenken, wenn nicht Sie selbst das Design erstellen, sondern die Website „nur" programmieren. Gerade an dieser Stelle kommt es in Projekten gerne zu Unstimmigkeiten und Verständniskonflikten. Sätze wie „Ist doch klar, dass ich das auf meinem iPhone ansehen will" oder „Wir sind davon ausgegangen, dass das im Angebot enthalten ist. Das ist doch heutzutage Standard" haben Sie vielleicht auch schon gehört? Hier heißt es, diese Punkte im Briefing klar abzufragen und herauszufinden, welche Wünsche und Vorstellungen Ihr Kunde hat und in welcher Weise sie umsetzbar sind.

Das Vorhandensein der Selbstverständlichkeit muss stets aufs Neue überprüft werden.

■ 2.1 Briefing

Im besten Fall ist das Briefing der Moment, um die Anforderungen an ein Projekt kennenzulernen. Auf Basis des Briefings kalkulieren Sie und erstellen einen Kostenvoranschlag oder ein Angebot. Je genauer und präziser das Briefing ausfällt, desto genauer können Sie kalkulieren.

Im Idealfall, also selten, erhalten Sie bei Angebotsanfrage schon ein Briefing in Form eines Pflichtenheftes, in dem alle für den Kunden relevanten Angaben festgehalten sind. Liegt ein solches Pflichtenheft nicht vor und sind die Aussagen und Vorstellungen vage, nehmen Sie dies zum Anlass, einen Workshop anzubieten, in dem dieses Pflichtenheft gemeinsam zielführend definiert wird. Die Banane reift nicht bei Ihnen. Das muss Ihr Kunde verstehen (lernen).

Klären Sie auch zu Beginn einer Zusammenarbeit, wer Ihr Ansprechpartner für welche Projektphasen ist und wer der Projektverantwortliche ist. Legen Sie fest und definieren Sie gemeinsam: Wer entscheidet und wer setzt um.

Klären Sie außerdem folgende Fragen: Wie werden Abstimmungen festgehalten, die während eines Telefongesprächs erörtert und diskutiert wurden? Wer protokolliert dies? Benötigt man für Änderungen gesonderte Zusatzangebote oder genügt eine Basisvereinbarung?

■ 2.2 Projektplanung

Die unterschiedlichen Vorgehensweisen bei der Konzeption und Planung einer Website, werden von vielen Faktoren definiert, die Sie nun im Einzelnen kennenlernen werden.

2.2.1 Grundüberlegungen

Die Methoden für die Konzeption und Planung von Websites variieren je nach:

- Anforderungen
- Umfang
- Zielgruppen
- Prozess
- Umfang der an der Entwicklung beteiligten Personen/Gruppen

Für eine kleinere Website werden Sie sicher nicht das Budget zur Verfügung haben, den Gestaltungsprozess mit detaillierten Entwurfsmethoden wie zum Beispiel Wireframes, Mockups, Concept Boards etc. zu gestalten. Jedoch ist das Wissen um solche Methoden von Vorteil – je nach Anforderung und Kundenkreis können Sie Teile dieser Methodik verwenden.

2.2.2 Anforderungen an eine Website

- Welche Anforderungen werden an die Website gestellt?
- Welche Techniken sollen zum Einsatz kommen?
- Sind weitere Ausbaustufen in der Zukunft geplant?

Im Idealfall haben Sie ein Briefing oder Pflichtenheft bekommen, um Ihre Überlegungen zu starten. Dort sollten die wichtigsten Definitionen für die Website beschrieben werden. In der Regel sind dies inhaltliche und strukturelle Angaben – noch frei von Details für die konkrete Umsetzung.

Je nach Budget und Umfang Ihres Auftraggebers können Sie den Gestaltungsprozess definieren. Sind die Vorgaben klar und aus Ihrer Sicht und Erfahrung ausreichend, so können Sie eigenständig das erste Konzept entwickeln. Sind hingegen die Vorgaben noch nicht präzise oder detailliert genug, bietet sich ein Workshop oder ein Gespräch mit Ihrem Kunden an, um gemeinsam die Ziele zu erarbeiten und festzulegen.

Im Vorfeld eines solchen Workshops sollte sich Ihr Kunde schon einmal Gedanken zu seiner Website machen, er sollte die Websites seiner Mitbewerber ansehen und notieren, was ihm daran gefällt und was nicht. Wichtig ist auch, dass die zu entwickelnde Website zum Kunden passt und nicht eine sogenannte „me too"-Website wird, d. h., dass nicht einfach die Website des Mitbewerbers kopiert und das eigene Logo hinzugefügt wird.

In diesem Workshop können gemeinsam die Vorgaben erarbeitet werden, die für die Website gewünscht sind. Nachfolgend sind Methoden aufgeführt, die sich besonders gut für einen Präsenz-Workshop mit Ihrem Kunden eignen. Die Praxis hat gezeigt, dass viele Kunden dankbar sind, wenn Sie diesen Entscheidungsprozess mit Ihrer Erfahrung und Kompetenz unterstützen und begleiten. Ein gut vorbereiteter Workshop und eine klare Kommunikation wirken sich erfolgreich auf die Umsetzung der Website aus.

2.2.3 Umfang einer Website

Anhand der Vorgaben lässt sich recht schnell der Umfang einer Website erfassen:

- Wird eine mehrsprachige Website gefordert?
- Sind viele Bilder und multimediale Inhalte zu integrieren?
- Welche interaktiven Funktionen sind zu integrieren? (Shop, Forum, geschlossene Bereiche für bestimmte Benutzergruppen etc.)

Gerade eine gut geplante Struktur der Website lässt Sie später den Umfang besser erfassen – und Ihre Kalkulation exakter festlegen.

2.2.4 Zielgruppen der Website

Definieren Sie die Zielgruppe(n) zusammen mit Ihrem Kunden, um eine zielgruppengerechte Gestaltung und Umsetzung der Website planen zu können.

- In welchem Bereich beziehungsweise in welcher Branche ist Ihr Kunde tätig?
- Welche Produkte oder Dienstleistungen werden präsentiert?
- Gibt es Erkenntnisse über Altersgruppen?

Anhand dieser Definitionen können Sie später sowohl gestalterisch als auch strukturell bessere Vorschläge zur Umsetzung der Website machen.

2.2.5 Prozess

Definieren Sie Ihren Entwicklungsprozess in Form einer Übersicht Ihrer Schritte und Tätigkeiten für den gesamten Entwicklungsprozess und besprechen Sie ihn mit Ihrem Kunden. Somit wissen alle Beteiligten, welche Stufen des Entwicklungsprozesses anstehen. Eine verbreitete Methode ist die Definition von „Meilensteinen", also Schritte der Entwicklung wie

- Konzeption
- Designentwürfe/Designvarianten
- Umsetzung der Inhalte
- Abnahme und Freigabe der Website/Veröffentlichung

Je nach Umfang und Definition in Ihrem Angebot rechnen Sie auch in Meilensteinen des Projekts Ihre Leistungen ab.

2.2.6 Prozessablauf

Klären Sie Ihre Kunden auf, wie Sie Ihre Prozesse gestalten und welche Reihenfolge wichtig ist, damit Sie Ihre Arbeit machen können. Grafiken und Texte – ja vor allem Texte – brauchen in den meisten Projekten gefühlt ewig, bis sie vor Ihnen liegen.

Starre Prozesse entsprechen meist nicht der Realität. Bieten Sie Lösungsansätze an, damit die Prozesse kontinuierlich bleiben.

Im Folgenden möchte ich Ihnen verschiedene Methoden der Konzeption und Planung vorstellen.

■ 2.3 Methoden der Konzeption und Planung

Für die Konzeption und Planung der visuellen Komponenten eignen sich zum Beispiel Skizzen, Moodboards und Wireframes.

2.3.1 Skizzen

Keine Methode ist schneller und ressourcensparender, als die ersten Ideen mit Stift aufs Papier zu bringen. Das hat sich auch im Zeitalter der digitalen Medien nicht geändert.

- Wird die Website ein-, zwei- oder dreispaltig angelegt?
- Werden verschiedene Vorlagen (Seitenlayouts) benötigt?
- Sind produktspezifische Seiten geplant?

Solche Fragen lassen sich nicht nur verbal, sondern auch durch eine einfache Skizze schnell erläutern und visualisieren. Mit dem Visualisieren starten Sie einen Prozess, der zur Anregung, Diskussion und aktiven Einbindung Ihres Kunden führt. Gemeinsame Vorstellungen lassen sich so schnell festhalten, Varianten sind zügig erstellt und können für eine Entscheidungsfindung gegenübergestellt werden.

Auch Missverständnisse lassen sich so schneller aufdecken und können gleich geklärt werden. Denken Sie daran, dass Sie in dieser Phase inhaltlich und strukturell arbeiten und die visuelle Gestaltung (noch) außen vor bleibt. Sie definieren gemeinsam mit Ihrem Kunden die sinnvollste Struktur der Website und legen fest, an welchen Stellen welche Funktionen und Inhalte angezeigt werden sollen.

Erstellen Sie zum Schluss des Workshops eine Zusammenfassung der erarbeiteten Inhalte und Definitionen und fügen Sie Kopien der Skizzen bei. Dieser Prozess ist somit auch visuell für Ihren Kunden nachvollziehbar. Oft erinnert man sich bei der Durchsicht der Skizzen an besprochene Inhalte schneller und detaillierter als nur über die notierten Stichpunkte.

Legen Sie sich für Ihre eigenen Ideen und Skizzen ein kleines Buch zu, in dem Sie immer wieder Notizen und Skizzen machen. Nebenbei entsteht auch eine Sammlung an Ideen für andere Projekte. Ich verwende gerne Skizzenbücher im DIN-A6-Format, die sich praktisch immer mitnehmen lassen. Oder fotografieren Sie mit Ihrem Smartphone Dinge, die Ihnen auffallen, wenn Sie unterwegs sind. Sammeln Sie diese Eindrücke.

2.3.2 Moodboards

Ein Moodboard (engl. mood – Stimmung, board – Tafel) ist ein wichtiges Arbeits- und Präsentationsmittel in Kommunikations- und Designberufen. Es unterstützt bei der Entwicklung eines visuellen Erscheinungsbildes, dient der Ideenfindung und der Umsetzung visueller oder visuell darstellbarer Ideen.

Bild 2.1
Beispiel für ein
Moodboard

Wenn Sie die erste Phase erfolgreich absolviert haben und die strukturelle Definition entwickelt ist, starten Sie mit dem nächsten Schritt: dem „Look-and-Feel" der Website – der visuellen Darstellung. Oft erhalten Sie Angaben oder Vorgaben, welche Farben auf einer Website verwendet werden sollen beziehungsweise gewünscht sind. Das Gleiche gilt für Bilder und Schriften.

Abhängig von den Anforderungen an eine Website sind diese Vorgaben schon vorhanden oder müssen erarbeitet werden. Besteht die Website Ihres Kunden schon länger und besitzt das Unternehmen eine ausgeprägte CI (Corporate Identity), also ein einheitliches Erscheinungsbild, sind viele Vorgaben schon definiert und können für die Website übernommen beziehungsweise angewendet werden. Haben Sie eine kleine Website zu realisieren, sind meist Signet (Logo), Farbe(n) und Schrift definiert, auf deren Basis Sie nun das Erscheinungsbild der Website entwickeln können.

Sind viele Vorgaben noch nicht definiert, können Sie mithilfe von Moodboards visuelle Zusammenstellungen für Ihren Kunden anfertigen und den Findungs- und Entscheidungsprozess voranbringen. Sie können den Begriff Moodboard auch durch Collage ersetzen – ein feststehender Begriff in der Kreativbranche.

Abhängig vom Inhalt beziehungsweise Gegenstand der Website erstellen Sie für Ihren Kunden ein oder mehrere Moodboards, die verschiedene visuelle Ausrichtungen haben. Stöbern Sie in aktuellen Zeitschriften nach Anzeigen, welche die passenden Bilder liefern.

Fügen Sie alle gesammelten Materialien auf einem festen Karton zusammen. Montieren Sie die Materialien zum Beispiel anhand der Farbe, der Struktur, der möglichen Zuordnung einer Eigenschaft wie elegant, modern oder klassisch. Denken Sie daran, für Präsentationen oder Kundentermine das Format für Ihre Präsentationskartons entsprechend groß zu wählen. DIN A3 sollte die kleinste Größe sein.

Vergessen Sie jedoch nicht, dass der persönliche Kontakt in der Entwicklung neuer Ideen und die Präsentation immer wieder Möglichkeiten bieten, direkt und vor Ort Entscheidungen effizienter zu erreichen. Kommunizieren Sie Ihre Moodboards bei kleineren Projekten gegebenenfalls nicht nach außen, sondern nutzen diese Methode, um Ihre Ideen für die Umsetzung festzuhalten.

Alternativ erstellen Sie das Moodboard an Ihrem Rechner als digitales Composing.

Wesentliche Inhalte, die sich über ein Moodboard darstellen lassen, sind:

- Farben
- Schriften
- Fotos
- vorhandene Corporate-Identity-Elemente (Logo, Farben, Schriften)
- Kombination verschiedener Erscheinungsbilder (zum Beispiel Farbwirkungen wie kühl – sachlich, warm – sinnlich)

Übersichtliche Anordnungen für eine Farb- und Schriftauswahl erleichtern die Entscheidung und Festlegung der designrelevanten Elemente.

2.2.3 Wireframes

Wireframes helfen sowohl bei der internen wie auch der externen Kommunikation mit Ihrem Kunden, die ersten Strukturen für den Aufbau der Website zu ermitteln und zu definieren. Dies erfolgt als schematische Darstellung einer einzelnen Seitenvorlage, mitunter auch mit mehreren Seitenvorlagen, wenn unterschiedliche Seitenlayouts zu erstellen sind. Hierbei werden die grundlegenden Elemente der Website festgehalten. Ein konzeptuelles Layout sollte erkennbar sein – wie die Aufteilung der Inhaltsbereiche für Navigationen, Seiteninhalte, Suchfunktion etc. Ein vollendetes Design ist in dieser Phase nicht notwendig und nicht vorgesehen. Es ist ausreichend, die grafischen Komponenten nur sehr rudimentär abzubilden, da es bei einer Wireframe-Darstellung in erster Linie um die Konzeption der Website geht. Das Design spielt zu diesem Zeitpunkt keine beziehungsweise eine sehr untergeordnete Rolle.

Bild 2.2 Wireframe-Skizze

Wireframes ermöglichen eine schnelle Entwicklung des strukturellen Aufbaus und der Organisation inhaltlicher Elemente – ohne die Berücksichtigung gestalterischer Elemente und deren Darstellung. Gerade während des Entwicklungsprozesses mit mehreren Personen ermöglicht die Wireframe-Methode eine spontane und zeitnahe Festlegung von Strukturen und Inhaltsbereichen.

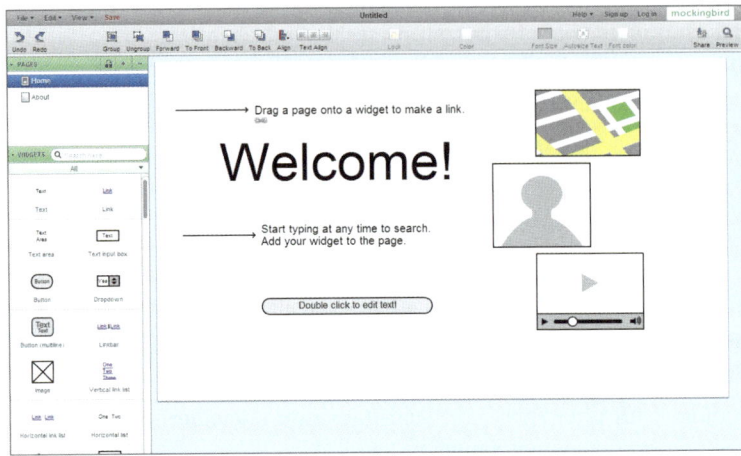

Bild 2.3
Wireframe-
Software
Mocking Bird

Wireframes eignen sich unter anderem für:

- die Entwicklung eines Prototypen unabhängig vom Design
- das schnellere Prototyping der Grundstruktur einer Website
- die Ideenfindungsphase ohne visuelle Ablenkung (Design)
- eine Übersicht der Techniken

Zu den am häufigsten eingesetzten Wireframe-Methoden zählen im Wesentlichen:

- Skizzen
- Karten/Haftetiketten
- digitale Vorlagen
- spezielle Programme zur Erstellung von Wireframes

Weitere Werkzeuge, mit dem Schwerpunkt der Kundenkommunikation, finden Sie in Abschnitt 2.3.4.1.

2.3.4 Projektplanung mit dem Kunden

Die Werkzeuge für eine Projektplanung sind unterschiedlich angefangen von der einfachen Excel-Tabelle bis zu komplexeren Excel-Dokumenten und Online-Tools.

Zwei Dinge sind hier meines Erachtens wichtig:

1. Die Akzeptanz der eingesetzten Werkzeuge

   Ist das Werkzeug, die Software, bekannt und der Umgang damit vertraut? Muss ein Werkzeug für das Projekt noch gelernt werden, wird wertvolle Zeit anstatt für das Projekt für die Verwaltung desselben benötigt.

2. Wie viele Personen sind in den aktiven Prozess eingebunden? Lässt das eingesetzte Werkzeug dies sinnvoll zu?

2.3.4.1 Tools für die Kommunikation

Für die Kommunikation während des Entwicklungsprozesses können Sie auch auf Tools zurückgreifen, die Ihre Kommunikation unterstützen. Gerade durch den sich ändernden Workflow bei responsiven Websites, in dem immer schneller nach einem ersten Designentwurf direkt im Browser weiterentwickelt wird, können sich die vorgestellten Tools als nützlich erweisen.

2.3.4.1.1 Style Tiles von Samantha Warren

Die Designerin Samantha Warren[1], die bei Twitter arbeitet, hat sich einen anderen Ansatz für die Erstellung von Prototypen überlegt und Style Tiles entwickelt (Bild 2.4). Das Tool ist mehr als eine Wireframe- oder Mockup-Methode, denn es zeigt schon ein visuelles Konzept, ohne sich in Details zu verlieren. Auch geht es hier weniger um fertige Konzeptvorlagen, sondern darum, zeitintensive Entwürfe, die vom Kunden wieder verworfen werden, zu vermeiden.

Wesentliche Merkmale einer Website sind hier zusammengefasst und werden individuell angepasst. Die visuellen Einzelelemente stehen im Vordergrund. Im Gegensatz zu Wireframes erhält der Kunde schon ein deutlich greifbareres Ergebnis und muss nicht abstrakt denken. Style Tiles ist definitiv eine Methode, die man in seinem Kreativ-Portfolio bei der Projektplanung berücksichtigen sollte.

Bild 2.4 Die Website *http://styletil.es/*

Als Basisversion wird eine Photoshop-Vorlage mitgeliefert (Bild 2.5), auf der Sie für Ihre Kunden das visuelle Erscheinungsbild umsetzen oder adaptieren können.

---

[1] *http://samanthatoy.com/*

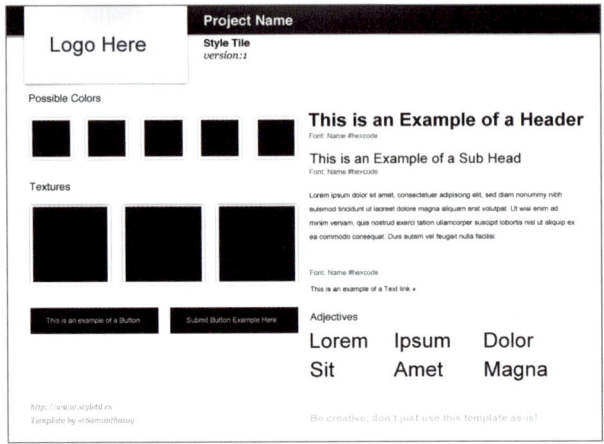

Bild 2.5 Style-Tiles-Vorlage in Photoshop

Zwei weitere Anbieter von Vorlagen zur Unterstützung von Projektplanung und Konzeption stelle ich Ihnen nun noch vor.

2.3.4.1.2 Die Vorlagensammlung INTERFACE SKETCH

Mit INTERFACE SKETCH[2] stehen zahlreiche Vorlagen von Webbrowsern, Tablets und Smartphones zur Verfügung (Bild 2.6). Ausgedruckt lassen sich so direkt im Kundengespräch erste Skizzen anfertigen und Verständnisprobleme skizzenhaft erörtern bzw. festhalten. Dies ist auf jeden Fall eine gute Form der Projektdokumentation.

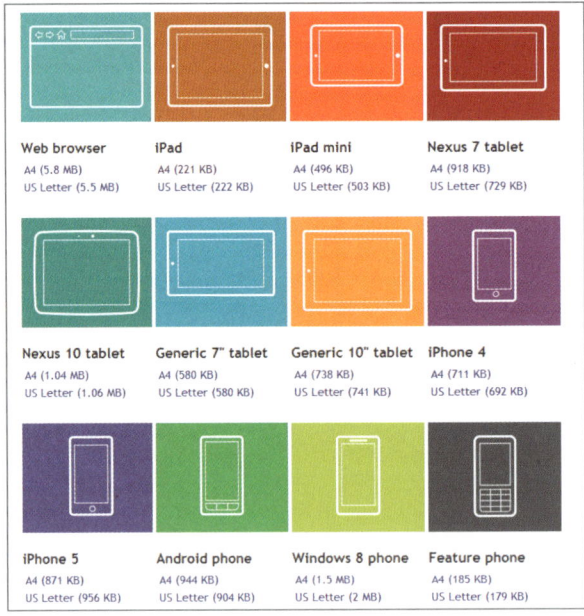

Bild 2.6
Die Website http://interfacesketch.tumblr.com/

---

[2] *http://interfacesketch.tumblr.com/*

2.3.4.1.3 sneakpeekit

Auch sneakpeekit[3] bietet verschiedene Vorlagen für das Prototyping auf Papier (Bild 2.7). Neben Vorlagen für Tablets und mobilen Geräten finden Sie auch Wireframe-Vorlagen zum Download.

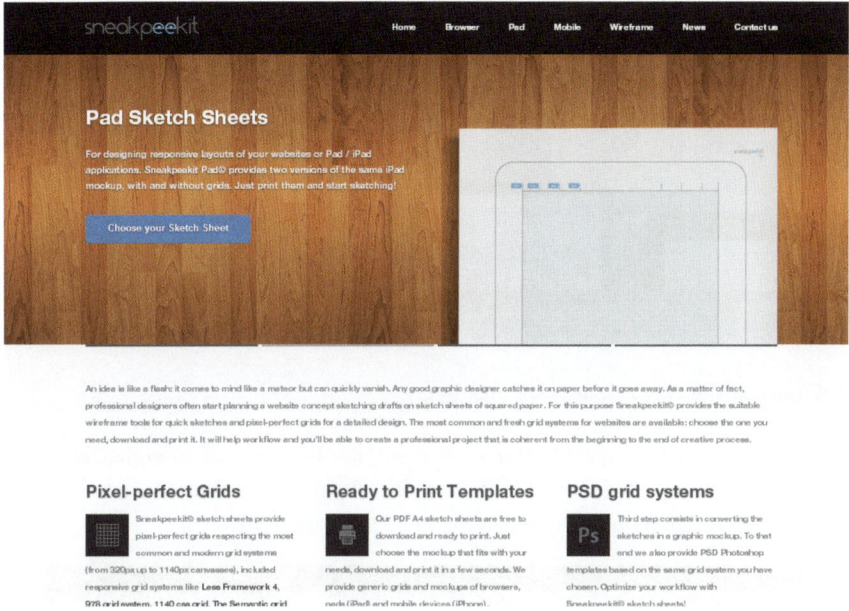

Bild 2.7 Die Website http://sneakpeekit.com/

Bei allen auf Papier gedruckten Skizzen, Scribbles und Photoshop-Layouts gilt: Das Zielmedium ist der Browser und der Bildschirm. Sprich: Das Medium Papier wird den geänderten Anforderungen an den Workflow und zur Präsentation von – besonders responsiven – Websites nicht mehr gerecht.

2.3.5 Frameworks als (Rapid-)Prototyping-Tool

Hier werde ich zwei der bekanntesten Frameworks kurz vorstellen – nicht nur für den Prototypenbau von Websites.

2.3.5.1 ZURB Foundation

ZURB Foundation[4] bietet ein responsives Grid-System, CSS-Komponenten und JavaScript-PlugIns (Bild 2.8). Das Framework ist umfangreich (englisch) dokumentiert.

---

[3] *http://sneakpeekit.com*
[4] *http://foundation.zurb.com/*

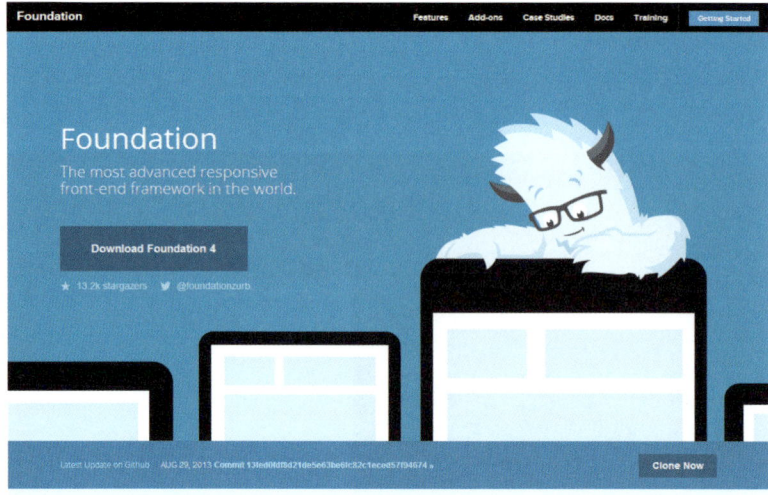

Bild 2.8 Die Website http://foundation.zurb.com/

Neben dem Framework bietet ZURB auch sogenannte Responsive Sketchsheets[5], also responsive Skizzenblöcke (Bild 2.9). Damit lassen sich in Besprechungen mit dem Kunden schnell mit Stift und den Skizzenblöcken erste Ideen festhalten.

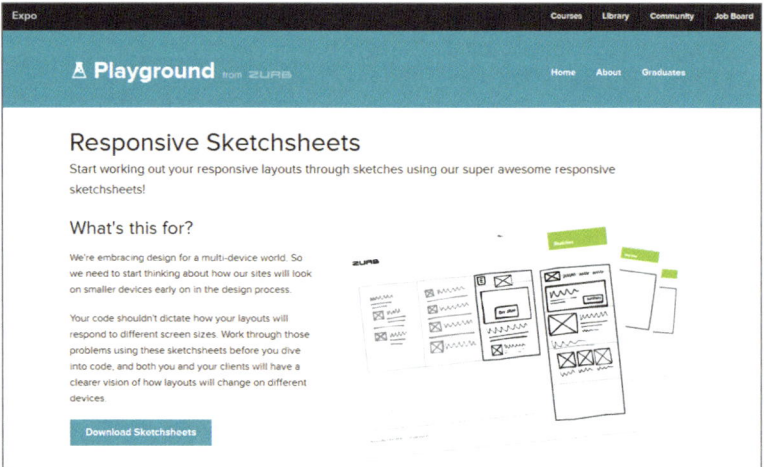

Bild 2.9 Die Website http://zurb.com/playground/responsive-sketchsheets

2.3.5.2 Bootstrap 3

Das zweite große und chronologisch ältere Framework ist Bootstrap Framework[6] (Bild 2.10). Auch Bootstrap 3 bietet ein responsives Grid-System, Sticky Footer und Navigationen.

---

[5] http://zurb.com/playground/responsive-sketchsheets
[6] http://getbootstrap.com/

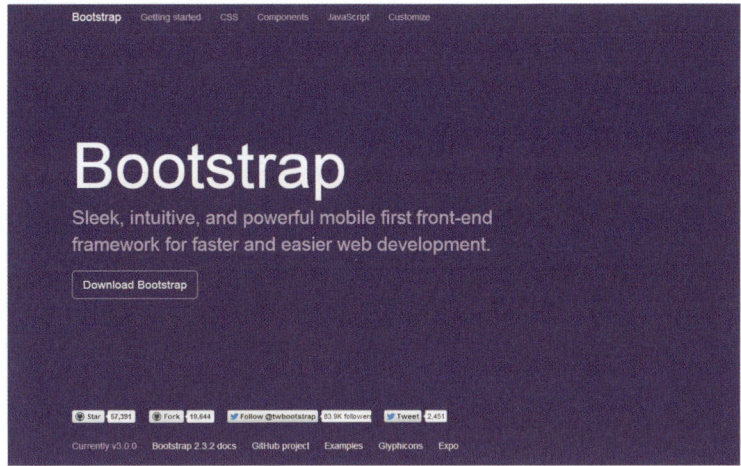

Bild 2.10
Die Website http://
getbootstrap.com

Beide Frameworks bieten unterschiedliche Ansätze im Detail, liefern aber beide eine Möglichkeit, Prototypen einer Website schnell (Rapid Prototyping) zu erstellen.

2.3.5.3 Foundation und Bootstrap mit Contao einsetzen

Das Ganze nun mit Contao zu verknüpfen wäre doch genial. Dank sehr aktiver Contao-Anwender sind hier schon Projekte entstanden, die eine Integration der beiden Frameworks in Contao anstreben und bereits nutzen.

Foundation

Foundation to Contao[7] heißt ein Projekt, das die Integration von Foundation in Contao forciert (Bild 2.11). Webdesignerin und -entwicklerin Monique Hahnefeld hat es initiiert.

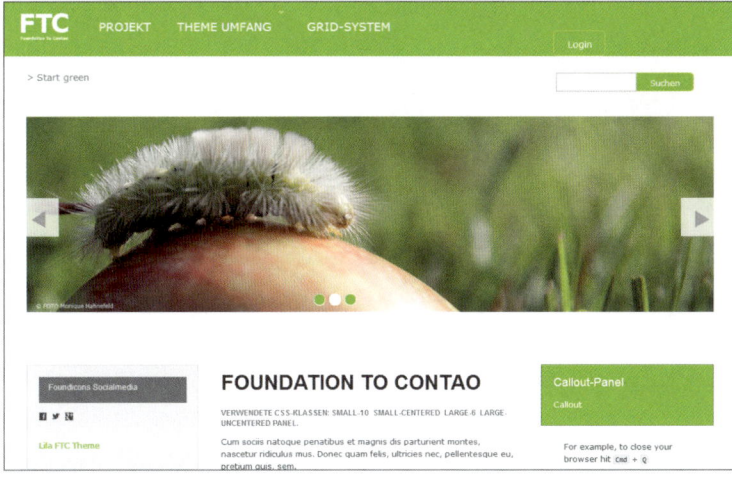

Bild 2.11
Die Website *http://
www.foundation-
to-contao.de/*

---

[7] *http://www.foundation-to-contao.de/*

Bootstrap

Dennis Erdmann, Geschäftsführer von SOLADES aus Kiel, ging mit seinem Projekt *Contao + Bootstrap* im August 2013 mit einer ersten Version an den Start (Bild 2.12).

Bild 2.12   Die Website http://denniserdmann.de/contao-bootstrap/

Auch in der Contao Austria Community findet sich eine Präsentation der Kombination aus Contao und Bootstrap (Bild 2.13).

Bild 2.13   Contao Austria Community stellt Bootstrap + Contao vor

Bleibt zu wünschen, dass sich die Projekte weiterentwickeln und sich künftig die – einfache – Integration von Frameworks wie Foundation und Bootstrap in Contao fortsetzen lässt.

2.3.6 Projektplanung intern/mit Dienstleistern

Die Projektabwicklung mit Kollegen oder als freier Selbständiger in Zusammenarbeit mit Agenturen verläuft oft mit anderen Werkzeugen als dies meist mit dem Endkunden geschieht. Ausnahmen bestätigen die Regel.

Online-Cloud-Dienste wie Dropbox[8], Wuala[9], Copy[10], Google Drive[11] etc. ermöglichen oft den Datenaustausch mit einfachen Mitteln. Kommen solche Cloud-basierten Dienste aufgrund der Sicherheits-Richtlinien des Kunden infrage? Wenn Sie größere Projekte, Kunden und Etats haben, dann werden Sie sicher auch einmal mit dem Gedanken spielen, eine eigene Infrastruktur aufzubauen, die Sie eigenständig warten und pflegen müssen, auf die sie aber auch den vollen Zugriff haben und im besten Fall eben nur Sie.

Die genannten Tools eignen sich, wie beschrieben, meist hervorragend für den Datenaustausch, weil Sie mit unterschiedlichsten Clients für mobile Geräte, Tablets und Desktops auf den gleichen Datenbestand zugreifen können.

2.3.7 Werkzeuge für die Projektverwaltung

Anders sieht es bei Tools aus, die auch für die Projektplanung, Zeiterfassung und das Erfassen und Bearbeiten von Tickets bestimmt sind. Je nach Größe und Komplexität eignen sich unterschiedliche Werkzeuge wie Trello, ActiveCollab, mite und redmine. Die ersten drei Dienste stelle ich Ihnen kurz vor.

2.3.7.1 Trello

Trello[12] erinnert ein bisschen an das Lernen von Vokabeln aus früheren Zeiten. Karteikarten dienen der Organisation und werden entsprechend verschlagwortet. Ist eine Karte mit den Stichworten abgearbeitet, wird sie umsortiert. Sinnvoll lässt sich so ein Workflow mit verschiedenen Rubriken erstellen, zum Beispiel Ideen, in Planung, am Arbeiten, fertig.

Der Dienst ist aktuell kostenlos zu nutzen. Die Daten und Informationen liegen beim Anbieter (Bild 2.14).

---

8 *https://www.dropbox.com/*
9 *http://www.wuala.com/de/*
10 *https://www1.copy.com/home/*
11 *http://www.google.com/intl/de/drive/about.html*
12 *https://trello.com/*

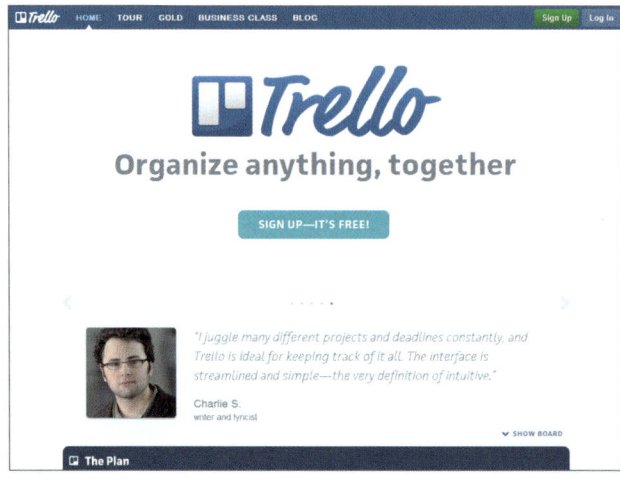

Bild 2.14
Die Website https://trello.com

2.3.7.2 ActiveCollab

ActiveCollab[13] zählt zu den bekannteren Projektmanagement-Tools. Es ist sehr umfang-reich, mit Ticketsystem, Zeiterfassung, Projekt- und Benutzerverwaltung. Das System ist nicht kostenlos[14] und lässt sich als gehostete Version beim Anbieter oder auch auf einem eigenen Server installieren und einsetzen (Bild 2.15).

Bild 2.15
Die Website
https://www.activecollab.com

2.3.7.3 mite

Bei mite[15] handelt es sich auch um ein webbasiertes Werkzeug zur Erfassung und Auswer-tung von Arbeitszeiten. Es ist elegant, schlank und einfach zu nutzen. Der Service kostet 5 Euro pro Nutzer und Monat. Die Daten liegen beim Anbieter (Bild 2.16).

---

[13] *https://www.activecollab.com/*
[14] *https://www.activecollab.com/pricing.html*
[15] *http://mite.yo.lk/*

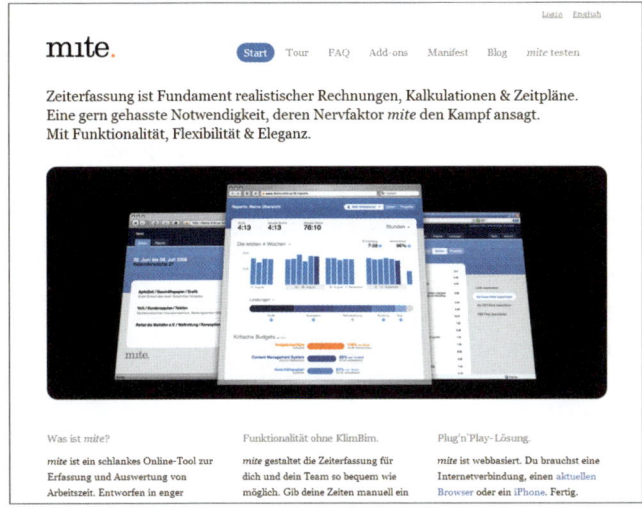

Bild 2.16
Die Website http://mite.yo.lk/

Welches das richtige Werkzeug ist, zeigt sich oft erst im täglichen Einsatz. Hilfreich ist auf jeden Fall, dass es diese Möglichkeiten gibt, die Leistungen einfach und effizient zu erfassen und damit eine Basis für künftige Kalkulationen neuer Projekte zu haben.

■ 2.4 Best Practices

Nun möchte ich noch einige Best-Practice-Hinweise ergänzen, die sich durchaus auch in der Projektplanung niederschlagen beziehungsweise dort schon berücksichtigt werden sollten.

2.4.1 Updates ausführen

Klären Sie vorher – und wirklich vorher – wer zum Beispiel für Updates von Contao oder den Erweiterungen zuständig ist. Nichts ist frustrierender, als wenn Sie feststellen müssen, dass Einstellungen in einem Modul geändert oder angepasst wurden. Dann suchen Sie den Fehler und finden ihn nicht, passen an und bauen womöglich alles wieder um, obwohl es aus Sicht des Kollegen schon fertig ist.

Vereinbaren Sie klare Zeiten für Updates.

Und vereinbaren Sie auch ein „freeze" für alle Arbeiten an einem Projekt. Auf diese Weise stehen Ihnen nach einem Update alle Inhalte zur Verfügung und Sie müssen nicht noch mal alle Schritte neu ausführen. Künstlerpech? Alles schon passiert. Sichern Sie sich lieber mehrfach (ab) – wie beim Bergsteigen. Sicher ans Ziel ist besser!

Dokumentieren Sie gegebenenfalls auch die ausgeführten Schritte eines Updates. So können Sie auch später Ihre Leistungen detailliert nachvollziehen und abrechnen.

Wenn Sie einen Auftrag für ein Update erhalten, bei dem Sie die Website nicht kennen – also Sie diese nicht von der Konzeption bis zur Umsetzung betreut haben, sollten Sie vorab einen Zugang zum Backend als Administrator anfordern. Noch besser ist es, wenn Sie die Zugänge für die Datenbank und den FTP-Server erhalten.

Untersuchen Sie die Installation auf mögliche Probleme, die sich bei einem Update ergeben können. Das sind zum einen nicht updatesicher angepasste Core-Dateien (das gibt es leider immer wieder) oder zum anderen unter Umständen unnötig viele *fe_page.**-Dateien. Ein Blick in die Seitenlayouts, die Frontend-Module und Templates gibt relativ schnell einen ersten Eindruck, wie aufwändig ein Update werden wird.

In diesem Schritt geht es darum, die vorab ersichtlichen Probleme der Installation zu erkennen. Diese Einschätzung dient der späteren Kalkulation für das Update.

Praxisbeispiel gewünscht?

Auf den ersten Blick sah eine Installation gut aus. Der Blick in die Frontend-Module ließ dann schon einen ersten Seufzer entweichen: Um für jede Seite unterschiedliche Bilder im Kopfbereich auszugeben, besaß jede Seite ein eigenes Frontend-Modul. Das allein wäre an sich noch überschaubar updatesicher zu beheben gewesen, aber beim Zeitpunkt der Überprüfung waren das 96! Frontend-Module. Das wird aufwändig. Okay, frohen Mutes weiter in den Ordner *templates* schauen: Halleluja, satte 14 *fe_page.**-Dateien. Hier folgt nun eine Schweigeminute …

Und warum das? Nach Aussage des Kunden sei es so einfacher, die unterschiedlichen Spalten je Seitenlayout zu befüllen. Das geht mit Contao an sich ja so einfach. Genau deswegen arbeiten so viele gerne mit Contao. Der Entwickler der Website war laut Kunde für Rücksprachen nicht mehr zu erreichen …

Es blieb – in diesem Fall – bei der Empfehlung, bei einem künftigen Relaunch dieses „Wirrwarr" standardkonform, im Sinne einer typischen Contao-Installation, zu beseitigen. Alles andere wäre ein Umbau auf Standardkonformität zu etwa gleichen Kosten wie die Erstellung der Website gewesen. Dies wurde dann vom Kunden auch entsprechend abgewogen.

Gerade am Anfang macht man den einen oder anderen Umweg und wird immer wieder – mit zunehmend umgesetzten Projekten – seine Arbeitsweise optimieren.

Oft entsteht aus den unterschiedlichsten Gründen Zeitdruck in der Umsetzung und die Fertigstellung drängt. Dennoch: Unnötig aufwändig umgesetzt, wird jedes Update zu einer – zwangsweisen – Verzögerung führen. Muss nicht sein – kann aber.

Ein weiteres Beispiel sei noch genannt: Die übermäßige Verwendung von Insert-Tags innerhalb von Modulen und Artikeln stellt mitunter eine Herausforderung für ein Update dar. Mit Insert-Tags lassen sich so manche Anforderungen einfacher realisieren. Dies sollte dann aber in einer Dokumentation festgehalten werden. Später ist es sehr mühsam, all die Stellen ausfindig zu machen, an denen es viele (im besten Fall noch verschachtelte) Insert-Tags gibt.

Sie sehen – es kann spannend sein, „nur" ein Update ausführen zu wollen.

 PRAXISTIPP: Bleiben Sie, wenn immer möglich, mit allen Änderungen nahe am System. Damit bin ich in all den Jahren gut gefahren.

PRAXISTIPP: Dokumentation direkt im CMS Contao-Backend

Erstellen Sie zum Beispiel eine versteckte und für Redakteure nicht zugängliche Seite, in der Sie die wesentlichen Anpassungen kurz notieren. Machen Sie sich dazu auch eine lokale Sicherung – man weiß ja nie, ob die Seite doch mal durch einen Admin gelöscht wird ...

2.4.2 Fehlermeldungen während der Entwicklung einschalten

Schalten Sie während der Entwicklung einer Website am besten in den Einstellungen immer die Option „Fehler anzeigen" an. So haben Sie Fehler schnell im Blick, wenn sie auftauchen. Zusätzlich ist dies sinnvoll, da Sie dann nach dieser Fehlermeldung im Internet oder im Contao-Forum suchen können. Mit einer genauen Fehlermeldung kann Ihnen meist viel schneller geholfen werden.

Nach der Entwicklung und vor der Live-Schaltung deaktivieren Sie die Option, die Fehler im Frontend auszugeben.

2.4.3 Cache-Funktionen während der Entwicklung ausschalten

Stellen Sie die Option des Cachens während der Entwicklung der Website aus. Auf diese Weise erhalten Sie immer neu generierte Frontend-Seiten, tippen nicht irrtümlich auf Fehlverhalten der Browser und begeben sich dann auf endlose Fehlersuche.

2.4.4 Einheitliche Benennungen von Frontend-Modulen und Stylesheets

Sie tun sich selbst und allen Personen, die später im Backend mit den Frontend-Modulen und den Stylesheets arbeiten müssen, einen große Gefallen damit, die Bezeichnungen für die Frontend-Module und Stylesheets sinnvoll und einheitlich zu wählen. Es kostet Zeit und erfordert – an dieser Stelle – unnötiges Nachvollziehen der Zusammenhänge, wenn hier die Bezeichnungen willkürlich oder nicht nachvollziehbar vergeben werden.

Die Pflege der Website beginnt schon beim Erstellen der Website.

Wenn Sie in den Genuss kommen, ab und an andere Installationen zu betreuen oder die Pflege einer bestehenden Website zu übernehmen, dann hoffe ich, Sie erhalten dazu eine Einweisung oder ein kleines Handbuch, was sich die Personen dabei gedacht haben, die Bezeichnungen so zu wählen, wie Sie diese vorfinden.

nav1, *sub_col_220* oder *Hauptnavi-22* sind eindeutig gewählte Bezeichnungen, oder nicht? Aus dem Stand heraus lässt sich da schon treffsicher spekulieren, welche Funktion dahinter zu vermuten ist. Oft sind solche Bezeichnungen während der Entwicklung einer Website so logisch und klar, dass man an deren Wortwahl gar nicht zweifelt noch nicht.

Stellen Sie sich vor, dass Sie die Website Ihres Kunden einem Kollegen während Ihres Urlaubs zur Pflege anvertrauen. Diese Person kennt sich mit dem Internet und mit Contao aus. Aber nun muss sich diese Person bei einem Anruf Ihres Kunden ins Backend der Installation einloggen und „mal eben schnell" was ändern. Hier wäre eine klare Bezeichnung schon hilfreich. Hauptnavigation für die Hauptnavigation, Unternavigation für die Unternavigation, eine Metanavigation oder Footernavigation – all das lässt in der Regel ahnen, wo diese Frontend-Module im Seitenlayout und auf der Website platziert sind.

Gerade bei Abkürzungen sollte man eine kurze Übersicht erstellen, so dass man zielgerichtet und zügig zum Ziel gelangt. *HauptNav-Li* lässt ahnen, Hauptnavigation links. Ja? Verwirrt Sie das *Li* auch? Und Sie denken da auch an *li* gleich *Listenelement*?

Don't make me think. A Common Sense Approach to Web Usability (New Riders 2005, ISBN 978-0-321-34475-5) vom amerikanischen Autor Steve Krug ist eine empfehlenswerte Lektüre, die auf wunderbare Weise zeigt, was so alles passieren kann, wenn Handlungen nicht klar erfassbar sind. Einer der wenigen Titel, die im schnelllebigen Internet auch heute noch mehr denn je aktuell ist. Usability at it's best! Weitere Informationen finden Sie unter *http://www.sensible. com*.

2.4.5   Updatesichere Lösungen einbauen

Versuchen Sie immer, updatesichere Lösungen einzubauen. Das gelingt fast immer – und wenn Sie dennoch etwas so abändern müssen, dass es nicht anders geht, dann dokumentieren Sie es – im Template oder auch extern in der Projektdokumentation.

Wenn Sie ein Template anpassen, schreiben Sie ein paar Zeilen oder Worte dazu. Dann können Sie später direkt nachsehen, was Sie geändert haben (Listing 2.1).

Listing 2.1 Einzeiligen Kommentar in ein Template schreiben

```
<?php /* das ist eine interne Dokumentation */ ?>
```

Das funktioniert auch mehrzeilig (Listing 2.2).

Listing 2.2 Mehrzeiligen Kommentar in ein Template schreiben

```
<?php /* das ist eine interne Dokumentation
das ist eine interne Dokumentation das ist
eine interne Dokumentation */ ?>
```

Listing 2.3 Mehrzeiligen Kommentar in ein Template schreiben – Variante

```
<?php
// das ist eine interne Dokumentation
// das ist eine interne Dokumentation das ist
// eine interne Dokumentation
?>
```

Die Liste lässt sich sicher um Ihre eigenen Erfahrungen ergänzen. Machen Sie sich immer wieder Notizen, damit Sie bei neuen Projekten auf die gewonnenen Erfahrungen zurückgreifen können.

 Abschließend möchte ich Ihnen noch einen Lesetipp geben: Schauen Sie sich einmal das Buch *Der erfolgreiche Webdesigner. Der Praxisleitfaden für Selbstständige* (Galileo Design 2011, ISBN 978-3-8362-1529-9) von Nils Pooker an. Hier finden Sie viele Beispiele und Herangehensweisen aus der Praxis zu den Themen Briefing & Projektplanung. Ein Großteil des Buches handelt von der Kommunikation mit dem Kunden. Nils Poker twittert auch immer wieder solche „Episoden aus dem Webdesigner-Alltag". Weitere Informationen finden Sie auch unter *http://pookerart.de*.

Damit möchte ich meine Ausführungen zur Projektplanung abschließen. Kapitel 3 wird sich der Kalkulation von Webprojekten widmen.

3

Checkliste für die Projektkalkulation

Kalkulation ist das notwendige Übel eines Projekts – so kann man das sehen, muss es aber nicht. Denn in einer Kalkulation definieren Sie sowohl die Leistungen als auch den Umfang des Projekts.

Aus der Praxis wissen Sie sicherlich, dass geplant nie fertig entspricht. Umso wichtiger ist es, so viele Leistungspunkte wie nötig im Angebot zu definieren. Gerade auch dann, wenn Sie zu einem festen Budget anbieten wollen oder müssen. Je nach Projekt, potenziellem Kunden und den schon im Vorlauf eines Angebots geführten Gesprächen werden die Angebote variieren. Hier hat jeder Webdesigner seinen eigenen Stil, seinen eigenen Erfahrungsschatz.

Stellen Sie einmal alle ausgeführten Leistungen zusammen, die Sie für ein Projekt erledigt haben. Notieren Sie dabei auch Kleinigkeiten wie „schnell mal CSS ändern" oder noch „kurz einige Dateien auf den FTP-Server laden". Eigentlich kein Ding, in der Summe aber doch eine Menge Zeit. Wenn Sie sich diese Zeiten konsequent notieren, werden Sie nach einigen Projekten merken, wie viel Zeit „nebenbei" bei einem Projekt noch anfällt. Obwohl sich das nicht immer 1:1 verrechnen lässt, sollte das Angebot diese „Zeit"-Faktoren entsprechend berücksichtigen.

■ 3.1 Fragenkatalog für ein Projekt

Dieser Fragenkatalog ist sicher nicht vollständig, soll Ihnen jedoch als Orientierung dienen. Streichen Sie die Punkte, die Ihnen nicht wichtig sind, oder ergänzen andere. Eine solche Checkliste finde ich immer sinnvoll, denn sie deckt – bei konsequenter Pflege – die Zeitfresser auf und hilft, die Prozesse zu optimieren. Einige Checklisten-Themen sind ab und an um eigene Erfahrungen ergänzt.

3.1.1 Projektbegleitende Themen

- **Beratungsleistung vor Zustandekommen der Angebotserstellung und -annahme**
  Machen Sie sich Gedanken dazu, wie Sie diesen Punkt kalkulieren oder ob Sie ihn kalkulieren. Oft ist er Bestandteil der Akquise (das wollen einem oft auch die Anfragenden so vermitteln). Bieten Sie zum Beispiel eine Pauschale an, die bei Auftragserteilung verrechnet wird. Stellen Sie klar, dass Sie keine detaillierte Beratung machen, nur damit der Anfragende endlich weiß, was er will und dann auf Brautschau geht. Sprich, er sucht sich mit dem von Ihnen erarbeiteten (Fein-)Konzept den Dienstleister unter dem Fokus des Preises aus. So take care!

- **Wie viel Budget ist für professionelles Hosting vorhanden?**
  Mancher Anfragende möchte ja etwas ganz Tolles – und das dann auch noch ganz schnell und natürlich bei einem Massenhoster seiner (nicht Ihrer!) Wahl. Er möchte alles für ein paar Euro pro Monat. Das ist aber untragbar. Weisen Sie ihn professionell auf die Nachteile hin und zeigen Sie Vorteile anderer Hosting-Pakete auf. Ansonsten hilft es, diesen Anfragenden ziehen zu lassen und ihn seine Praxiserfahrungen alleine sammeln zu lassen. Bereiten Sie im Geiste schon mal die Kostenaufstellung vor: Backup und Datensicherung, AUTH-Code beantragen, Backup auf neuem Server einspielen, E-Mail-Adressen neu einrichten …

- **Wird das Projekt auf dem eigenen oder auf dem Kundenserver aufgesetzt und entwickelt?**
  Je nach Vertrauensbasis und Komplexität des Projektes sollte man vorab entscheiden, welche Option hier sinnvoll ist. Wird das Projekt im Team oder als einzelner Dienstleister umgesetzt? Bei kleineren Standardprojekten plus minus fünf Tagen setze ich oft das Projekt direkt auf dem Server des Kunden auf, bei größeren und komplexeren Projekten meist auf dem eigenen Server. Wenn Sie Zweifel am Projekt und der Zusammenarbeit hegen, dann entwickeln Sie besser auf Ihrem eigenen Server und halten dies entsprechend in Ihrem Angebot fest. So habe ich es bei einigen Projekten auch schon umgesetzt: Abschlussrechnung stellen, sobald die Rechnung bezahlt ist, ist innerhalb von 48 Stunden die Website auf den Kundenserver umgezogen – technische Verfügbarkeit und Voraussetzungen müssen stimmen. Sollte es zu Unstimmigkeiten kommen und sollten Sie Ihre Leistungen nicht oder viel zu spät bezahlt bekommen, haben Sie immerhin die Daten auf *Ihrem* Server.

3.1.2 Konzeption

- **Umfang des Projektes**
  Dies umfasst im besten Fall die inhaltliche, technische und zeitliche Komponente.

- **Inhalte der Website (Wording, Inhalte, Illustrationen, Fotos, Fotorecherche)**
  Wer liefert welche Inhalte? Ihr Kunde? Unterstützen Sie ihn bei der Erstellung von Inhalten? Recherchieren Sie für den Kunden nach Fotos? Definieren Sie auch hier die Leistungen präzise und nennen Sie Budgetspannen (zum Beispiel Fotorecherche je Stunde 65 Euro plus Umsatzsteuer).

- **Grafische Umsetzung**
  Realisieren Sie die grafische Umsetzung oder erhalten Sie „fertige" Dokumente? Es macht in der Bearbeitung einen großen Unterschied, ob es sich um eine Photoshop-Datei mit sauberen Ebenen, Strukturen oder eben „nur" mit ein paar Ebenen handelt.

- **Responsives Layout**
  Wird ein responsives Layout gewünscht? Ist der Mehraufwand dem Kunden bekannt? Erhalten Sie ein fertiges Design mit der Vorgabe „machen Sie das responsive" oder sind Sie von Anfang an in den Prozess eingebunden? Denken der Designer bzw. die für das Design und Layout Verantwortlichen in entsprechenden Prozessen?

- **Mobile Version**
  Wird eine mobile Version der Website gewünscht? Ist eine mobile Website oder eine App gemeint? Erklären Sie die Unterschiede sowie die Vor- und Nachteile.

- **Pflichtenheft**
  Im besten Falle erhalten Sie mit der Anfrage auch schon ein Pflichtenheft mit präziser Beschreibung des Ist- und des Soll-Zustands. Hilfreich ist es zudem, wenn Ihnen die Gründe für die Änderungswünsche bekannt sind. Sie werden schnell erkennen, ob sich die Personen schon weitgehend mit dem Thema Website auseinander gesetzt haben. Es erweist sich als vorteilhaft, wenn Ihnen schon ein grober Termin- und Budgetrahmen mitgeteilt wird.

3.1.3 Inhalte und Formate

- **Wie werden die Daten angeliefert? Welche Datenträger, Datenformate etc. werden verwendet?**
  Definieren Sie, **wer was** in **welcher** Form bis **wann** liefert. Minutiöse Planung hilft hier nicht zwingend, aber es muss Ihrem Kunden klar sein, dass verspätete Zulieferungen sich nicht positiv auf den geplanten Endtermin auswirken. Die Tätigkeiten, die Sie im Anschluss nach Erhalt der Daten ausführen und umsetzen müssen, werden dadurch nicht schneller fertig! Wenn Sie einen Kunden haben, der in der digitalen Welt nicht zu Hause ist, dann liefern Sie am besten zu Projektbeginn eine kurze Übersicht über die von Ihnen benötigten Formate. Gegebenenfalls weisen Sie auch auf Websites hin, die erklären, wie man ein Zip-Archiv erstellt und öffnet – in der Praxis immer wieder ein Thema. Und formulieren Sie das für Sie Selbstverständliche positiv, dann merkt Ihr Kunde, dass Sie ihn ernst nehmen und ihn unterstützen. Dies wirkt sich in der Regel positiv auf das Projekt und mögliche Folgeprojekte aus.

3.1.4 Funktionen

- **Werden zusätzliche Funktionen benötigt?**
  Ist bei Projektbeginn aufgrund der Anforderungen an die Umsetzung schon ersichtlich, dass Funktionen über die Basis-Funktionen von Contao hinaus nötig sind? Sind diese Funktionen gegebenenfalls mit dem Einsatz von Dritt-Erweiterungen abdeckbar? Können Sie diese Anforderungen selbst umsetzen oder benötigen Sie dazu Unterstützung? Wo können Sie Unterstützung erhalten?

- **Müssen Erweiterungen installiert werden?**
  Ist es für bestimmte Funktionen zwingend notwendig, Erweiterungen zu installieren? Dann überprüfen Sie am besten, welche Anforderungen noch benötigt werden und ob die benötigten Erweiterungen alle für die geplante Contao-Version verfügbar sind. Es ist ärgerlich, wenn Sie dies nicht vorab feststellen und dann im laufenden Projekt Ihrem Kunden zähneknirschend mitteilen müssen, dass das aufgrund und so weiter ... nicht klappt.

3.1.5 Dokumentation

- **Muss eine Dokumentation geschrieben werden?**
  Klären Sie zu Beginn ab, ob eine Dokumentation für den Kunden wichtig ist. Berücksichtigen Sie dies entsprechend in Ihrem Angebot. Legen Sie auch die Art und den Umfang fest. Richtet sich die Dokumentation an Redakteure, an Administratoren? Welchen Kenntnisstand können Sie voraussetzen? Bezieht sich die Dokumentation auf die zusätzlich integrierten Funktionen?

3.1.6 Suchmaschinenoptimierung (SEO)

- **Welche Aufgaben übernehmen Sie als Dienstleister?**
  Welchen Umfang beinhaltet Ihr Angebot zum Thema SEO? Definieren Sie diesbezüglich genau den Umfang und die Tätigkeiten. Manche Kunden erwarten, dass sie mit einer neuen Website auch im Google-Ranking gleich an erster Stelle stehen ...

3.1.7 Schulung

- **Schulung vor Ort nötig?**
  Fragen Sie Ihren Kunden, ob er für sich oder seine Mitarbeiter eine Schulung benötigt. Auch hier erwarten manche, dass dies zum Angebot – auch wenn nicht explizit erwähnt – dazu gehört. Führen Sie zum Beispiel in Ihrem Angebot eine Position für eine Standard-Redakteurs-Schulung auf, die wesentliche Themen kurz beschreibt. Bündeln Sie gegebenenfalls attraktive Schulungspakete bei Buchung mit Auftragserteilung der neuen Website. Wenn Sie häufiger Schulungen durchführen, dann erstellen Sie einen kurzen Fragebogen, mit dem Sie den Kenntnisstand der Teilnehmer sowie die individuellen Wünsche für eine Schulung erfragen.

- **Schulung via Fernwartung?**
  Wenn Sie eine Anfrage erhalten, die geografisch nicht ohne deutliche Kosten erreichbar ist, nutzen Sie Ihr Netzwerk – gegebenenfalls kann ein Kollege Sie dort entsprechend vertreten. Wenn dies nicht möglich ist, dann bieten Sie eine Fernschulung an – am Telefon, mit Skype, TeamViewer oder anderen Tools. Auch Google Hangouts sind eine Möglichkeit.

3.1.8 Wartung und Backup

- **Gibt es eine Übersicht zur Rechteverwaltung für Redakteure, welche die Website später betreuen und pflegen?**
  Teilen Sie bei einem größeren Projekt dem Projektverantwortlichen auf Kundenseite am besten zu Anfang mit, dass Sie einen Plan mit der Übersicht der Rechteverwaltung am CMS benötigen. Umso eher können Sie planen und hilfreiche Tipps geben.

- **Wer wartet die Site?**
  Umso besser, wenn Sie diese Frage in einem Gespräch schon vorab erörtert haben. Oft ist einem Kunden nicht klar, dass eine Website der technischen Wartung und Pflege bedarf. Das müssen nicht zwingend viele Stunden sein. Vieles kann ein Kunde nach einer Einweisung selbstständig durchführen. In der Regel können Sie einen Wartungsvertrag abschließen oder dies auch auf Stundensatz-Basis durchführen.

- **Wer ist für Datensicherung zuständig?**
  Erklären Sie Kunden, die kein vertieftes IT-Wissen haben, was es mit einem Backup auf sich hat, bei welchen Dinge es wichtig ist, sie zu sichern, und in welchen Regelmäßigkeiten. Denken Sie auch an ein Restore – das Wiedereinspielen eines Backups. Dies ist meist der aufwändigere Teil. Auch hier ist aus Erfahrung die Bandbreite der Erwartungen groß – angefangen von „das ist ja alles inklusiv, oder?" bis hin zu „wir hätten gerne jeden Tag eine Sicherheitskopie".

3.1.9 Updates

- **Ist Budget für Updates des CMS einkalkuliert?**
  Erklären Sie Ihren Kunden, dass Updates ab und an auch zur Sicherheit des Systems beitragen, indem Fehler korrigiert werden und neue Funktionen hinzukommen. Bieten Sie hier Ihre Fachkompetenz an und wägen ab, zu welchem Zeitpunkt ein Update sinnvoll ist. Eine Website, mit der aktiv gearbeitet wird, ist sicher öfters dran.

  Unterscheiden Sie nach Bugfix-, Minor- und Major-Update. Ein Bugfix- (von 3.0.0 auf 3.0.1) und Minor-Update (von 3.0.x auf 3.1.0) sind in der Regel weniger zeitaufwändig als ein Major-Update (von 2.11.11 auf 3.1.2).

  Nachdem seit der ersten Version 3 (3.0.0) im November 2012 von Contao[1] erst knapp ein Jahr ins Land gegangen ist, dürfte ein Großteil der Websites, die online sind, noch mit einer Version 2.x betrieben werden. Planen Sie für ein Update einer Version 2 auf eine Version 3 Zeit ein, lesen Sie den Changelog[2] und stellen Sie sich und Ihre Kunden darauf ein, dass es die ein oder andere Erweiterung für die Version 3 noch nicht oder nicht mehr gibt und Sie somit vor einem Update nach Alternativen schauen müssen. Vor allem: Machen Sie ohne Backup kein Update und niemals auf einer aktiven Website. Der Stress danach ist unbezahlbar ...

---

[1] *https://contao.org/de/news/contao_3-0-0.html*
[2] *https://contao.org/de/changelog.html*

- **Wer macht die Updates?**
  Auch wenn für einen Kunden, der einen Administratoren-Zugang ins Backend erhalten hat, die Verlockung groß ist, mit einer Live-Update-ID „mal eben schnell" das CMS auf den neuesten Stand zu bringen: Klären Sie ihn rechtzeitig auf, dass es vielfältige Abhängigkeiten zu bedenken gibt.

3.1.10 Vertragliches

In diesem Abschnitt möchte ich mich einigen Fragen zu vertraglichen Themen widmen. Vielleicht haben Sie dies bereits in Ihren AGB geklärt?

- Ist der Kunde mit dem Lizenzrecht vertraut?
- Wie lassen sich die Lizenzverträge gestalten?
- Was sind wichtige Passagen der AGB, die dem Kunden erklärt werden sollten?
- Darf eine für dieses Projekt geschriebene Funktion später als Open Source angeboten werden?
- Verschwiegenheitsklauseln, Datenhandling und Strafen bei Verstoß der Geheimhaltungsklauseln
- Darf das Projekt als Referenz genannt werden? Urheberschutzgesetz oder Verschwiegenheit gegen Aufpreis (White-Label-Partner)

3.1.11 Weitere Themen

- Wie viele Korrekturphasen werden für welche Tätigkeiten nötig sein?
- Wie werden über das Angebot hinausgehende Leistungen abgerechnet, zum Beispiel zusätzliche Funktionen, weitere Korrekturphasen?
- beteiligte Partner, Agenturen
- zu liefernde Daten, dessen Verantwortliche
- Was passiert, wenn das Projekt zum Stillstand kommt, weil Daten nicht nach Zeitplan geliefert werden? Wer kommt für die Arbeitsressourcen auf?
- Klärung der Kennzahlen zusätzlicher Aufwände, für zum Beispiel erneute Einarbeitung in das Projekt, Zeitfreihaltung (Verfügbarkeit, Stand-by-Service)
- Zeiträume/Termine
- Milestones und Termine, Deadline(s)
- Wann und wie werden die schon geleisteten Arbeiten abgerechnet?
- Wie hoch ist die Anzahlung bei Projektbeginn?
- Erfolgt die Abrechnung nach vorher definierten Meilensteinen? Phasen? Ist dies an Zeiten oder Tätigkeiten gebunden?

■ 3.2 Online-Tools und weiterführende Informationen zur Projektkalkulation

Natürlich sind Sie nicht allein mit all Ihren Fragen zur Kalkulation – es gibt hierfür auch Tools im Internet beziehungsweise auch für Ihr Smartphone (iPhone und iPad).

3.2.1 Die Website webkalkulator.com

Die Website *www.webkalkulator.com* existiert schon seit vielen Jahren, dürfte dem ein oder anderen aber noch unbekannt sein. Sie ist sehr zu empfehlen (Bild 3.1).

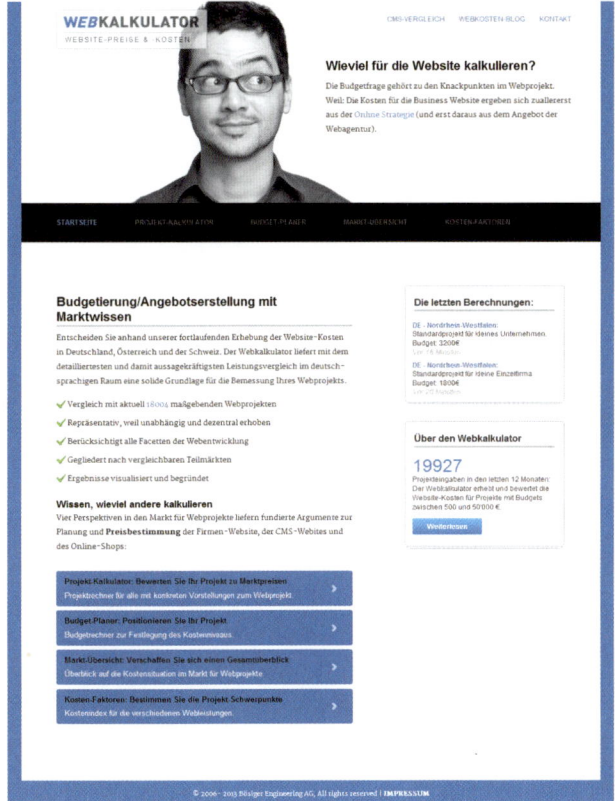

Bild 3.1
Die Website webkalkulator.com

Auf webkulator.com können Sie Ihre Kalkulation anhand klarer Kriterien überprüfen oder auch ein bereits abgeschlossenes Projekt zusammenstellen und eintragen. Auf dieser Basis entstehen Richtwerte und geben so ein besseres Ergebnis als nur das Bauchgefühl.

Auch die Tipps und Hinweise zur Kalkulation als Festpreis oder auf Stundensatz-Basis bieten eine gute Orientierung im „Preis-Dschungel". Auch schön: Contao ist bei den verwendeten CM-Systemen mit dabei (Bild 3.2).

CMS		Marktanteil	Ø Budget
WordPress		31%	1930€
Joomla!		26%	2000€
Typo3		15%	4400€
Contao		9%	2300€
Drupal		4%	3080€
Magento		2%	7100€
xtCommerce/xtc.modified		2%	2930€
Redaxo		1%	2760€
Shopware		1%	4580€
PrestaShop		1%	4740€
modx		1%	3050€
Oxid		1%	3820€
Websitebaker		1%	2460€
webEdition		< 1%	
Django		< 1%	

Bild 3.2
Übersicht CMS-Vergleich –
Quelle: webkalkulator.com

3.2.2 Die iPhone-App Web Fee

Nachdem ich endlich ein iPad mein Eigen nennen konnte, habe ich natürlich alles Mögliche abgegrast, was es zum Thema Webdesign und Kalkulation gibt. Die meisten Apps finden sich zu Farbe und Typografie, aber nur wenige zur Kalkulation.

Eine App, die ich mir angesehen und gekauft[3] habe, heißt Web Fee[4]. Darauf gestoßen bin ich über das Buch[5] desselben Autors Marco Wilhelm (Bild 3.3).

Bild 3.3
Die iPhone-App Web Fee

---

[3] https://itunes.apple.com/de/app/web-fee-webdesign-kosten-berechnen/id545078791?mt=8
[4] http://designers-inn.de/web-kosten-kalkulieren-web-fee/
[5] http://designers-inn.de/portfolio/design-kalkulieren-buch-e-book/

Aus dem PressKit über die App: „Der Webdesign Kalkulator für Freelancer, Webdesigner, kleine & große Agenturen. Wie viel kostet eine Website? Um diese Frage zu beantworten, hat unser Team aus professionellen Webdesignern, SEO-Spezialisten und Programmierern seine Erfahrung der letzten 15 Jahre zusammengetragen und WEB FEE entwickelt."

Schauen Sie sich die Informationen zu den Funktionen der App an. Ich nutze sie mangels iPhone auf dem iPad. Erwähnt sei noch die App Design Fee[6] aus gleicher Quelle für alle anderen Kalkulationen von Leistungen eines Grafikdesigners.

Wer in einem der beiden Berufsverbände AGD[7] (Allianz deutscher Designer) oder BDG[8] (Berufsverband der Kommunikationsdesigner) ist, wird die Ansätze der App schnell verstehen und umzusetzen wissen. Hier findet man sich im legendären Leitfaden der AGD in Form der Struktur und des Aufbaus wieder.

Der AGD selbst bringt seit Jahren, nein schon Jahrzehnten, den AGD Vergütungstarifvertrag Design (VTV) heraus. Seit einiger Zeit ist auch eine digitale Version davon unter *http://www.vtv-online.de* erhältlich (Bild 3.4).

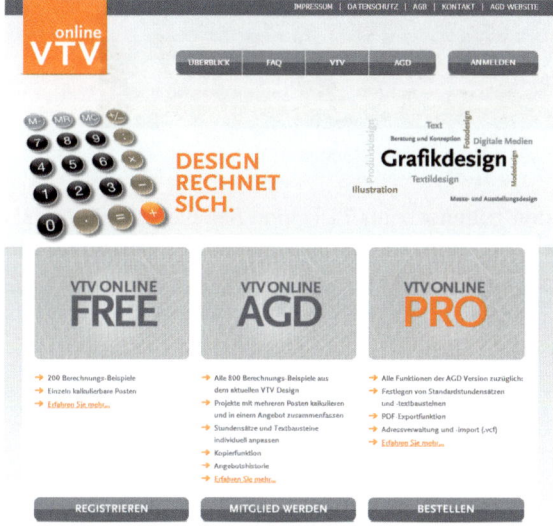

Bild 3.4
Die Website des VTV der AGD
(vtv-online.de)

Der BDG brachte für Mitglieder des Verbandes und nur für die Plattform Mac OS X den BDG-Honorarrechner[9] heraus.

---

[6] *http://designers-inn.de/was-kostet-design-kalkulieren-mit-iphone-app/*
[7] *http://www.agd.de/*
[8] *http://www.bdg-designer.de/*
[9] *http://relaunch.bdg-designer.de/node/76*

3.2.3 Contao-Konferenz 2013: Session zur Projektplanung und Kalkulation

Zum Thema Projektplanung und Kalkulation gab es auf der Contao-Konferenz 2013 in Halle eine Session[10] von Holger Neuner.

Bild 3.5 Session zur Projektplanung und Kalkulation, Holger Neuner

Auf der Konferenz-Website finden Sie den Foliensatz als PDF, eine Beispielkalkulation als Excel-Datei sowie Holger Neuners Vortrag als Video im Contao-Channel auf YouTube.

Gerade die Beispielkalkulation zeigt sehr gut, wie viele Einzelteile zum Gesamtpuzzle Website-Projekt gehören. Herunterladen, ansehen, verstehen.

---

[10] *https://contao.org/de/conference-2013.html*

4 Der Contao-Kosmos im Überblick

Dieses Kapitel gibt Ihnen Orientierung im Contao-Kosmos, zeigt Ihnen die wichtigsten Anlaufstellen für Informationen, Neuigkeiten und wo Sie bei Ihrer Arbeit mit Contao Hilfe und Unterstützung bekommen können.

Viele Open-Source-Projekte, auch Contao, sind im Laufe der Zeit gewachsen. Neben den Neuerungen im CMS selbst gilt dies auch für die Dokumentation(en) und die zahlreichen Tipps & Tricks, die sich ansammeln. Ein Ziel des Contao-Teams beim Teamtreffen Anfang Februar 2012[1] war es, die Ressourcen zu bündeln und sie, soweit möglich, zentral unter der Projekt-Website *www.contao.org* zusammenzuführen.

■ 4.1 Die Projekt-Website contao.org

Die Projekt-Website contao.org ist die erste Adresse für wichtige Informationen zum CMS.

In Bild 4.1 sehen Sie oben am Browserrand einen schwarzen Balken mit den wichtigsten Links zu den Ressourcen (Stand: August 2013).

- **Contao:** führt Sie zur Projekt-Website *www.contao.org*
- **Community:** führt Sie zur deutschsprachigen Community (Forum) beziehungsweise zur englischsprachigen Community, wenn Sie die englische Version der Projekt-Website aufrufen
- **Cloud-Hosting:** führt Sie zum Cloud-Hosting-Angebot von iNet Robots
- **Themes:** führt Sie zum Themes-Shop von iNet Robots
- **Association:** führt Sie zur Website der Contao Association
- **API:** führt Sie zur API-Dokumentation von Contao

Im Hauptteil der Website werden Ihnen einige wichtige Bereiche vorgestellt. Dazu gehören:

- die Contao-Online-Demo (Contao online testen)
- die Contao-Erweiterungsliste (Contao beliebig erweitern)

---

[1] *https://contao.org/de/news/contao-teamtreffen-2012.html*

- das Contao-Team (das Contao-Team kennenlernen)
- das Contao-Handbuch (Contao bedienen lernen)
- die Contao-Templates (Abwechslung für Ihre Webseiten)
- die Contao-Partner (Partner in Ihrer Nähe finden)

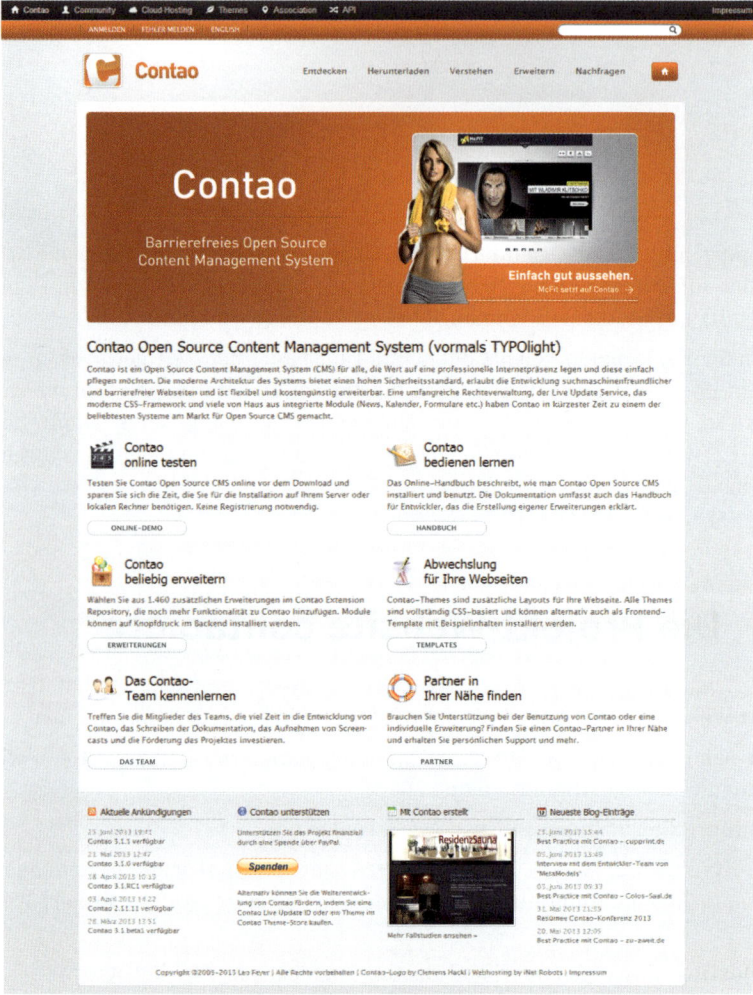

Bild 4.1 Die Projekt-Website *www.contao.org*

■ 4.2 Wichtige Nachrichtenquellen von Contao

Damit Sie auf dem Laufenden bleiben, gibt es verschiedene Quellen in unterschiedlichen „Darreichungsformen" – sei es als Newsbeiträge oder als RSS-Feeds.

4.2.1 Die Projekt-Website contao.org

News und Ankündigungen zu Contao stehen direkt auf der Startseite der Projekt-Webseite am Fußende (Bild 4.2).

Bild 4.2 Ankündigungen/Blog-News auf contao.org

In der linken Spalte finden Sie die aktuellen Ankündigungen. Schwerpunkt dieser News sind vorrangig die Ankündigungen neuer Contao-Versionen. In der rechten Spalte gibt es Nachrichten aus dem Blog wie Ankündigungen von Best-Practice-Beispielen mit Contao, Interviews mit Entwicklern, Ankündigungen zur Contao-Konferenz oder dem Contao-Camp.

Klicken Sie eine der Nachrichten an, gelangen Sie auf die Unterseite mit der Detailanzeige des Beitrags. In der rechten Spalte können Sie dann nach Jahren filtern.

Diese News können Sie auch bequem via RSS-Feed unter *https://contao.org/share/news-de. xml* abrufen. In diesem Feed werden die Daten aus den Ankündigungen und den Blog-Nachrichten zusammen ausgeliefert. Sie erhalten somit alle relevanten News von Contao.

4.2.2 Das Contao-Community-Forum

Im Contao-Community-Forum werden die Neuigkeiten gleich in der ersten Rubrik „Aktuelles rund um Contao" unter „Ankündigungen/Hinweise" veröffentlicht (Bild 4.3). Die Newsfeeds von contao.org gibt es auch hier gelistet.

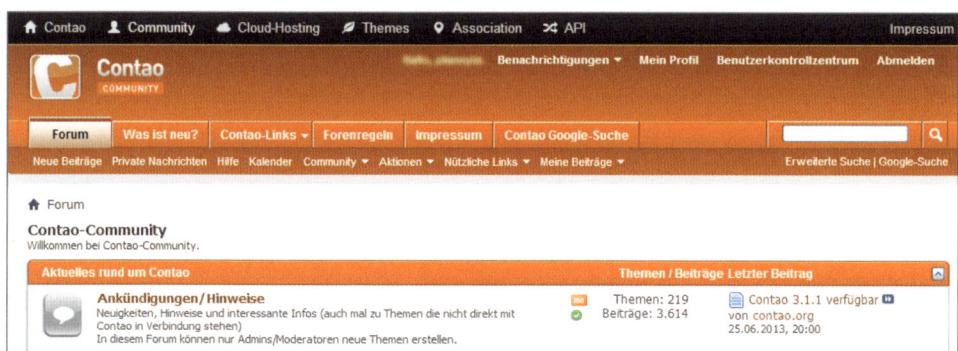

Bild 4.3 Ankündigungen/Hinweise auf contao-community.de

4.2.3 Contao auf Facebook

Auf Facebook ist Contao auch vertreten: *https://www.facebook.com/contao* (Bild 4.4).

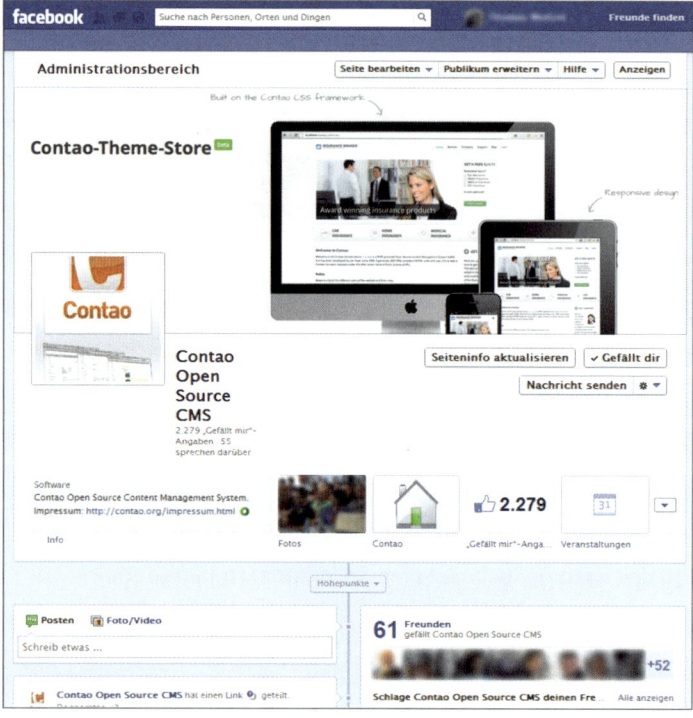

Bild 4.4 Contao auf Facebook

Auch auf Facebook sind die Ankündigungen sowie zahlreiche Berichte über Websites, die mit Contao entstanden sind, zu lesen. Auch Praxistipps zu hilfreichen Tools und andere, für Webworker wichtige Informationen gibt es hier.

4.2.4 Contao auf Google+

Bei Google+ ist Contao unter *https://plus.google.com/114740384471581504722* zu finden (Bild 4.5).

Über Google+ wird auch der YouTube-Kanal[2] von Contao verwaltet. Hier finden sich unter anderem die Videomitschnitte der öffentlichen Sessions der Contao-Konferenz 2013 in Halle (*https://plus.google.com/114740384471581504722/videos*).

---

[2] *http://www.youtube.com/user/contaocms*

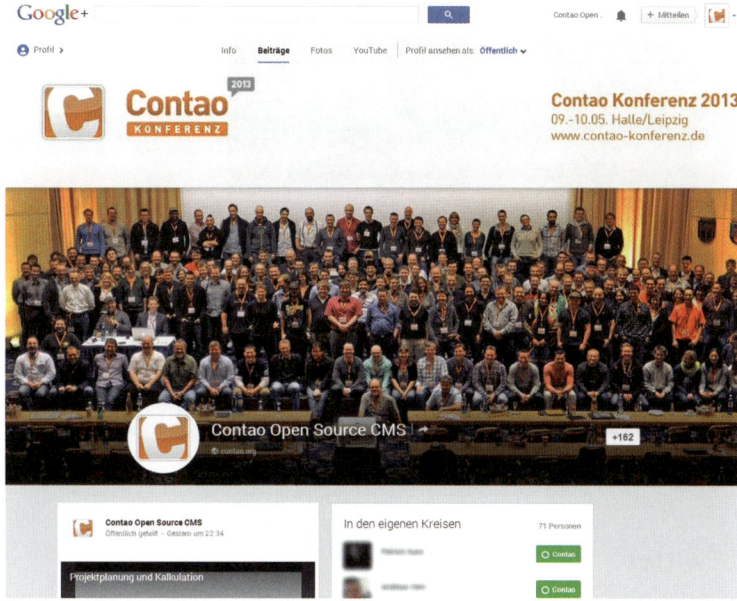

Bild 4.5
Contao auf Google+

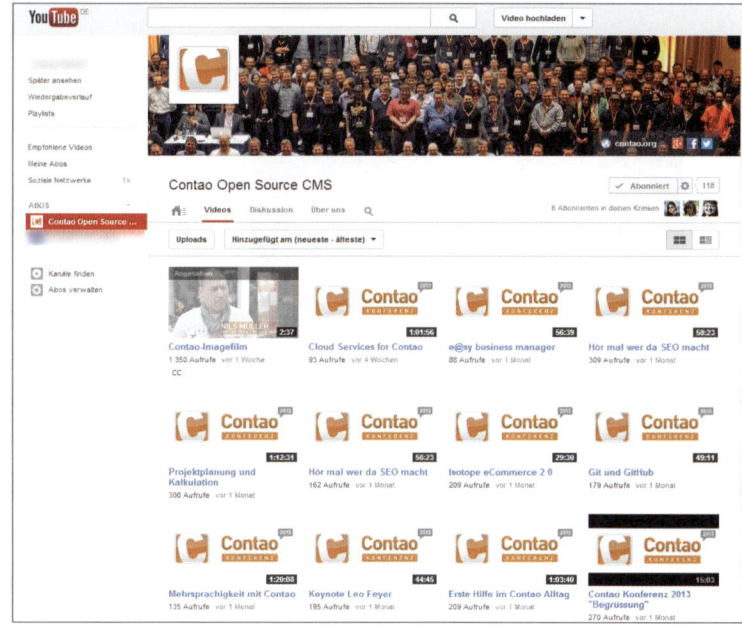

Bild 4.6
Der YouTube-Kanal
von Contao

Ebenfalls dort zu finden ist der Contao-Image-Film (Bild 4.7), der von Fauth & Gundlach[3] aus Material der Contao-Konferenz 2013 zusammengeschnitten wurde (Bild 4.7).

---

[3] http://www.fauth-gundlach.de/

Bild 4.7
Ausschnitt aus dem
Contao-Image-Film

4.2.5 Contao auf Twitter

Auch auf Twitter[4] ist Contao aktiv. Sie finden den offiziellen Twitter-Kanal unter @contaocms
(Bild 4.8).

Bild 4.8
Contao auf Twitter

---

4 *https://twitter.com/@contaocms*

4.2.6 Die Contao Association

Die Contao Association[5] ging aus dem Contao Verein Schweiz hervor und ist der offizielle Contao-Verein (Bild 4.9). Die Contao Association ist gemeinnützig und bezweckt die Förderung des Contao Open Source CMS.

Bild 4.9
Die Website der
Contao Association

Diese Förderung umfasst im Besonderen:

- Organisation von Veranstaltungen zwecks Information und Weiterbildung der Mitglieder und weiterer Interessierter
- Kommunikation nach innen und außen zur Verbreitung von Wissen und Können zur Nutzung des Systems, insbesondere über die Websites des Projekts
- Finanzierung von Erweiterungen
- Weiterentwicklung des Softwareprojekts Contao Open Source CMS
- Public Relations und Verbreitungsförderung

Die Contao Association ist auch Veranstalter der Contao-Konferenz und des Contao-Camps.

Wenn Sie die Arbeit der vielen Menschen im Contao-Projekt unterstützen wollen, sollten Sie Mitglied oder Gönner der Contao Association werden.

---

[5] *https://association.contao.org/*

4.2.7 Weitere Informationsquellen

Viele weitere Tutorials und Websites mit Tipps zu Contao finden Sie auch über die vorange-hend genannten „Kanäle".

PRAXISTIPP: Kennen Sie Google Alerts?

Nicht jeder kann und will möglichst alle Neuigkeiten zu Contao permanent ver-folgen oder recherchieren. Hierzu bietet sich der Dienst Google Alerts (*http://www.google.de/alerts*) an. Definieren Sie zahlreiche Alerts durch die Kombina-tion von Suchbegriffen und erhalten Sie dazu eine Benachrichtigung per E-Mail, sobald eines der Suchbegriffe durch Google indexiert ist und in den Suchergeb-nissen auftaucht.

Folgen Sie Personen, die sehr aktiv im Contao-Umfeld tätig sind. Abonnieren Sie die Blog-Feeds von Buchautoren oder folgen Sie auf Twitter den verschiedenen Kanälen, die mit Contao in Verbindung stehen.

Auch auf YouTube finden sich zahlreiche Videos zu Contao. Achten Sie auf die eingesetzte Version, die das Video zur Erläuterung verwendet nicht dass Sie Dinge mit Contao 3 machen möchten, die nur unter Contao 2 möglich waren oder vice versa.

4.2.7.1 Der Contao-Video-Blog von Tristan Lins

Ein Video-Tipp – mit dem Fokus auf den Entwickler in Ihnen – ist die mit viel Engagement und Herzblut initiierte Video-Podcast-Reihe von Tristan Lins[6] (bit3 UG, siehe Bild 4.10). Hier erklärt er verschiedene Aspekte der Entwicklungsarbeit an Modulen etc. für Contao. Auch für den ein oder anderen Schmunzler dürfte beim Betrachten gesorgt sein.

Bild 4.10
Contao-Video-Blog von bit3
UG (Tristan Lins)

---

[6] *http://www.youtube.com/user/bit3ug*

4.2.7.2 Die Contao-Community-Gruppe auf Google+

Auf Google+ gibt es auch eine Contao-Community-Gruppe[7], die Simon Kusterer initiiert hat und betreut (Bild 4.11). Auch hier finden sich viele Informationen rund um Contao.

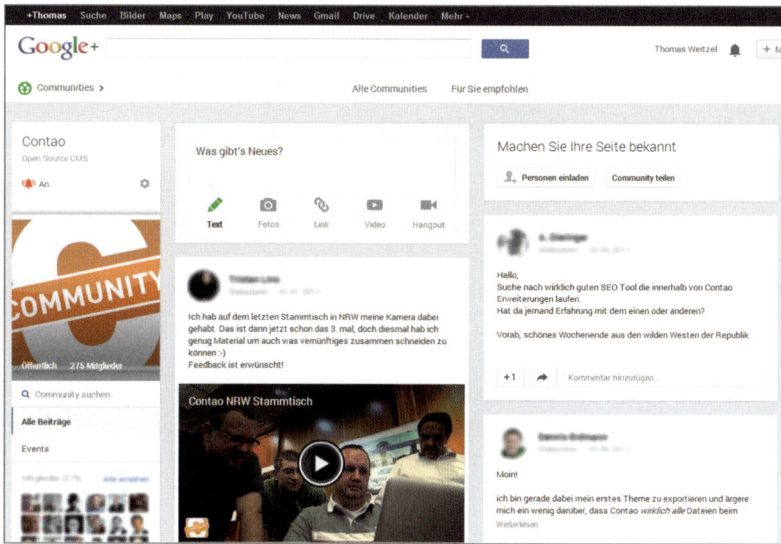

Bild 4.11 Die Contao-Community-Gruppe auf Google+

4.2.7.3 Die Contao-Gruppe auf Xing

Auch auf Xing[8] gibt es Informationen zu Contao (Bild 4.12). Hier finden sich meiner Erfahrung nach vorrangig die Personen zusammen, die sich aus anderen Netzwerken kennen.

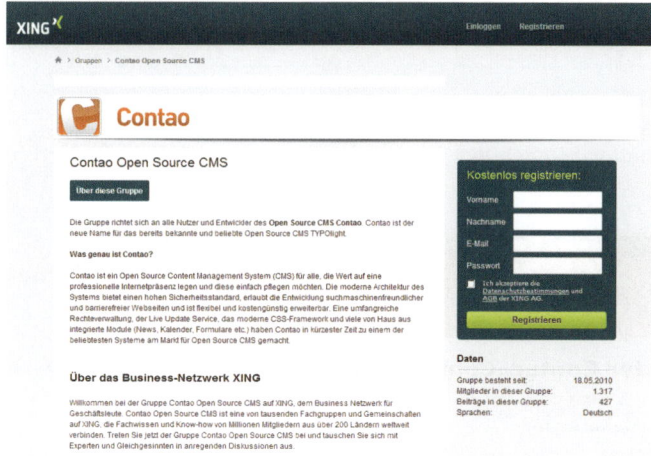

Bild 4.12
Die Contao-Gruppe auf Xing

---

[7] https://plus.google.com/communities/108748102387487900475
[8] https://www.xing.com/net/contao/

■ 4.3 Hilfe bei Problemen mit Contao

Wenn Probleme bei der Arbeit mit Contao auftreten, dann ist man froh, Hilfe zu finden und Unterstützung zu erhalten. Dazu gibt es einige wichtige Anlaufstellen.

4.3.1 Das Contao-Community-Forum

Erste Anlaufstelle für Hilfe bei Problemen ist das Contao-Community-Forum, das Sie unter *https://community.contao.org/de/* erreichen. Hier finden Sie zahlreiche Informationen und in vielen Fällen auch schon die Lösung zu Ihrem Problem. Das Forum ist in verschiedene Bereiche unterteilt, so dass Sie hier anhand der Begriffe schnell die richtige Rubrik finden und nach Lösungen suchen können.

 HINWEIS: Lesen Sie zuerst die verschiedenen Beiträge durch, bevor Sie einen neuen Thread eröffnen. Sollten Sie keine treffende Beschreibung zu Ihrem Problem finden, eröffnen Sie in der passenden Rubrik ein neues Thema.

Die Suchfunktion der Forensoftware (Bild 4.13) führt Sie nicht immer zielführend zu befriedigenden Ergebnissen, so dass Sie eventuell mit Stichwörtern über die Google-Suche (Bild 4.14) schneller zum Ziel kommen. Das Forum ist ziemlich gut indexiert, so dass Sie hierüber zu den für Sie relevanten Beiträgen im Forum gelangen können.

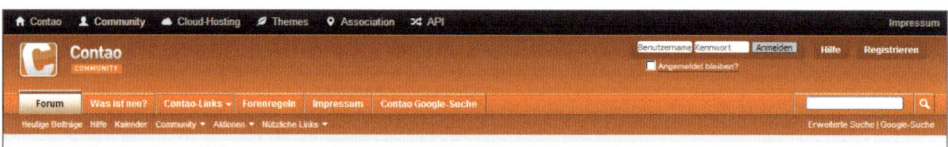

Bild 4.13 Suchen im Contao-Community-Forum

Sie finden unterhalb der Sucheingabe auch den Link Google-Suche, der Sie direkt dorthin bringt.

Bild 4.14 Google-Suche im Contao-Community-Forum

Das Community-Forum ist bekannt dafür, dass ein freundlicher Umgangston gepflegt wird und Sie in der Regel schnell eine Antwort erhalten sei es mit einem Tipp, einer Nachfrage oder einem Verweis auf ähnliche Problemstellungen.

 Dies war auch eine der positiven Erfahrungen im Austausch mit anderen CMS-Kollegen auf der Cebit 2013 im Rahmen von cmsgarden[9]: Die freundliche, lösungsorientierte Atmosphäre der Contao-Community fällt positiv auf.

4.3.2 Wie formuliere ich mein Problem?

Dies lässt sich sicher nicht eindeutig beantworten, da die Frage je nach Problem auch komplexer oder mehrteilig ausfallen kann. Aus langjähriger Erfahrung als aktiver Forenbenutzer empfehle ich Ihnen, auf jeden Fall folgende Informationen anzugeben:

- **Aussagekräftiger Titel**
  „Hilfe" oder „Klappt nicht" lassen zwar erkennen, dass es klemmt, sind aber nicht zielführend und werden von den Forenbenutzern gerne übersehen. Formulieren Sie knapp das Problem, zum Beispiel „Login auf Mitgliederbereich – keine Weiterleitung nach Login". Das ist für alle eindeutig zuzuordnen, die Ihnen helfen können.

- **Verwendete Contao-Version**
  Geben Sie die aktuell verwendete Contao-Version an. Damit wird es möglich, auf bekannte Probleme mit dieser Version hinzuweisen. So lässt sich das „Problemfeld" eingrenzen. Aktuell dürfte es Installationen mit den Versionen 2.x und 3.x geben. Dazu wurde auch in der Forensoftware ein Präfix eingeführt, den Sie direkt beim Erstellen eines neuen Themas einstellen können (Bild 4.15).

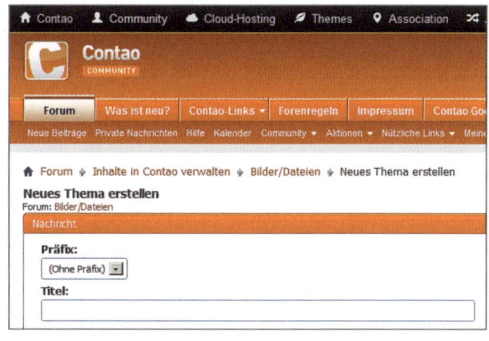

Bild 4.15
Präfix beim Erstellen eines neuen Themas angeben

- **Sachliche Formulierungen**
  Damit erleichtern Sie das schnelle Erfassen Ihres Problems für alle, die Ihnen bei der Lösung helfen können.

- **Formatierungsmöglichkeiten nutzen**
  Nutzen Sie die Formatierungsmöglichkeiten der Forensoftware. Vermeiden Sie Endlossätze und strukturieren Sie Ihren Text. Der Leser dankt es Ihnen – die Motivation zu

---

[9] *www.cmsgarden.org*

helfen bleibt. Wenn Sie Code einfügen, nutzen Sie die Formatierungsfunktionen dazu. So ist er viel schneller zu lesen.

- **CSS-Fragen**
  Bei Fragen zu CSS hilft in der Regel ein Link zu Ihrer Installation. So kann man mit Firebug viel schneller analysieren, wo es mit CSS nicht klappt. Wenn Sie lokal arbeiten, kann Ihnen hier keine sinnvolle und zügige Hilfe gegeben werden. Vermeiden Sie das Posten von meterlangen CSS; neben CSS sind auch der Aufbau und die Struktur des HTML für die Beurteilung des Problems wichtig. Versuchen Sie Ihre Website online zu stellen.

Zitate aus der Praxis

Wie sagte Peter Müller einmal sehr treffend: „Ein Königreich für einen Link".

Ein Satz, den man auch immer wieder liest: „Ich habe die Glaskugel verlegt".

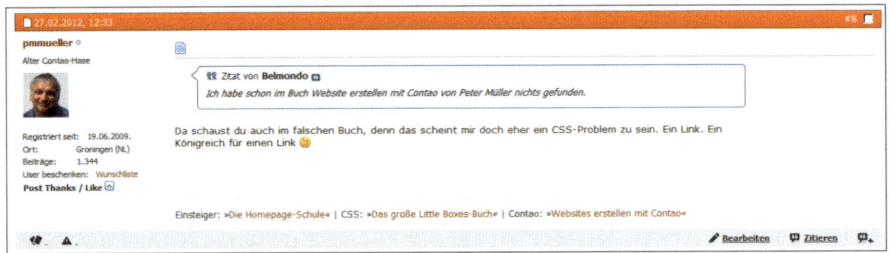

Bild 4.16 Ein Königreich für einen Link

- Erleichtern Sie allen, die Ihnen Hilfe anbieten, den Zugang zu Ihrer Website und halten Sie die Hürde niedrig.

- **Keine privaten Nachrichten**
  Vermeiden Sie es, unaufgefordert PNs private Nachrichten an einzelne Forenbenutzer zu schicken. Gerade solche mit dem Betreff „Hilfe, schnell" oder ähnlich werden in der Regel großzügig übersehen. Viele Benutzer ignorieren die Nachrichten dann schlicht. Senden Sie private Nachrichten nur nach Aufforderung, wenn Sie zum Beispiel den Link zu Ihrer Website nicht öffentlich posten wollen.

- **Pro Thema ein Problem**
  Bei mehreren Problemen starten Sie jeweils ein neues Thema. Noch besser ist es, wenn Sie einen bestehenden Beitrag finden und Ihre Frage dort mit anfügen. Das verschafft den Foren-Moderatoren einen besseren Überblick und schont ihre Nerven.

4.3.3 Das Unterforum „Bezahlte Unterstützung (Kleine Aufträge)"

Der Bereich „Bezahlte Unterstützung (Kleine Aufträge)" wurde eingerichtet, damit Benutzer neben der Community-Hilfe auf gegebenenfalls schnellen Support zugreifen und ihr Anliegen aber doch innerhalb der Contao-Community platzieren können (Bild 4.17). Um diese Möglichkeit nutzen zu können, müssen Sie im Contao-Community-Forum registriert und angemeldet sein.

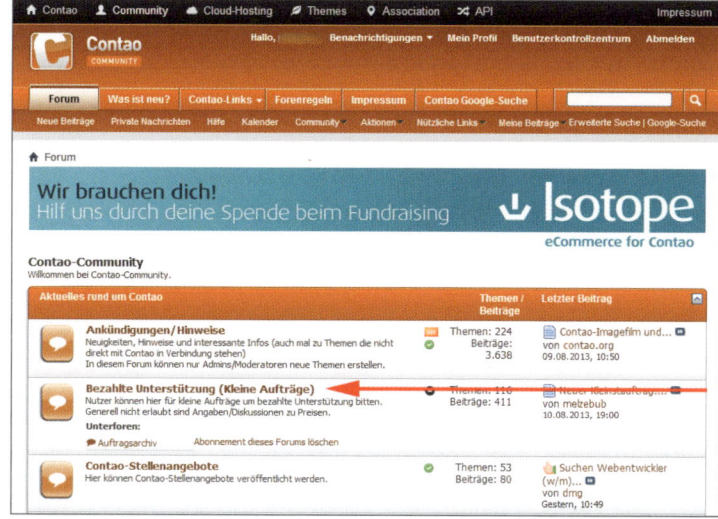

Bild 4.17
Das Unterforum „Bezahlte Unterstützung (Kleine Aufträge)"

 HINWEIS: Wenn Sie dieses Unterforum nutzen möchten, lesen Sie sich auf jeden Fall zuerst den Beitrag „WICHTIG | Guideline: Wie man einen Kleinstauftrag veröffentlicht" durch.

4.3.4 Das Unterforum „Contao-Stellenangebote"

Das Unterforum „Contao-Stellenangebote" ermöglicht es Ihnen, gezielt für aktive Forenmitglieder eine Stelle auszuschreiben (Bild 4.18). Dazu müssen Sie im Contao-Community-Forum registriert und angemeldet sein.

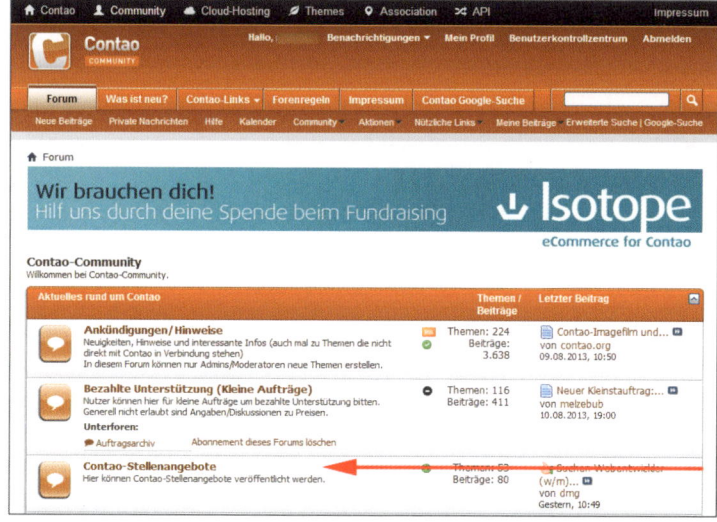

Bild 4.18
Das Unterforum „Contao-Stellenangebote"

HINWEIS: Wenn Sie dieses Unterforum nutzen möchten, lesen Sie sich auf jeden Fall zuerst den Beitrag „WICHTIG | Guideline: Wie man ein Stellenangebot veröffentlicht" durch.

■ 4.4 Weitere Hilfequellen

Weitere Hilfequellen sind das Contao-Wiki, der IRC-Chat sowie die Contao-Partner.

4.4.1 Das Contao-Wiki

Eine weitere Anlaufstelle ist das Contao-Wiki (*www.contaowiki.org*), das von Christian Schiffler initiiert wurde (Bild 4.19).

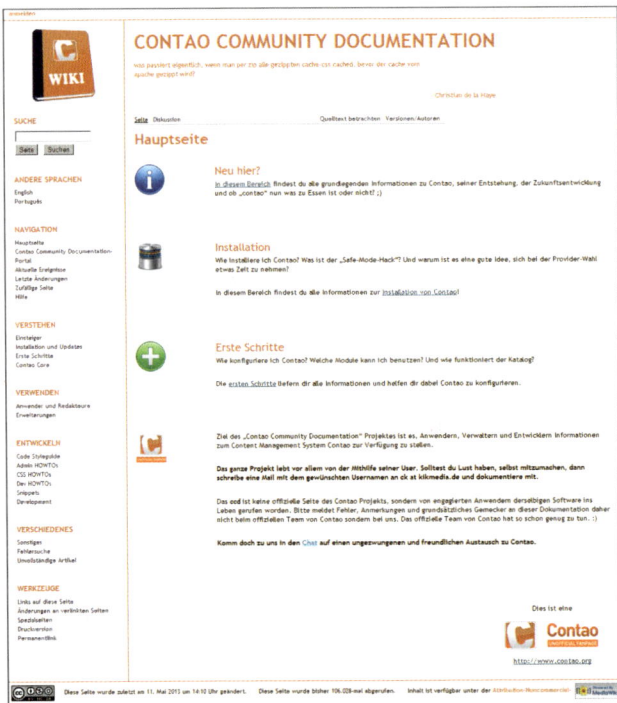

Bild 4.19
Contao-Wiki – Contao Community Documentation

Hier werden Informationen zu den verschiedensten Themen aufbereitet und zur Verfügung gestellt. Informationen im Contao-Community-Forum verlieren sich im Laufe der Zeit, daher ist es ein Bestreben, dass sich viele Benutzer am Ausbau des Wikis beteiligen und ihre Erfahrungen dort aktiv einbringen.

4.4.2 IRC-Chat

Wer lieber in Echtzeit schreibt, dem sei der IRC-Chat (Internet Relay Chat) der verschiedenen Kanäle (Channels) empfohlen. Auch hier erhalten Sie in der Regel sehr freundlich und zügig Rückmeldung zu einem geschilderten Problem. Eine Anleitung für diesen Chat gibt es im Contao-Wiki: *http://de.contaowiki.org/Chat_HowTo*

4.4.3 Contao-Partner

Sie benötigen zielgerichtete und auch zeitnahe Unterstützung für Ihre Projekte? Sie arbeiten professionell an Websites für Kunden? Dann besuchen Sie einmal die Seite der offiziellen Contao-Partner: *https://contao.org/de/partners.html*. Sie setzen Contao professionell ein und stehen Ihnen sicher gerne beratend und unterstützend zur Seite. Es gibt weit über 200 offizielle Contao-Partner. Über eine Filterfunktion lassen sich sowohl die Rubriken als auch die Länder einschränken. Der Partner in Ihrer Nähe ist also schnell gefunden (Bild 4.20).

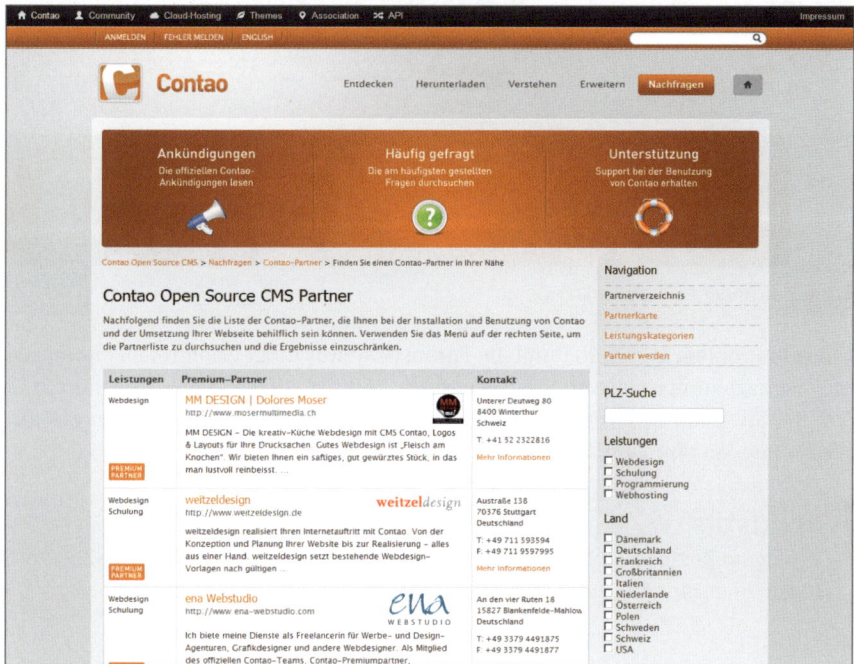

Bild 4.20 Finden Sie Ihren Contao-Partner

Identifizieren Sie sich mit dem Contao-Projekt und setzen es gerne bei Ihren Kunden ein? Dann werden Sie offizieller Contao-Partner[10] und unterstützen durch Ihre Teilnahme die Weiterentwicklung des CMS Contao.

---

[10] *https://contao.org/de/become-a-partner.html*

■ 4.5 Fehlersuche und -meldung

Wirken Sie aktiv mit und melden Sie Fehler, die Sie gefunden haben. Dazu stehen Ihnen verschiedene Möglichkeiten zur Verfügung.

4.5.1 Über das Contao-Community-Forum

Auch in diesem Falle ist ein Blick in das Contao-Community-Forum die erste Wahl. Beschreiben Sie den gefundenen Fehler im Forum und fragen Sie, ob er anderen Benutzern auch schon aufgefallen ist.

4.5.2 Über die Contao-Online-Demo

Bild 4.21 Aufruf der Contao-Online-Demo

Wenn Sie ein Problem feststellen und die Forensuche war nicht erfolgreich, dann testen Sie das Problem beziehungsweise stellen Sie es nach. Dies ist auf der Demo-Website von Contao möglich, die Sie unter *http://demo.contao.org/contao/* erreichen. Hier finden Sie die stets aktuelle Contao-Version zum Testen.

 PRAXISTIPP: Loggen Sie sich am besten ins Backend ein, wenn Sie noch genügend Zeit haben, bevor die Online-Demo wieder auf ihren Original-Zustand (nach einer Stunde) zurückgesetzt wird.

4.5.3 Über Contao auf GitHub

Eine weitere Möglichkeit, Fehler zu finden, bietet GitHub[11] (Bild 4.22). Hier wird die jeweils aktuelle Version von Contao als „Master-Branch" gepflegt.

---

[11] *https://github.com/contao/core*

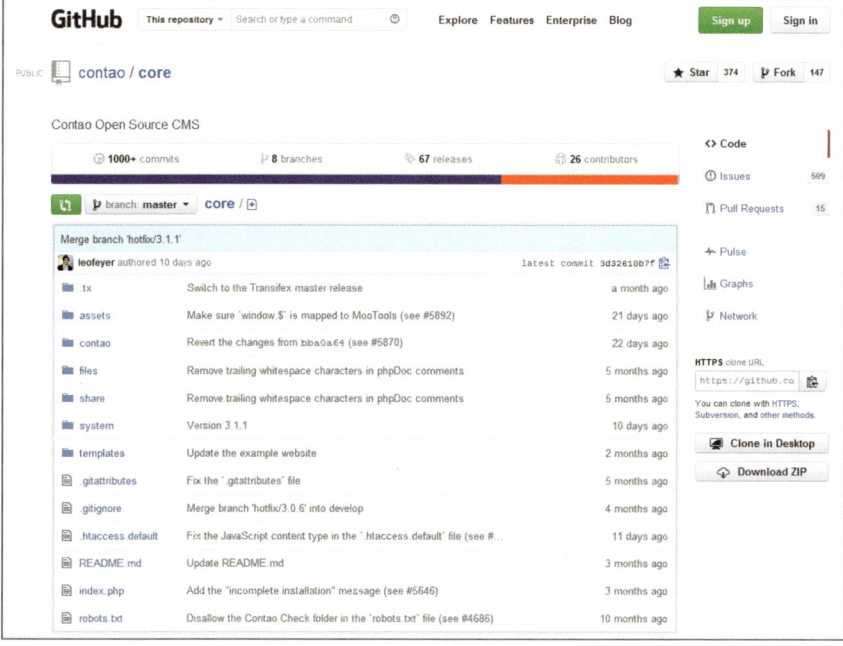

Bild 4.22 Das Contao-Projekt auf GitHub

Fehler beziehungsweise Problembeschreibungen finden sich in den „Issues". Wenn Sie diese Issues durchsuchen, stoßen Sie gegebenenfalls auf Issues, die genau den von Ihnen festgestellten Fehler beschreiben. Dem Verlauf einer Issue können Sie in der Regel auch entnehmen, ob der Fehler behoben wurde oder für welchen Milestone dies vorgesehen ist.

 HINWEIS: Nutzen Sie GitHub nicht als Forenersatz und diskutieren Sie hier unter anderem nicht über Fehler von Dritt-Erweiterungen. Dieses Repository behandelt nur mögliche Fehler der Contao-Core-Version. Aus der Praxis: Diskutieren Sie einen Fehler zunächst im passenden Unterforum der Contao-Community und melden erst dann ein Issue auf GitHub.

Auf der Contao-Konferenz 2013 hat Yanick Witschi eine Session zum Thema „Git und GitHub für Nicht-Entwickler" gehalten, der die wesentlichen Bedienkonzepte von GitHub erklärt. Sie finden die Folien dieser und aller anderen Präsentationen auf der Konferenz-Website unter *https://contao.org/de/conference-2013.html*. Ebenso wurde diese Session als Video aufgezeichnet. Es steht auf dem Contao-YouTube-Kanal[12].

Da – auch durch den Wechsel zu Contao 3 bedingt – einige Erweiterungen direkt auf GitHub gepflegt werden und nicht mehr zwingend in der Erweiterungsliste (ER) von Contao zu finden sind, lohnt sich der „Ausflug" zu GitHub auch in dieser Hinsicht.

Im Gegensatz zu Erweiterungen, die Sie über das Backend mit dem Erweiterungskatalog installieren können, müssen Sie Erweiterungen aus GitHub manuell installieren.

---

[12] *https://plus.google.com/114740384471581504722/videos*

5 Hilfreiche Tools für Webdesigner

Während sich die Methoden und die Anforderungen an eine moderne Website verändert haben, ist auch die Weiterentwicklung der Tools nicht stehen geblieben. Zunehmend sprießen Tools für das Testen von mobilen und responsiven Websites aus dem … richtig: Browser. Für jeden Webentwickler gibt es Tools, welche die tägliche Arbeit erleichtern. In diesem Kapitel stelle ich Ihnen nützliche Werkzeuge für die Entwicklung vor.

Während der Entwicklung einer Website sollten Sie immer wieder den Aufbau und die Darstellung überprüfen. Dabei werden Sie sich permanent mit dem Webbrowser beschäftigen. Sehen Sie sich immer wieder die Darstellung und den Quellcode an. Entwickeln Sie eine Website immer „top to bottom" – das heißt, die Entwicklung wird in einem standardkonformen Browser überprüft, und erst am Ende der Umsetzung testen Sie die Darstellung in weniger standardkonformen Browsern und passen den Code entsprechend an. Standardkonform bedeutet, dass eine Website nach den Vorgaben vom World Wide Web Consortium (W3C) umgesetzt ist. Das W3C definiert Regeln und Standards, die eine Website erfüllen muss, damit sie den Kriterien der Standardkonformität entspricht. Zu den wesentlichen Merkmalen dieser Standards zählen die Validität, der Verzicht auf veraltete Elemente und Methoden sowie eine Umsetzung des Layouts ohne Tabellen. Dabei wird auch auf eine strikte Trennung von Inhalt und Darstellung (Design) geachtet. Entwickeln Sie also am besten in einem modernen Browser wie Firefox oder Chrome und passen Sie später die nötigen Änderungen für die nicht oder weniger standardkonformen Browser an.

 PRAXISTIPP: Als Webdesigner, der neben der Konzeption und Gestaltung auch die technische Umsetzung macht, sollten Sie sich am besten gleich ein Basisset an Browsern installieren. Ich arbeite meist unter Windows und setze diese Browser ein: Internet Explorer, Opera, Firefox, Chrome und Safari. Dazu kommt noch ein Android-Smartphone und ein iPad. Damit kann ich zumindest eine Basis an Browsern und Betriebssystemen abdecken. ∎

■ 5.1 Browser-PlugIns und -AddOns

Für die Browser Firefox und Chrome finden Sie eine Auswahl an nützlichen PlugIns und AddOns, die Sie bei Ihrer Arbeit an Websites hilfreich unterstützen können.

5.1.1 Web Developer Toolbar

Diese Erweiterung für den Firefox- und Chrome-Browser von Chris Pederick[1] ist zu Recht das „Schweizer Taschenmesser" für den Webentwickler. Die Web Developer Toolbar unterstützt Sie mit sehr vielen praktischen Funktionen bei der Entwicklung einer Website. Beispiele dafür sind:

- das Editieren bestehender CSS-Dokumente mit Echtzeitanzeige
- das Abschalten aller CSS-Dokumente zur reinen Textansicht
- das Umschalten für die Darstellungen der Druckansicht
- die Möglichkeit, Cookies und den Cache zu löschen
- die Untersuchung von Grafiken wie Pfade, Größen etc.
- die Möglichkeit, die Fenstergröße des Browserfensters einzustellen
- Viewports durch angepasste Layouts (responsive) zu simulieren
- die Möglichkeit, (X)HTML und CSS direkt an den Validator zu schicken

Nach der Installation erscheint die Web Developer Toolbar im Browserfenster unter der Adressleiste.

Wenn Sie nun eine Website aufrufen, können Sie die Funktionen der Web Developer Toolbar gleich anwenden – dargestellt an der Beispiel-Website (Bild 5.1).

Hilfreich ist oft die Lineal-Funktion, die Sie über den Menüpunkt Sonstiges aufrufen (Bild 5.2). Damit lassen sich manchmal Abstände schneller visuell abmessen. Unterstützend beim Untersuchen ist auch die Seitenlupe, im gleichen Menü zu finden (Bild 5.3).

---

[1] *http://chrispederick.com/work/web-developer/*

Bild 5.1
Die Web Developer
Toolbar im Browser

Bild 5.2
Linealfunktion nutzen

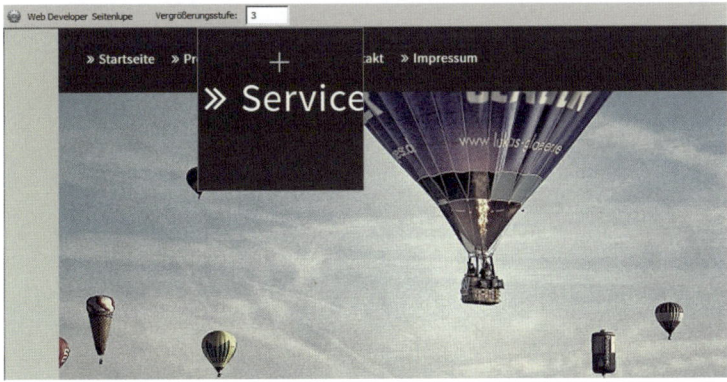

Bild 5.3
Seitenlupe mit
Skalierfaktor 3
aktiviert

Ebenfalls hilfreich ist es – gerade beim Entwickeln von responsiven Seiten – unter dem Menüpunkt Größe ändern, den Unterpunkt Fenstergröße in Titelleiste anzeigen auszuwählen (Bild 5.4).

Bild 5.4 Fenstergröße immer aktuell in der Titelleiste anzeigen

So lässt sich schnell ablesen, welche Fensterbreite und -höhe aktuell verwendet wird. Das ist hilfreich, wenn Sie bei einem Media-Query-Breakpoint eine andere Darstellung verwenden und so kontrollieren wollen, ob bei Unterschreitung dieses Media-Query-Wertes die Änderungen auch erscheinen.

Als letztes vorgestelltes Feature können Sie im Web Developer Toolkit verschiedene Viewportgrößen in einem Browserfenster aufrufen. Klicken Sie hier in das Menü Größe ändern und dann auf den Unterpunkt Angepasste Layouts anzeigen. Sie erhalten die aktuelle Website in sechs verschiedenen Viewportgrößen angezeigt (Bild 5.5).

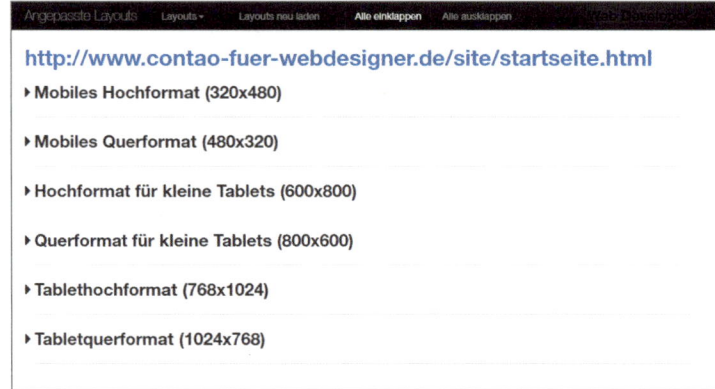

Bild 5.5 Die Website in sechs unterschiedlichen Viewportgrößen betrachten

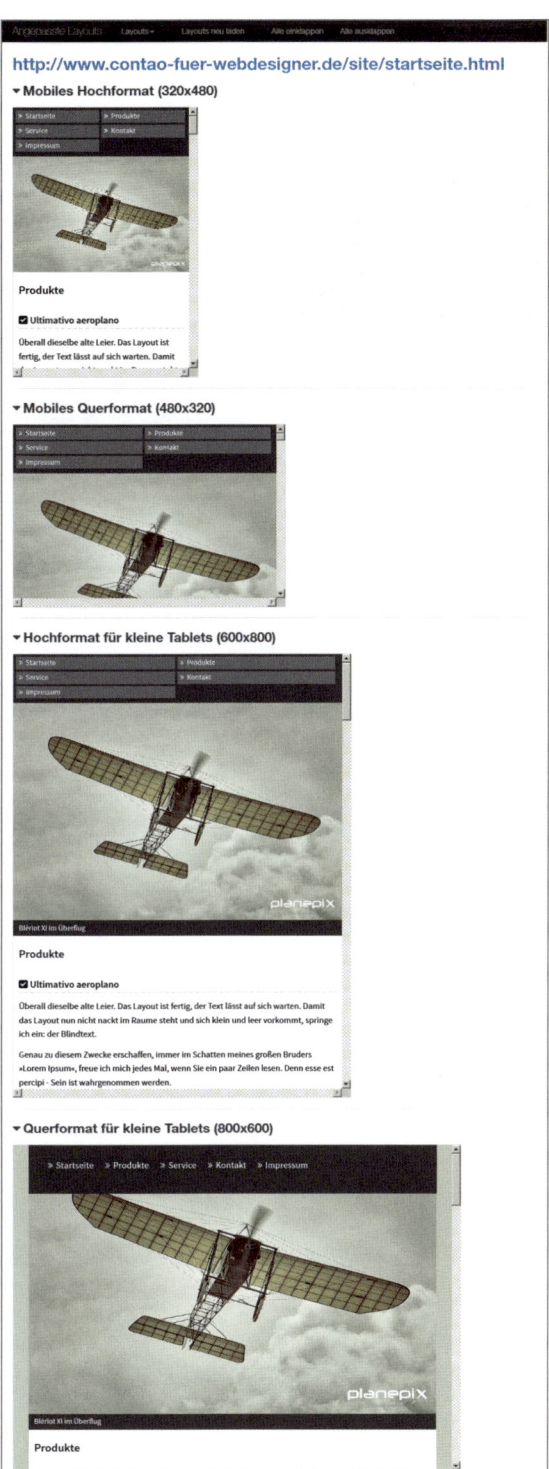

Bild 5.6
Vier Viewportgrößen im Überblick

Verkleinern Sie einmal das Browserfenster: Selbst für diese Funktion setzt das Web Developer Toolkit Media-Queries ein und zeigt anstatt eines horizontalen Menüs ein mobiles Menü an (Bild 5.7).

Bild 5.7
Das Web Developer Toolkit mit mobilem Menü

5.1.2 Firebug für den Firefox-Browser

Mit Firebug[2] ist ein weiteres und im Entwicklungsalltag nicht mehr wegzudenkendes AddOn verfügbar, welches Sie gleich installieren sollten. Mithilfe von Firebug lassen sich folgende Funktionen im Alltag nutzen:

- Seiteninhalte untersuchen
- CSS in Echtzeit editieren
- JavaScript debuggen
- die Ladezeiten für einzelne Webseiten zur Optimierung ermitteln
- und vieles mehr

Die Funktionen von Firebug überschneiden sich in einigen Bereichen mit denen der Web Developer Toolbar, andere hingegen ergänzen sich – beide AddOns lassen sich parallel nutzen.

Nachfolgend werden einige nützliche Funktionen im Überblick kurz erklärt.

5.1.2.1 Seitenelemente untersuchen

Mit der Funktion Inspect können Sie gezielt einzelne Inhalte einer Webseite untersuchen und analysieren.

Sie rufen diese Funktion durch einen Klick auf das Inspect-Icon (zweite Schaltfläche von links) auf und navigieren dann mit dem Mauszeiger über die Inhalte der Webseite – sowohl der Inhalt unter dem Mauszeiger als auch die entsprechende Codezeile werden Ihnen angezeigt. So finden Sie zum Beispiel schnell die benötigten CSS-IDs und CSS-Klassen heraus, wenn Sie ein neues Modul oder Inhaltselement in das Seitenlayout oder einen Artikel platziert haben. In Bild 5.8 sehen Sie, dass der markierte Block ein Inhaltselement Text *ce_text* mit der Gridklasse *grid4* ist.

---

[2] *http://getfirebug.com*

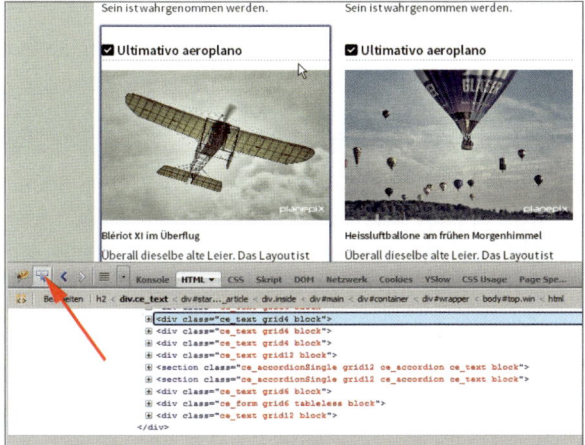

Bild 5.8
Einzelne Seiteninhalte gezielt
untersuchen

5.1.2.2 CSS-Definitionen in Echtzeit bearbeiten

Wenn Sie Firebug aktivieren, können Sie unter dem Menüpunkt CSS alle in dieser Seite geladenen CSS-Dateien aufrufen und die Werte temporär überschreiben (Bild 5.9).

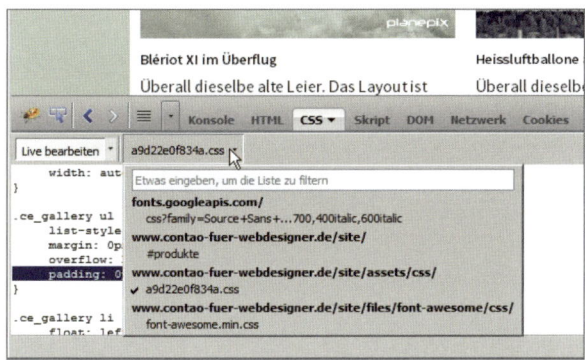

Bild 5.9
Die CSS-Definitionen in Echtzeit
temporär ändern

Wählen Sie zuerst das zu ändernde CSS-Dokument aus und klicken dann links daneben auf LIVE BEARBEITEN. Contao fasst die CSS-Dokumente zusammen und generiert für sie ein statisches, zufallsgeneriertes CSS-Dokument. Anschließend können Sie die bestehenden CSS-Definitionen des ausgewählten CSS-Dokuments ändern. Sie sehen die Auswirkungen sofort im Browserfenster. Diese Funktion ist sehr hilfreich, sowohl beim Studium bestehender Websites als auch beim Finden von Fehlern und natürlich bei der Entwicklung einer Website. Auf diese Weise können Sie schnell und komfortabel die Eigenschaften testen, bevor Sie diese in das CSS-Dokument von Contao übernehmen.

 PRAXISTIPP: Ich entkopple das Firebug-Fenster immer vom Browserfenster und arbeite mit zwei Bildschirmen. Auf dem einen ist die Website im Browserfenster, auf dem anderen ist das Firebug-Fenster. So kann man ohne viel Scrollen flüssig und übersichtlich arbeiten.

5.1.2.3 Ladezeiten ermitteln und optimieren

Wenn Sie auf den Menüpunkt NETZWERK klicken und die Seite neu laden, werden Ihnen die Ladezeiten aller Elemente auf dieser Webseite angezeigt – eine Möglichkeit, bei umfangreicheren Inhalten nach möglichen Einsparpotenzialen zu suchen.

Gerade bei Bildern oder interaktiven Inhalten wie Flash wird dies sehr deutlich. In Bild 5.10 wird die gesamte Webseite mit 1,4 MB bei einer durchschnittlichen DSL-6000-Verbindung in knapp sechs Sekunden geladen. Den Hauptanteil benötigen die Bilder im Slider, hier werden alleine schon knapp 1,3 MB verbraucht. Die Ladezeiten einer Website spielen auch eine immer wichtigere Rolle beim Google-Ranking.

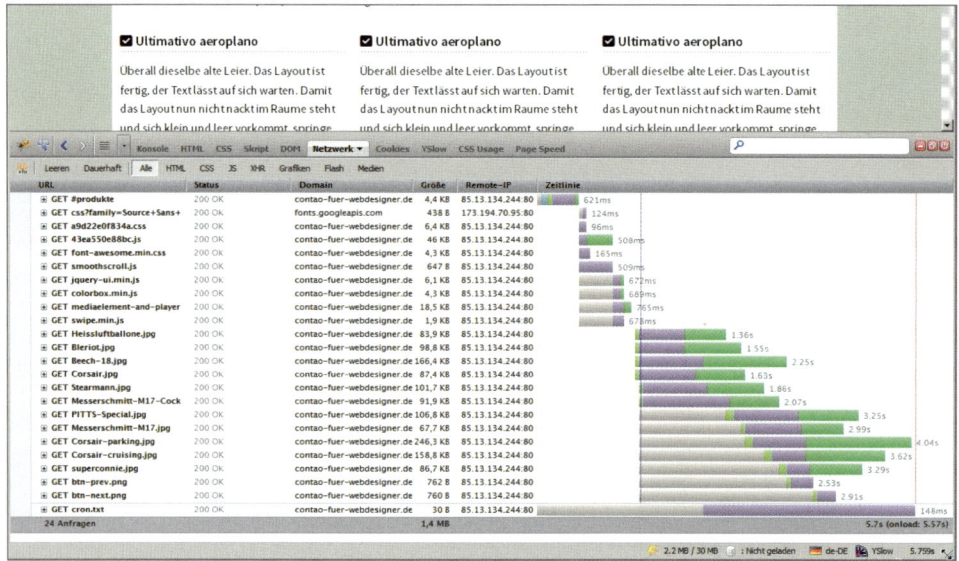

Bild 5.10 Ladezeiten zur Optimierung von Inhalten ermitteln

 PRAXISTIPP: Versuchen Sie nur so viele Bilder in einem Slider zu platzieren, wie es für die optimale Darstellung der Informationen unbedingt erforderlich ist. So reduzieren Sie unnötige Ladezeiten.

5.1.3 Developer Tools für den Firefox-Browser

Firefox hat seit Mitte 2011 – sicher auch durch das Abwenden vieler früher eingefleischter Firefox-Benutzer durch die immense Update-Politik (fast jeden Monat ein neues Release) – schrittweise Terrain wieder gut gemacht und dem Browser direkt umfangreiche Entwicklerwerkzeuge mitgegeben.

Die Entwicklertools lassen sich entweder durch einen Rechtsklick auf der Website öffnen, wie es Bild 5.11 zeigt, oder über das Menü EXTRAS > WEB-ENTWICKLER.

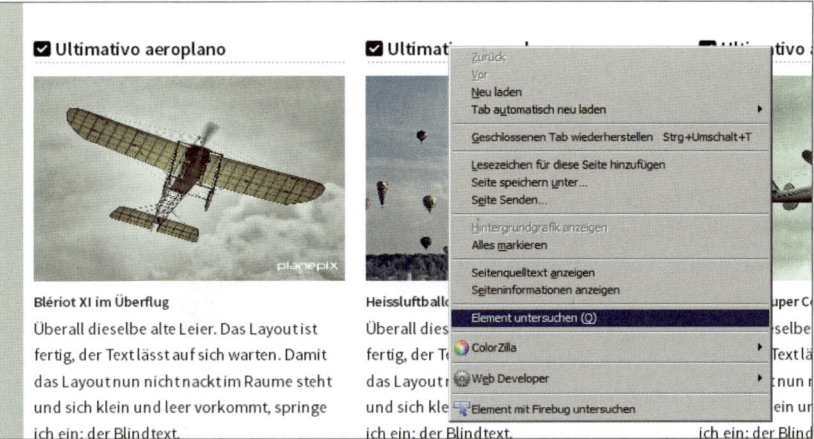

Bild 5.11 Entwicklertools in Firefox öffnen

Mit den Entwicklertools können Sie auch die CSS-IDs und -Klassen leicht herausfinden, die HTML-Struktur untersuchen und die CSS-Definitionen direkt temporär ändern (Bild 5.12).

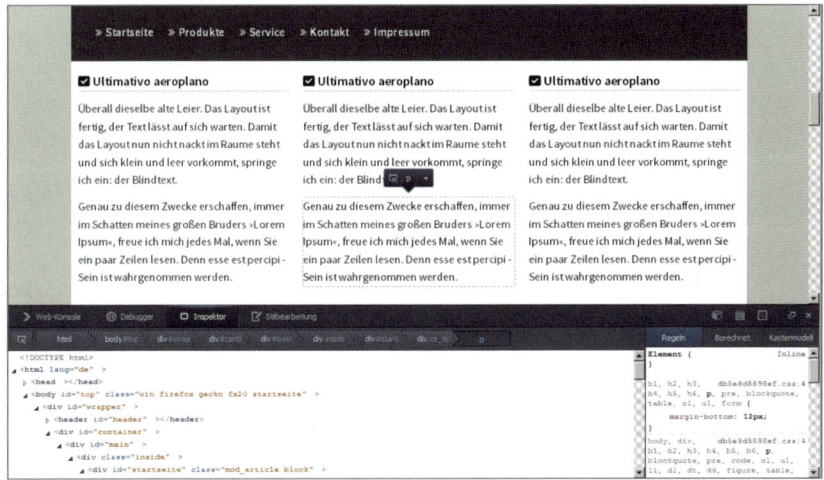

Bild 5.12 Untersuchung der Elemente mit den Entwicklertools

Was an dieser Ansicht wunderbar ist: Im oben sichtbaren Teil der Website können nun die Elemente markiert werden, darunter links erscheint die HTML-Struktur und im rechten Abschnitt die entsprechende CSS-Definition. Sie lässt sich hier auch schon live ändern, so dass die Auswirkungen gleich im Browser zu sehen sind.

Ein Highlight ist auf jeden Fall die 3D-Ansicht der einzelnen Elemente (Bild 5.13).

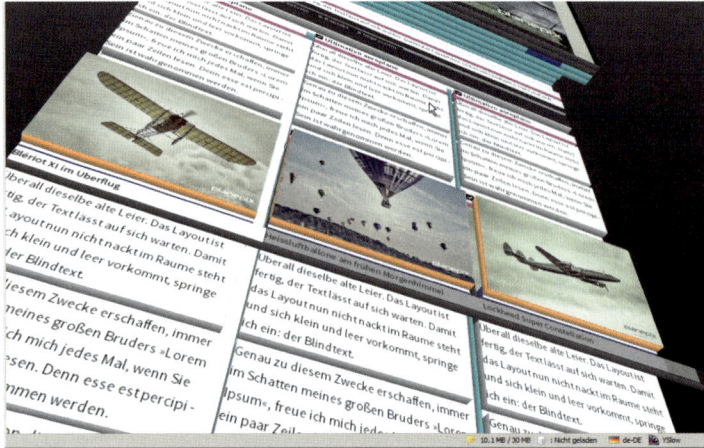

Bild 5.13
Die Beispiel-Website
„outer space"

Elemente gleichen Typs wie *div*, *p* oder *span* werden farblich gekennzeichnet. Auf diese Art lässt sich eine Website leicht analysieren (Bild 5.13).

5.1.4 Developer Tools für den Chrome-Browser

Auch für den Chrome-Browser stehen Entwicklertools zur Verfügung. Diese können Sie im Chrome-Menü unter TOOLS > ENTWICKLERTOOLS oder mit der Taste F12 aufrufen (Bild 5.14).

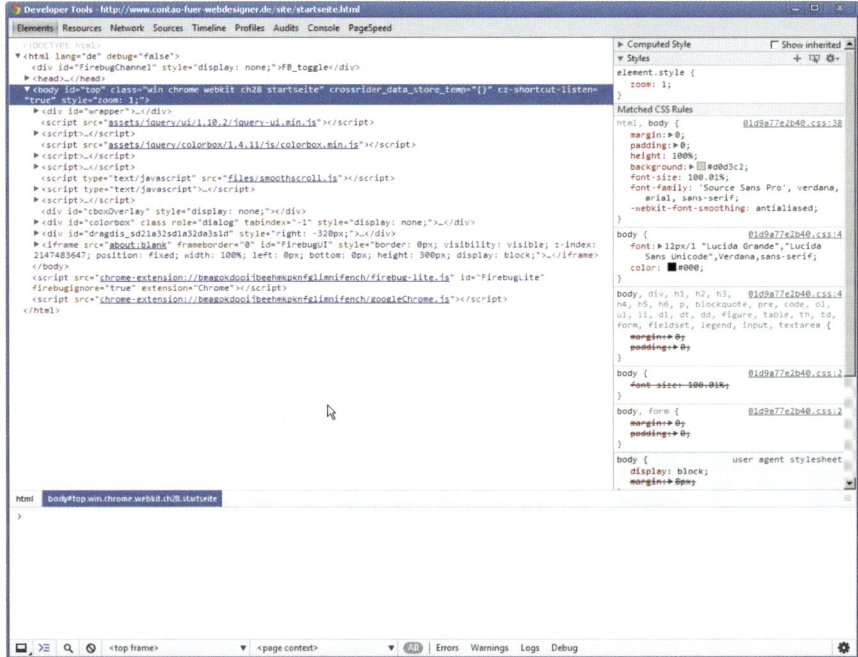

Bild 5.14 Developer Tools für den Chrome-Browser

Mit den Chrome Developer Tools können Sie die Website untersuchen und auch die CSS temporär über die Angaben im rechten Fensterbereich ändern (Bild 5.15).

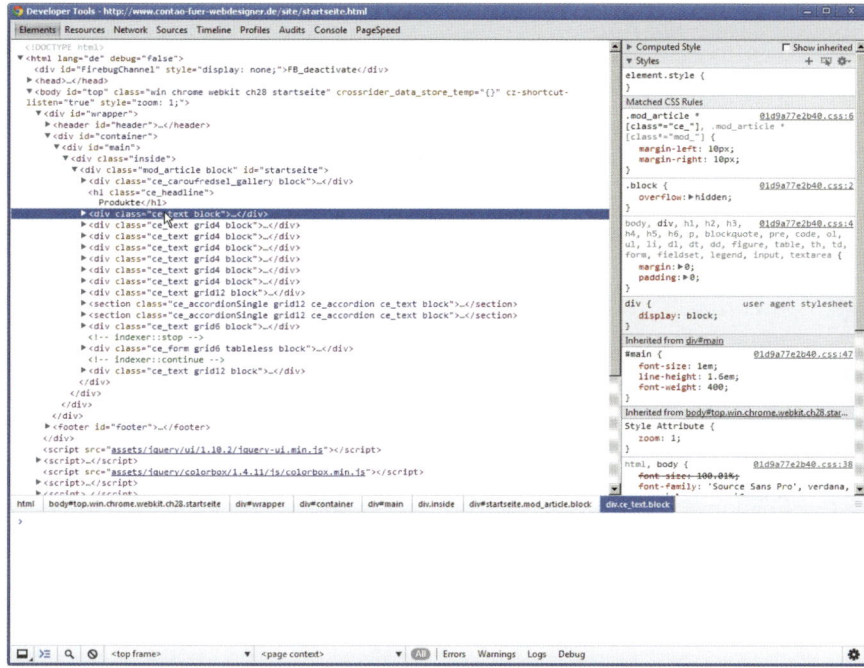

Bild 5.15 Untersuchen der Website-Elemente mit den Developer Tools

Markieren Sie mit dem Mauszeiger im Developer-Fenster einen Codebereich, dann wird Ihnen dies gleich parallel im Browserfenster farblich markiert und mit Zusatzinformationen angezeigt.

In Bild 5.16 sehen Sie den in Bild 5.15 markierten Bereich hervorgehoben: die CSS-Klasse sowie die Abmessungen des Elements.

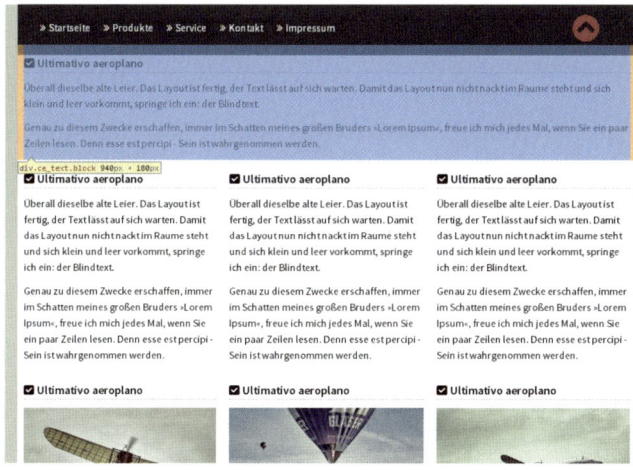

Bild 5.16
Markierter Bereich im
Browserfenster

Was noch sehr nützlich ist: die erweiterten Developer-Einstellungen, die Sie unter dem kleinen Zahnrad-Icon unten rechts im Developer-Fenster mit einem Klick öffnen können (Bild 5.17).

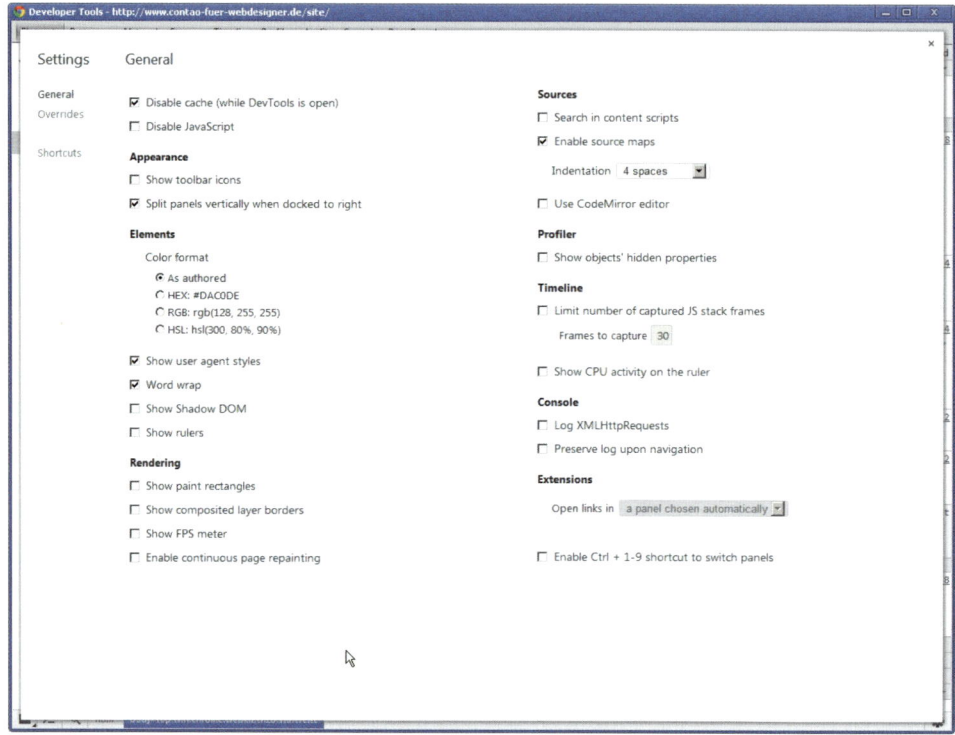

Bild 5.17 Chrome Developer Tools – Option General

Hier können Sie zum Beispiel JavaScript abschalten und viele weitere Optionen einstellen. Spannend im Hinblick auf das Untersuchen und Testen von responsiven Websites ist die nächste Option *Overrides* (Bild 5.18).

Hier klicken Sie auf die Checkbox *User Agent* und können dann aus einer Liste unterschiedlichster Geräte und Displaygrößen wählen (Bild 5.18). Die Viewportgröße passt sich entsprechend an.

Da sich die Developer Tools in einem separaten Fenster öffnen, sehen Sie auch gleich die Auswirkungen im eigentlichen Viewport: Die Website wird entsprechend des gewählten User Agent angezeigt (Bild 5.19).

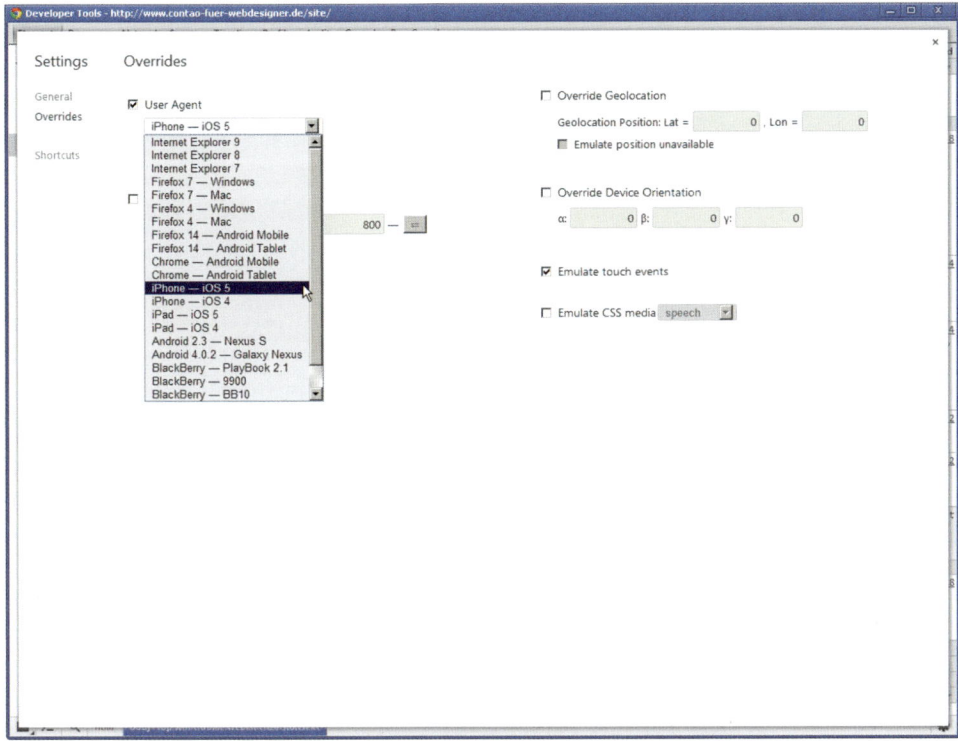

Bild 5.18 Chrome Developer Tools – Option Overrides

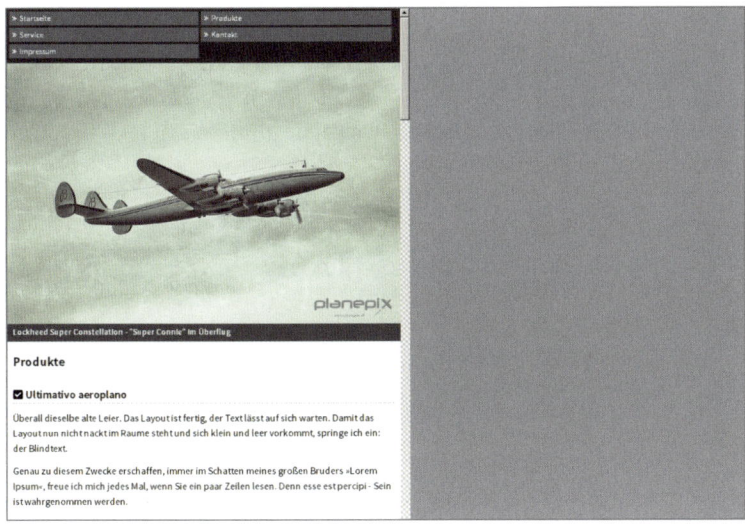

Bild 5.19
Anzeige User
Agent iPhone 5
ausgewählt

Ebenso lassen sich die CSS-Dateien gezielt auswählen und so die CSS für die Druckausgabe untersuchen. Im letzten Reiter *Shortcuts* (Bild 5.20) finden sich die wichtigsten Kurzbefehle zum effektiven und schnellen Arbeiten mit den Chrome Developer Tools.

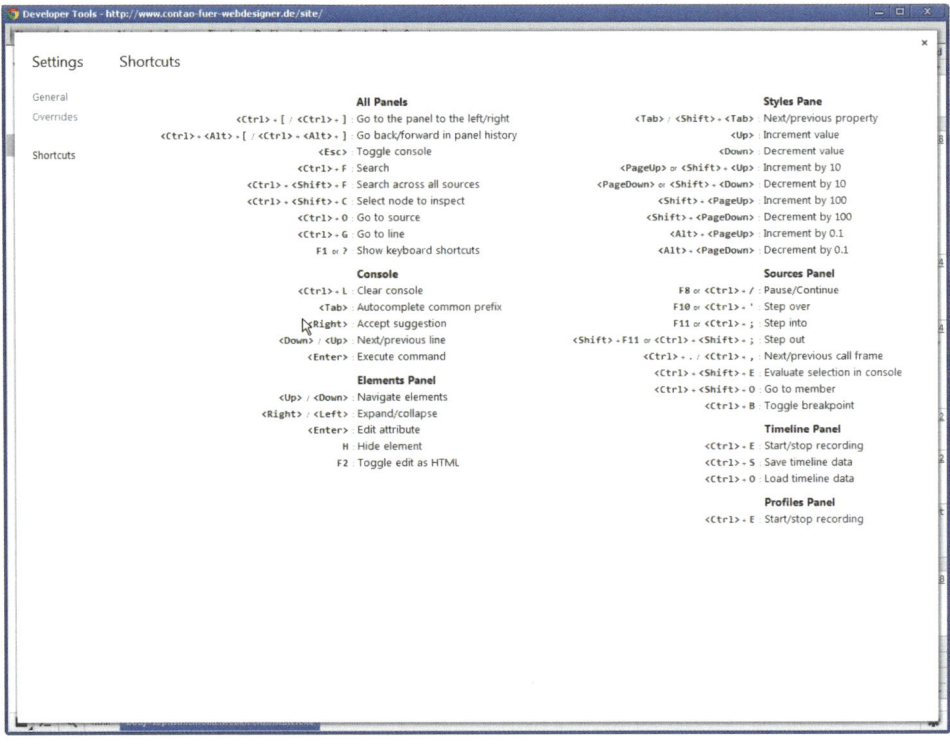

Bild 5.20 Shortcuts der Chrome Developer Tools

5.1.5 CacheStatus

Mit diesem AddOn für Firefox sparen Sie sich den immer wiederkehrenden Weg durch die Menüs im Browser, um den Browsercache zu löschen, wenn Sie zum Beispiel Änderungen an Stylesheets vorgenommen haben. Das AddOn integriert sich nach der Installation in der Statuszeile des Firefox-Browsers. Mit einem Rechtsklick können Sie einfach und schnell den gesamten Browsercache leeren (Bild 5.21).

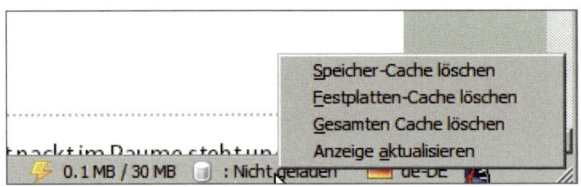

Bild 5.21
CacheStatus – schneller den Cache löschen geht kaum

5.1.6 Quick Locale Switcher

Dieses AddOn hilft Ihnen bei Entwicklungen von mehrsprachigen Websites mit Contao. Das AddOn integriert sich nach der Installation auch in der Statuszeile des Firefox-Browsers:

Mit einem Linksklick auf die Länderflagge wählen Sie eine andere Sprache aus, Firefox beendet sich und startet mit der ausgewählten Sprache neu (Bild 5.22).

Bild 5.22
Quick Locale Switcher im Kontextmenü

Sie können damit einen richtig eingestellten Sprachen-Fallback testen, ohne weitere anderssprachige Browser oder Testumgebungen installieren zu müssen.

5.1.7 GridFox

GridFox ist ein AddOn[3], das Sie temporär aktivieren können, um die Registerhaltigkeit bei Verwendung von Grids (Rastern) visuell zu überprüfen (Bild 5.23).

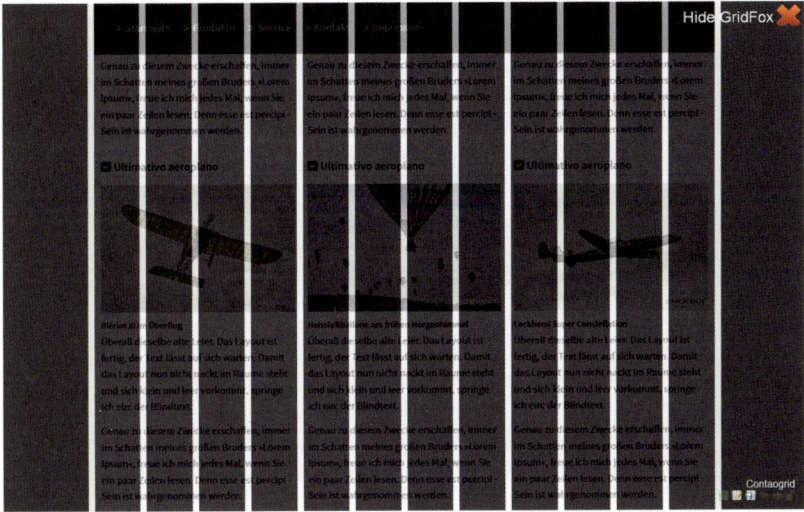

Bild 5.23 GridFox aktiviert

5.1.8 960 Gridder

Eine Alternative zu GridFox: Als Bookmarklet (JavaScript) können Sie die Funktion 960 Gridder zum Beispiel in Ihre Lesezeichenleiste ziehen und dann per Klick aktivieren (Bild 5.24).

---

[3] *http://www.puidokas.com/gridfox-20-alpha-release/*

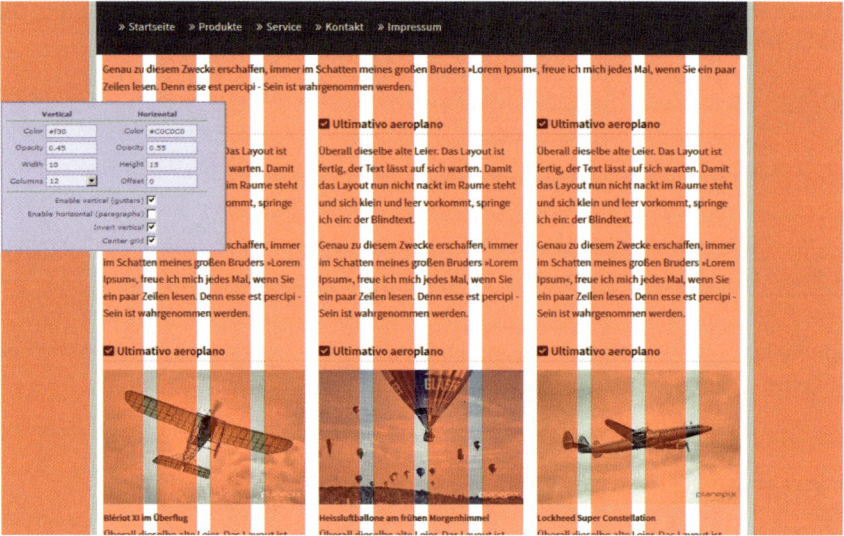

Bild 5.24 960 Gridder mit Overlay und Einstellmöglichkeiten

5.1.9 Contao-Tools

Leo Feyer entwickelte dieses Chrome-PlugIn[4], um neben vielen nützlichen Links zum Contao-Projekt auch ein Grid-Overlay zur Verfügung zu stellen (Bild 5.25).

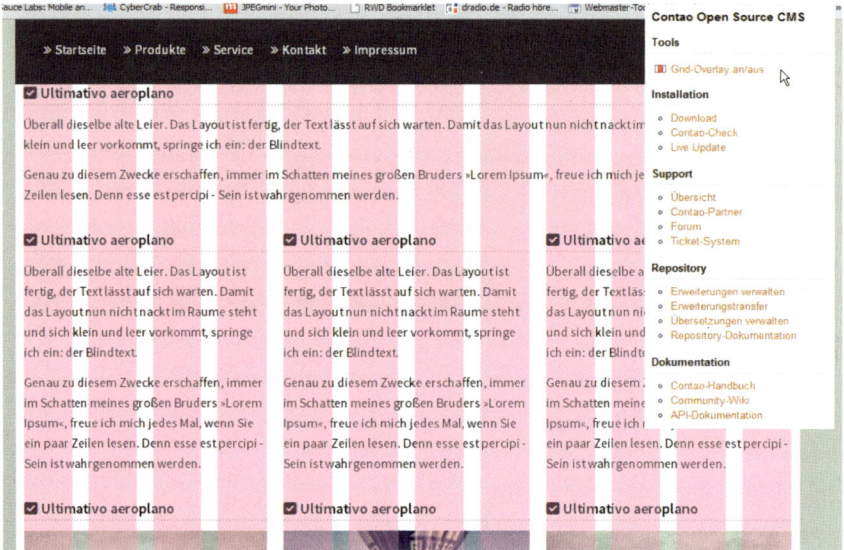

Bild 5.25 Contao-Tools mit Grid-Overlay im Einsatz

---

[4] https://chrome.google.com/webstore/detail/contao-tools/hmikjmjofnopdfdijkdmdiobmfpggomd

Sacha Weidner hat dieses Tool auf den Firefox-Browser[5] adaptiert, so dass es auch denen zur Verfügung steht, die hauptsächlich mit Firefox entwickeln.

5.1.10 ColorZilla

ColorZilla[6] ermöglicht es Ihnen, mit einem Klick eine Farbe auf einer Webseite zu ermitteln. Den Farbwert können Sie dann in verschiedene Farbmodi (RGB und hexadezimal) kopieren und in Ihr Stylesheet einfügen. Eine Zoomfunktion bis tausend Prozent hilft Ihnen, auch Details wie Farbübergänge einfach zu erfassen (Bild 5.26).

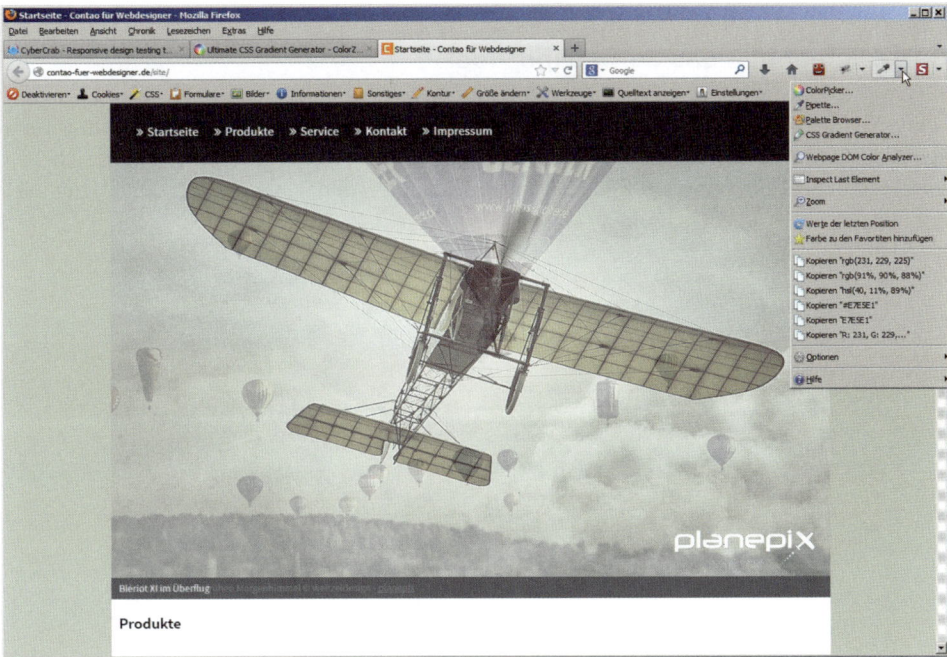

Bild 5.26 ColorZilla-Menü in Firefox

Dieses AddOn steht für Firefox und Chrome zur Verfügung. Ebenso sei der Gradient Generator erwähnt, der Ihnen den kompletten CSS3-Code für Farbverläufe ausgibt.

5.1.11 ColorPick Eyedropper

Für Chrome gibt es auch diesen Farbpicker – einfacher im Umfang, aber das Auslesen der Farbwerte klappt damit sehr zuverlässig (Bild 5.27).

---

[5] *https://addons.mozilla.org/de/firefox/addon/contao-tools/*
[6] *http://www.colorzilla.com*

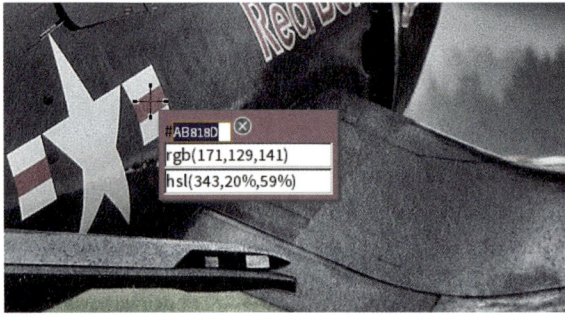

Bild 5.27
ColorPick Eyedropper in Aktion

5.1.12 Fireshot – das Screenshot-Tool

Öfters werden zum Bearbeiten oder für Kundenabstimmungen sowie Browsertests Screenshots der Live-Website benötigt. Dann leistet Fireshot (für Firefox und Chrome) gute Dienste. Der Vorteil dieses Screenshot-Tools besteht unter anderem darin, dass sich auch lange Seiten über mehrere Viewporthöhen problemlos aufzeichnen lassen (Bild 5.28).

Bild 5.28
Fireshot in Aktion

5.1.13 Webpage Screenshot – Screenshots mit Chrome

Für Chrome gibt es diese Erweiterung, die auch lange Screens problemlos als Screenshot sichert. Hier können Sie vor dem Speichern auch Bemerkungen direkt eingeben, das Bild beschneiden sowie Pfeile einzeichnen und vieles mehr. Zudem lassen sich die Screenshots auch gleich mit diversen Social-Media-Diensten teilen (Bild 5.29).

Bild 5.29
Screenshot mit Chrome

■ 5.2 Tools zur Bildkompression

Zwei Tools möchte ich Ihnen noch vorstellen, um Bilder bezüglich ihrer Ladezeiten zu optimieren. Hier hat sich in den letzten Jahren viel getan und Photoshop ist nicht das Mittel der
Wahl – die Dateien bleiben noch viel zu groß, obwohl sie für das Web gespeichert wurden.

Hier müssen Sie natürlich im Einzelfall entscheiden, so dass ein optimales Ergebnis vom
Kontext abhängig gemacht werden muss. In der Regel sind die Größeneinsparungen der
Bilddateien nicht oder nur minimal durch Artefakte sichtbar.

5.2.1 JPEGmini

JPEGmini[7] verringert JPG-Dateien so sehr, dass man es oft nicht für möglich hält, dass ein
Bild noch in der Dateigröße zu reduzieren war (Bild 5.30).

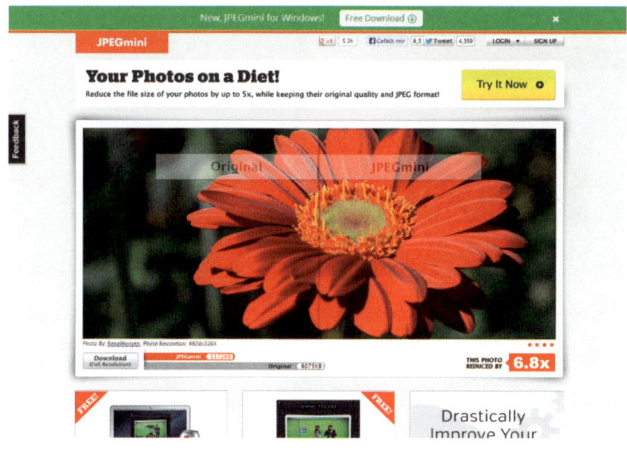

Bild 5.30
Die Website von JPEGmini

---

[7] http://www.jpegmini.com/

Mit JPEGmini können Sie auch direkt online Bilder komprimieren oder ein Programm für Mac OS X oder Windows herunterladen.

 PRAXISTIPP: Ich hebe mir die Originaldateien auf jeden Fall noch separat auf, um für andere Bearbeitungen immer auf das Original zurückgreifen zu können.

Mit Drag and Drop können Sie die Bilder direkt auf das Programm ziehen, die Komprimierung wird gestartet und der Stapel abgearbeitet. Live bekommen Sie oben im Programmfenster den eingesparten Speicherplatz angezeigt (Bild 5.31).

Bild 5.31
JPEGmini als Windows-Programm

5.2.2 RIOT (Radical Image Optimization Tool)

Der Name RIOT scheint Programm zu sein – hier lässt sich die Dateigröße auch ordentlich „eindampfen" (Bild 5.32). Vorteil ist hier: Sie können JPG- und auch PNG-Dateien komprimieren und den Grad der Komprimierung selbst definieren. Mit etwas Erfahrung lässt sich hier schon einiges an Kilobytes einsparen. RIOT[8] steht nur für Windows zur Verfügung.

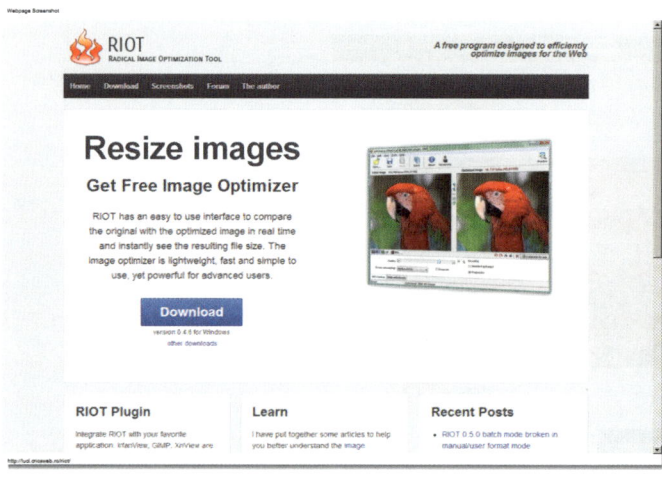

Bild 5.32
Die Website von RIOT

---

[8] *http://luci.criosweb.ro/riot/*

Das Programm selbst zeigt das Original links und das komprimierte Bild rechts an (Bild 5.33).

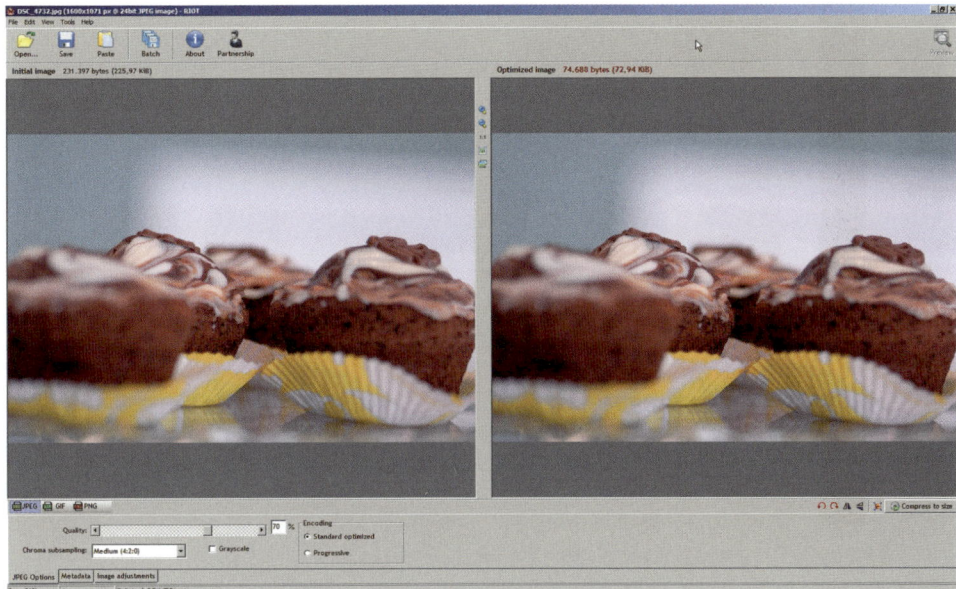

Bild 5.33 Die Benutzeroberfläche von RIOT

Unterhalb der Bilder lassen sich Komprimierungsart und Grad der Komprimierung einstellen (Bild 5.33).

■ 5.3 Tools für responsive Tests

Neben den vorangehend genannten Werkzeugen sind in den letzten Jahren auch Werkzeuge für die Kontrolle von responsiven und mobilen Websites dazu gekommen.

5.3.1 Screencheck

Auf dieser Website[9] können nach der Eingabe der Website-Adresse verschiedene Display-größen und Geräte simuliert werden (Bild 5.34). Bei den mobilen Geräten und Tablets lässt sich zwischen Porträt- und Landscape-Modus umschalten (Bild 5.35).

---

[9] *http://cybercrab.com/screencheck/*

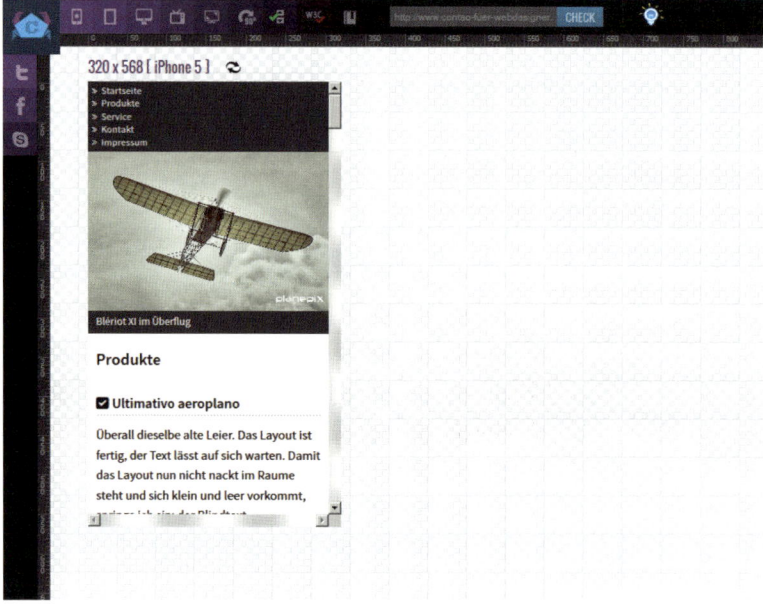

Bild 5.34 Viewportdarstellung für iPhone 5 im Porträt-Modus

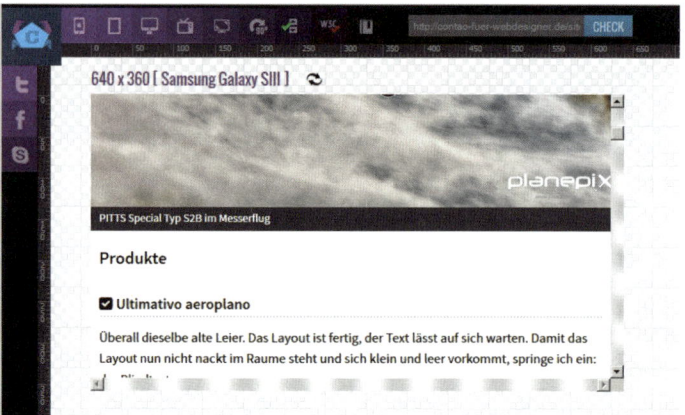

Bild 5.35 Viewportdarstellung für Galaxy SIII im Landscape-Modus

5.3.2 Responsive Site View

Der Service dieser Website[10] offeriert mehrere vordefinierte Displaygrößen und Geräte (Bild 5.36). Es kann zwischen Hoch- und Querformat umgeschaltet werden. Ebenso lässt sich direkt ein Screenshot erstellen.

---

[10] *https://chrome.google.com/webstore/detail/responsive-site-view/igfgkigklekkapmkhianeahnkfddkjbm*

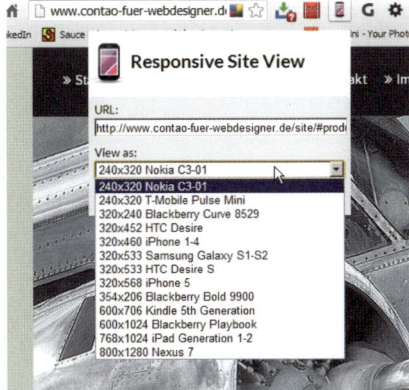

Bild 5.36
Responsive Site View mit diversen Displaygrößen und
Geräten

5.3.3 Responsive Inspector

Diese praktische Erweiterung[11] für Chrome ermöglicht auf einfache Weise das Untersuchen
von bestehenden und natürlich auch den eigenen Seiten. Klickt man auf das Icon, werden
alle in dieser Seite integrierten Media-Queries angezeigt (Bild 5.37).

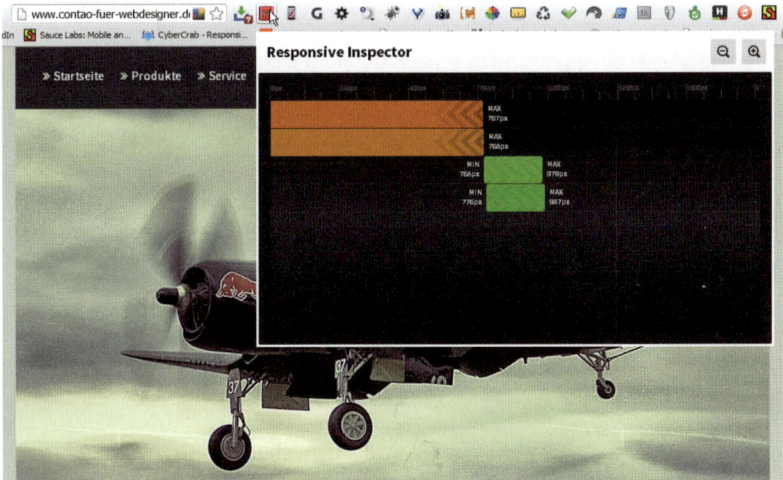

Bild 5.37 Responsive Inspector zeigt Media-Queries an

Wenn Sie den Mauszeiger über das horizontale Lineal navigieren, können Sie die darzustel-
lende Breite des Viewports festlegen und dafür auch ein Screenshot erstellen. Auch dieses
Tool fügt die Gesamthöhe der Website in einem einzigen Screenshot zusammen und lässt
sich anschließend speichern oder teilen (Bild 5.38).

---

[11] *https://chrome.google.com/webstore/detail/responsive-site-view/igfgkigklekkapmkhianeahnkfddkjbm*

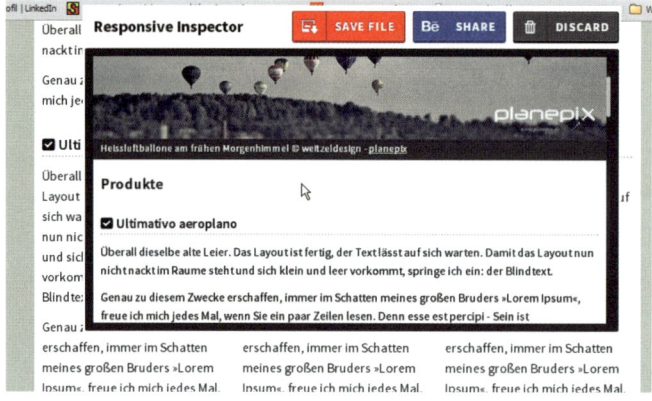

Bild 5.38
Screenshot sichern oder
teilen

5.3.4 Adobe Edge Inspect

Für Chrome sowie für Windows, OS X, iOS und Android gibt es Adobe Edge Inspect[12] (Bild 5.39). Damit können Sie diverse Geräte synchronisieren und den Inhalt des Desktop-Browsers am Smartphone oder iPad darstellen. Die Inhalte erscheinen samt der jeweils gerätespezifischen Eigenschaften; somit lässt sich auch direkt die Bedienbarkeit testen.

Bild 5.39
Adobe Edge Inspect

Sobald Edge Inspect auf allen Geräten installiert ist, können die Geräte synchronisiert werden (Bild 5.40). Für die Nutzung des aktuell kostenfreien Tools muss eine Adobe Mitgliedschaft bestehen.

Mit dem Code-Inspector von Google Chrome können Sie nun auf dem Hauptrechner den Code live editieren und die Änderungen direkt auf dem iPad oder Smartphone sehen (Bild 5.41).

---

[12] *http://html.adobe.com/edge/inspect/*

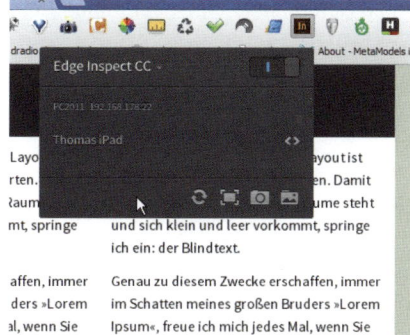

Bild 5.40
Synchronisieren der Geräte direkt in Chrome

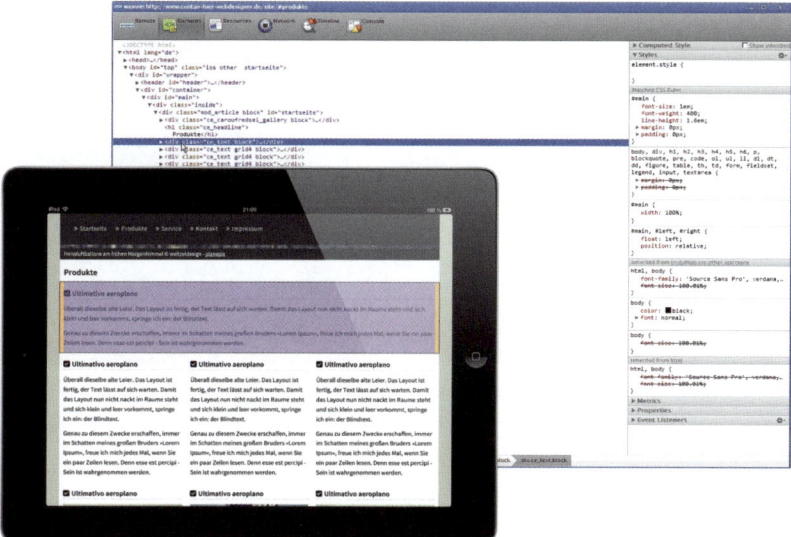

Bild 5.41 Über den Code-Inspector direkt die Website am iPad untersuchen

Ebenso lassen sich Screenshots direkt aus Edge Inspect erstellen, die dann auf dem Hauptrechner liegen. Neben dem Screenshot im PNG-Format und in Originalauflösung des Gerätes wird auch eine Textdatei mit wesentlichen Informationen gespeichert.

Die in Listing 5.1 gezeigten Informationen werden hier gespeichert.

Listing 5.1 Angaben zum Endgerät und zum gespeicherten Screenshot

```
device_model = iPad
device_res = 2048x1536
orientation = landscape
os_name = iOS
os_version = 6.1.3
pixel_density = 264 ppi
request_id = 7ac320f9-e992-47ca-a96c-ea87d31f87a2
status = Viewport
url = http://www.contao-fuer-webdesigner.de/site/#produkte
```

Dies ist auf jeden Fall eine Erleichterung im Vergleich zu Screenshot-Tools, bei denen man nur raten kann, welche Parameter man ändern muss.

■ 5.4 Weitere Test-Tools

Nicht jeder Webdesigner und -entwickler kann alle relevanten Endgeräte bereithalten, wie es einige große Agenturen mit eigenem Testlabor können. Neben der Option zu schauen, wo es reale Testzentren – wie zum Beispiel die Open Device Labs[13] (Bild 5.42) – gibt, hilft hier meist ein Online-Dienst, der verschiedene Hardware samt Browsern bereithält.

Bild 5.42 Open Device Labs als Testcenter nutzen (hier Frankfurt)

5.4.1 Das Online-Tool Sauce Labs

Eines dieser Testcenter zeige ich Ihnen jetzt. Es handelt sich um Sauce Labs mit Sitz in San Francisco (Bild 5.43).

Nachdem ich oft Screenshot-Services genutzt habe, wollte ich eine „Live-Testumgebung". Nach einigen Recherchen landete ich bei Sauce Labs. Für mich reicht zum Testen das kleinste Paket[14] (August 2013 12 US-Dollar pro Monat) – das manuelle Testen ist hier nicht zeitlich begrenzt und die wichtigsten Plattformen, Betriebssysteme und Browserversionen stehen zur Verfügung.

---

[13] *http://frankfurt.opendevicelab.net/de/*
[14] *https://saucelabs.com/pricing*

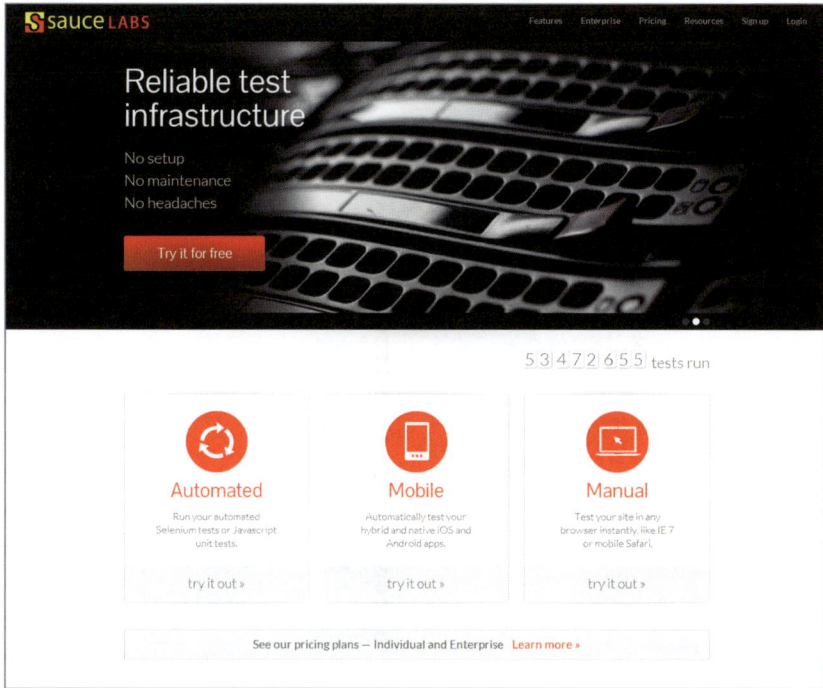

Bild 5.43 Die Startseite von Sauce Labs

Nach dem Registrieren und Anmelden gelangt man zum Dashbord (Bild 5.44).

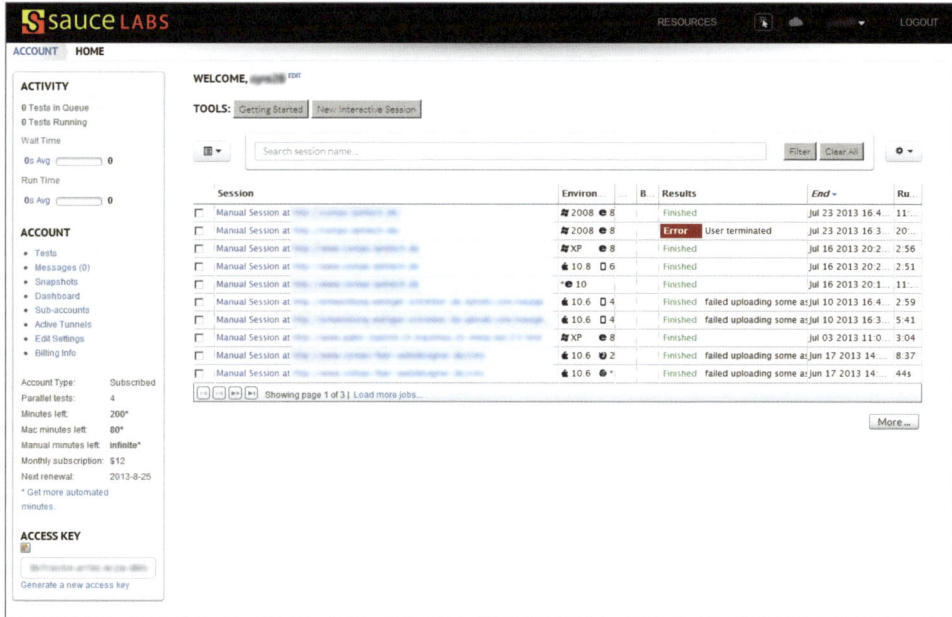

Bild 5.44 Dashboard von Sauce Labs nach dem Login

In der linken Spalte gibt es eine Übersicht über die wichtigsten Daten und Funktionen. Rechts daneben werden die Tests aufgeführt, die Testumgebung sowie die Zeiten der Tests. Über das Icon links neben dem Wolken-Icon startet man seine Tests (Bild 5.45).

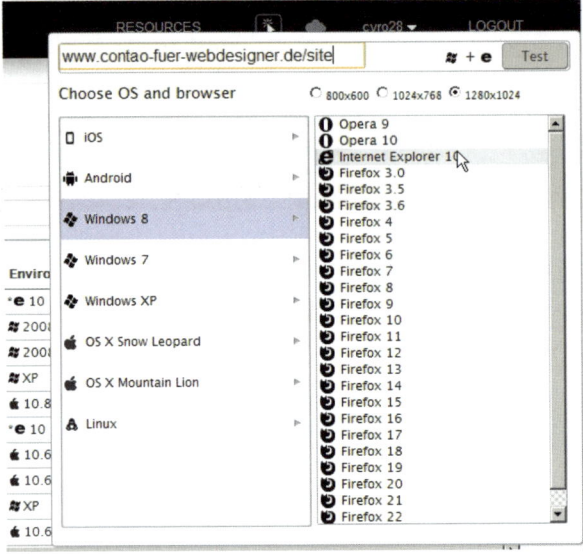

Bild 5.45 Start eines Tests in Sauce Labs

Die mögliche Testpalette an Betriebssystemen und Browsern ist ordentlich.

Nach dem Start des Tests wird eine virtuelle Maschine generiert (Bild 5.46) und nach ihrem Aufbau steht einem die Testumgebung zur Verfügung.

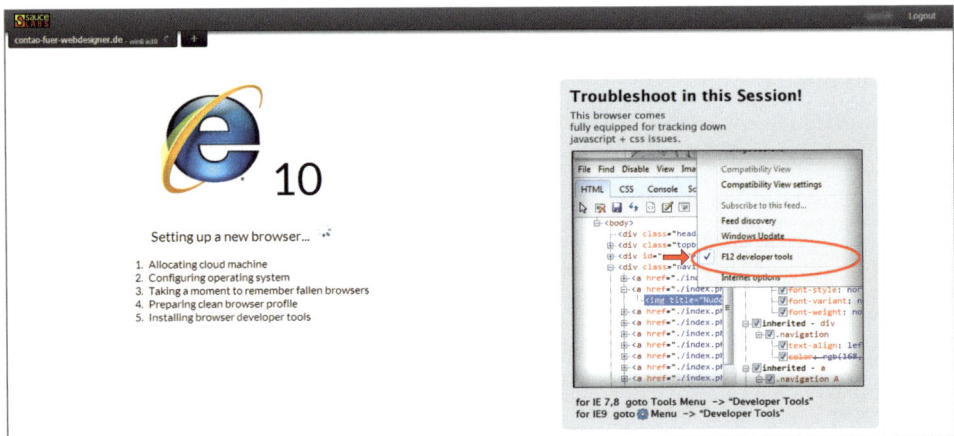

Bild 5.46 Aufbau der virtuellen Maschine zum Testen

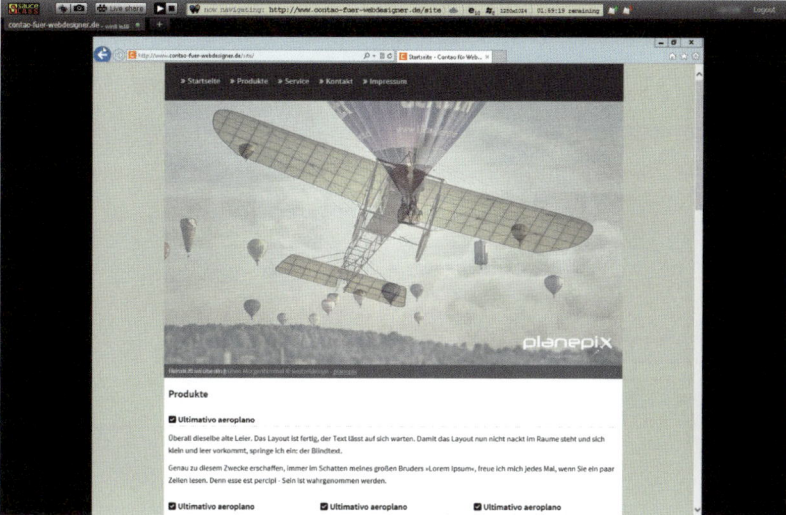

Bild 5.47 Die Website mit Windows 8 und Internet Explorer 10

Ein entscheidender Vorteil der virtuellen Umgebungen und von Sauce Labs liegt darin, dass man auch die Entwicklertools aktiv verwenden kann – also quasi eine Untersuchung am lebenden Objekt über den großen Teich (Bild 5.48).

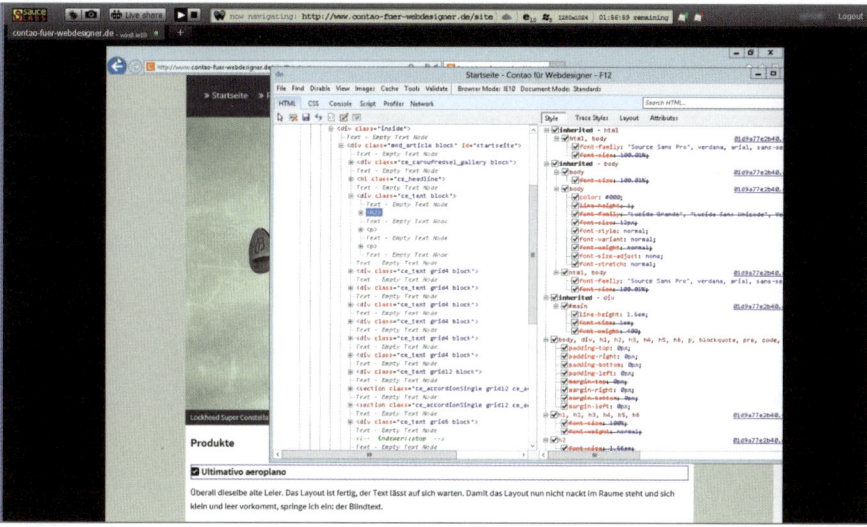

Bild 5.48 Internet Explorer 10 mit aktivierten Entwicklertools

Sofort lassen sich die Elemente einer Website interaktiv überprüfen und analysieren – jetzt noch auf zwei Bildschirmen. Ok, das ist Jammern auf hohem Niveau.

Weitere zahlreiche Reporting-Tools stehen zur Verfügung. Es lassen sich zum Beispiel Screenshots erstellen, auch der Live-Mitschnitt steht als Video zur Verfügung. Möglich ist auch das Teilen der Live-Ansicht. Ferner werden die Testzeiten protokolliert, die sich als CSV-Datei exportieren und so für die Abrechnung eines Projektes nutzen lassen.

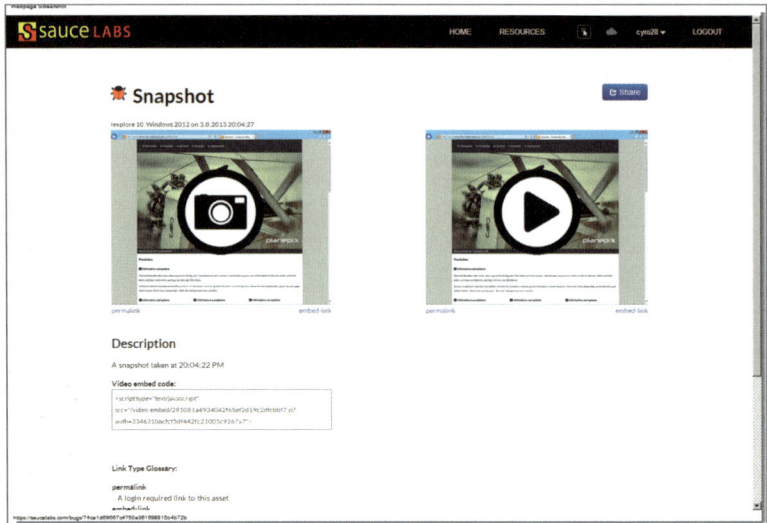

Bild 5.49 Auswertungen und Screenshot sowie Videos stehen zur Verfügung.

5.4.2 Das Online-Tool BrowserStack

Ein weiterer Anbieter eines Online-Test-Tools ist BrowserStack[15] (Bild 5.50).

Hier stehen ebenfalls zahlreiche Testkombinationen zur Verfügung. Auch die Preise für ein monatliches Testkonto sind ähnlich[16].

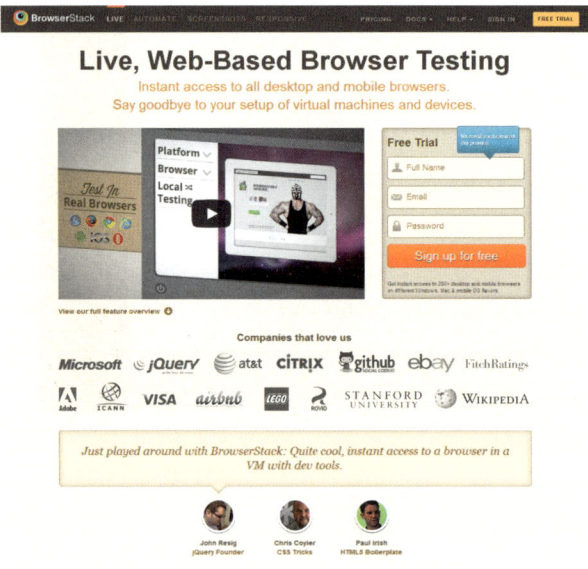

Bild 5.50
Die Website browserstack.com

---

[15] *http://www.browserstack.com*
[16] *https://www.browserstack.com/pricing*

Einen Test auf unterschiedlichen Geräten sehen Sie in Bild 5.51.

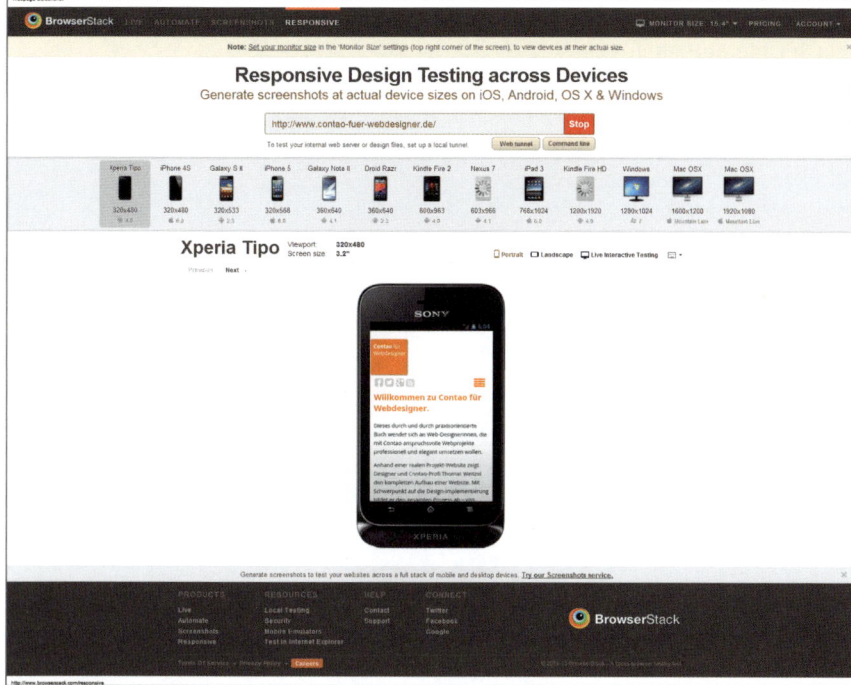

Bild 5.51 Responsiver Design-Test auf verschiedenen Geräten

In Bild 5.52 sehen Sie exemplarisch eine Benutzeroberfläche beim Testen des IE 10 unter Windows 8.

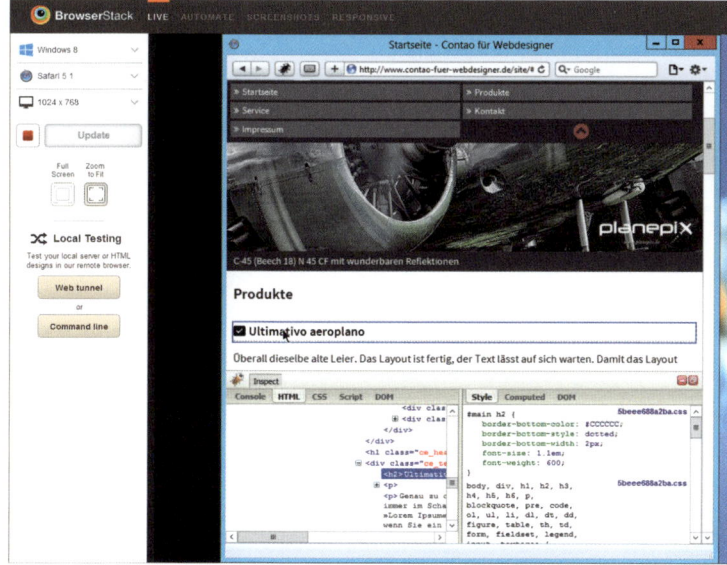

Bild 5.52
IE 10 auf Windows 8

Auch dieser Service liefert verwendbare Testergebnisse, Screenshots und weitere Analyse-daten. Einen Nachteil hat BrowserStack gegenüber Sauce Labs: Das Tool selbst verwendet Flash und eignet sich somit nicht zum Testen auf einem iPad oder einem anderem Endgerät ohne Flash-Unterstützung.

6 Contao-Erweiterungen – eine Auswahl

In diesem Kapitel geht es um einige Erweiterungen, die Contao sinnvoll ergänzen, indem sie neue Funktionen hinzufügen und so das Arbeiten mit Contao einfacher machen. Sie erlauben es, Anforderungen umzusetzen, die mit den Core-Funktionen nicht möglich sind.

Ein kurzer Überblick:

- **Avisota**
  Ein Newsletter-System für Contao, mit dem Sie einfach HTML-Newsletter erstellen und versenden können – mit Reporting-Funktionen, responsiven Vorlagen und vielem mehr

- **dk_carouFredSel**
  Ein Karussell/Slider mit vielen Einstellmöglichkeiten. Diese Erweiterung lässt sich vielfältig kreativ einsetzen.

- **dk_masonry**
  Eine Erweiterung, die basierend auf der Standard-Galerie einen „Mauereffekt" (engl. masonry) ermöglicht

- **dk_mmenu**
  Eine Erweiterung, die nicht nur für mobile Websites ein einfach einzubindendes Menü ermöglicht

- **easy_themes**
  Diese Erweiterung bietet einfachen und schnellen Zugriff auf die Bereiche CSS, Frontend-Module und Seitenlayouts.

- **EFG**
  Der erweiterte Formulargenerator rüstet den Core-Formulargenerator mit vielen nützlichen Zusatzfunktionen aus, wie individualisierbare Antwort-Mails und Auflistung von Formulardaten.

- **Isotope eCommerce**
  Ein Shop mit Contao? Dann ist Isotope einen Blick wert. Das Tool stellt eine umfangreiche und detailliert anpassbare Shop-Erweiterung für Contao dar.

- **MetaModels**
  Sie möchten umfangreiche Datensätze komfortabel in Contao pflegen? Dann wird Sie die Erweiterung MetaModels begeistern – steile Lernkurve, aber sehr flexibel.

- **responsive_images**
  Liefert Bilder in entsprechenden Größen in Abhängigkeit der Bildschirmauflösung vom Server aus. Damit werden Ihre responsiven und mobilen Seiten bedienungsfreundlicher und laden die Bildinhalte schneller.

- **Spaltenset**
  Richtig eingesetzt lässt das Spaltenset einen Redakteur einfacher mit Spalten arbeiten.

- **TabControl**
  Mit TabControl ist es auf einfache Art möglich, Inhalte platzsparend und kreativ zu präsentieren.

- **Sticky Backend Footer & ThemeTab**
  Zwei Erweiterungen, die in jede Installation gehören. Sie sparen im Laufe der Zeit Mauskilometer ohne Ende.

- **TinyMCE-Customizer**
  Diese Erweiterung erlaubt es, Redakteuren maßgeschneiderte Eingabemöglichkeiten anzubieten, ohne in den Untiefen der DCA-Konfigurationen suchen zu müssen. Sehr vielfältige Konfigurations-Möglichkeiten lassen diese Erweiterung gerade bei vielen verschiedenen Redakteursgruppen sinnvoll erscheinen.

■ 6.1 Das Newsletter-System Avisota

Contao bietet bereits in der Standardausstattung ein Newsletter-System, das für Text- und einfache HTML-Newsletter einsetzbar ist. Beim Wunsch, HTML-Newsletter zu erstellen, wird dies dann sicher von einer Person, die HTML anwenden kann, zu realisieren sein.

Mit dem umfangreichen und mächtigen Newsletter-Modul Avisota können Sie und später auch die Redakteure, Newsletter deutlich komfortabler erstellen und versenden – in den meisten Fällen auch ohne Eingriffe in die HTML-Struktur.

Weiterführende Informationen zu Avisota (Entwickler: Tristan Lins)
Erweiterungsliste: *https://contao.org/de/extension-list/view/Avisota.de.html*
GitHub: https://github.com/avisota
Contao-Wiki (Avisota 1 und 2): *http://de.contaowiki.org/Avisota*
Facebook: *https://www.facebook.com/avisota.mail*
Google+: *https://plus.google.com/103838120418905202320*
Twitter: *https://twitter.com/Avisota*

Bild 6.1
Das Avisota-Logo

6.1.1 Funktionsumfang

- Newsletter mit speziellen Inhaltselementen strukturiert pflegen (ähnlich wie Artikelinhalte)
- Abonnenten und Newsletter unabhängig voneinander verwalten
- Newsletter auf einfache Art und Weise personalisieren
- Versand über einen Postausgang mit Wiederaufnahme und detaillierten Versandstatusinformationen
- Migrieren von Abonnenten aus dem Contao-Newsletter-System
- CSV-Import, CSV-Export und CSV-Löschen von Abonnenten
- Abonnenten-Blacklist, um einen Re-Import zu verhindern
- Tracking von Lese- und Reaktionsverhalten

6.1.2 Übersicht

Wie beim Arbeiten mit Inhaltselementen innerhalb eines Artikels können Sie für die Inhalte eines Newsletters auch auf eine Auswahl an Inhaltselementen zugreifen. Avisota arbeitet im Hintergrund und erstellt aus diesen Angaben die Quellcodeausgabe mit Tabellen für den Newsletter.

 Auch wenn seit Längerem klar ist, dass keine Tabellen für das Layouten mehr eingesetzt werden sollten (Semantik, SEO), ist dies bei Newslettern immer noch der Fall. E-Mail-Programme, die moderne Techniken (DIVs, CSS) darstellen können, werden im täglichen Einsatz nicht sehr häufig verwendet. Seit Microsoft Outlook 2007 herausbrachte und die Unterstützung für Positionierung und Floating wegfiel, ist Tabellendesign leider immer noch in Mode. Einen nützlichen, englischsprachigen Artikel mit vielen weiterführenden Links hat 2010 das Smashing Magazin veröffentlicht[1].

Gestalterisch können Sie durch eine CSS-Datei (newsletter.css), die Sie im Seitenlayout mit einbinden, auf das Aussehen Einfluss nehmen. Dies gilt im Übrigen auch für die Newsletter-Funktion, die Contao mitbringt.

Einen guten Überblick über die Funktionsweise und den Aufbau von Avisota im Backend erhalten Sie auf den Seiten im Contao-Wiki (für Contao Version 2.x). Dort finden Sie unter anderem auch weiterführende Links zu rechtlichen Aspekten des Einsatzes von Newslettern.

---

[1] http://www.smashingmagazine.com/2010/01/19/design-and-build-an-email-newsletter-without-losing-your-mind/

6.1.3 Ausblick auf Avisota 2

Avisota hat im August 2013 ein komplett neues Erscheinungsbild kommuniziert und ein Fundraising[2] für Funktionen der Version 2 gestartet.

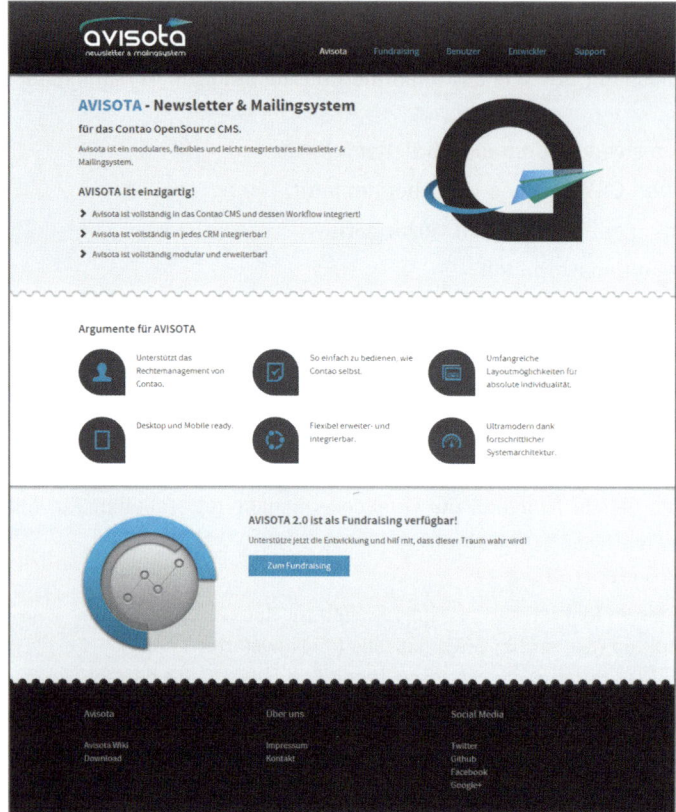

Bild 6.2
Die Website von Avisota
(August 2013)

6.1.4 Basis-Version von Avisota 2

Wichtige Neuerungen für die Basis-Version sind: Es wird erstmals möglich sein, mit einem einfachen Setup Mailings an Abonnenten und Mitglieder zu verschicken.

Was diese Version können wird:

Konfiguration

- Pflege individueller Anrede-Formen
- Pflege von Verteilern
- Pflege von Abonnentenquellen
- Pflege von Themes

---

[2] *http://avisota.org/de/fundraising*

- Pflege der Warteschlangen
- Pflege der Transportmodule

Abonnenten

- Pflege der Abonnenten
- inklusive Blacklist

Newsletter

- vollständige Pflege der Kategorien
- inklusive Konfiguration der Empfänger, des Layouts, des Transportweges und der Warte-schlange pro Kategorie oder Newsletter, frei definierbar
- Pflege der Newsletter
- inklusive Mehrsprachigkeit
- Newsletter-Vorlagen als Grundlage für die vom System versendeten Nachrichten (zum Beispiel für die Bestätigungs-Mail beim Abonnieren)

Versand

- Versenden der Nachrichten im Postausgang

Es wird die Contao-LTS- (aktuell 2.11.11) und die Contao-Upstream-Version (aktuell 3.1.1) unterstützt. Upstream-Version bedeutet immer die aktuellste Version.

6.1.5 Feature-Complete-Version von Avisota 2

In der Feature-Complete-Version sollen folgende Funktionen enthalten sein:

- Die Abonnentenquelle CSV wird implementiert.
- Eine Layout-Engine für Plain-Text-Mails wird implementiert.
- Themes werden ex- und importierbar gemacht.
- Die Migration von Abonnenten aus dem Contao-Newsletter-System wird wieder möglich sein.
- Das Importieren, Exportieren und Löschen von Abonnenten via CSV wird wieder möglich sein.
- Newsletter werden aus Vorlagen erstellt werden können.
- News und Events werden als Inhaltselemente zur Verfügung stehen.
- Automatischer Versand via Cron wird möglich sein.
- Anmelden am Newsletter via Kontaktformular wird möglich sein.
- Vollständiges Rechtemanagement steht zur Verfügung.

Weitere Details sowie mögliche Ergänzungen und Änderungen finden Sie auf der Website von Avisota.

Wenn Sie Newsletter umfangreich nutzen wollen und dies innerhalb von Contao, dann führt Sie kein Weg an Avisota vorbei.

■ 6.2 [dk_carouFredSel]

Der Name des Sliders ist eine Zusammensetzung aus dem englischen Wort *carousel* (Karussell) und dem Vornamen des Entwicklers, *Fred* Heusschen[3] (Bild 6.3).

Bild 6.3 Die Website von carouFredSel

„Fredsel", wie der Slider auch von manchen genannt wird, kann als Inhaltsslider von Bildern und anderen Inhaltselementen, als vollflächiger Hintergrundslider und auch zur Ausgabe von animierten Nachrichten eingesetzt werden. Schlicht: Er slidet alles.

Das war auch einer der Beweggründe für Dirk Klemmt, wie er mir verriet, diesen Slider für Contao zu adaptieren. Er habe sich viele andere Slider angesehen, aber carouFredSel biete die größtmögliche Flexibilität, was sich auch in den vielen Einstellmöglichkeiten der Erweiterung zeige.

Karussell oder Slider? Die Begriffe werden häufig parallel verwendet und meinen in der Regel ähnliches Verhalten. Ein Karussell dreht die Elemente, ein Slider verschiebt sie in verschiedene Richtungen. Beides wird – wie bei carouFredSel – auch kombiniert verwendet.

Weiterführende Informationen zu carouFredSel (Entwickler: Dirk Klemmt)

Erweiterungsliste:

https://contao.org/de/extension-list/view/dk_caroufredsel.html

GitHub: *https://github.com/dklemmt/contao_dk_caroufredsel*

Contao-Wiki: *http://de.contaowiki.org/Dk_carouFredSel*

Als Inspiration und um die vielfältigen Einsatzmöglichkeiten zu zeigen, hat Fred Heusschen die Website CoolCarousels[4] erstellt (Bild 6.4). Viele der dort gezeigten Beispiele benötigen

---

[3] *http://caroufredsel.dev7studios.com*
[4] *http://coolcarousels.frebsite.nl*

jedoch individuelle Anweisungen in jQuery und können daher mit der Erweiterung nicht von Haus aus in Contao dargestellt werden.

Bild 6.4 Die Showcase-Website für carouFredSel

6.2.1 Möglichkeiten von carouFredSel

Dirk Klemmt beschreibt die Möglichkeiten und Eigenschaften zusammengefasst wie folgt:

- beliebige Inhalte in horizontaler (links/rechts) und vertikaler (hoch/runter) Richtung scrollen
- automatisches Scrollen oder Scrollen durch Buttons, mittels Tastatur, dem Mausrad oder durch Wischen
- Scrollmodi: einmalig, kreisförmig (scrollt am Ende mit dem ersten Element weiter) und unendlich (spult am Ende zum ersten Element zurück)
- konfigurierbare Anzahl von gleichzeitig scrollenden Elementen
- konfigurierbare Anzeigedauer und Verzögerung, bis das erste Mal gescrollt wird
- neun eingebaute Übergangs-Effekte: none, scroll, directscroll, fade, crossfade, cover, cover-fade, uncover und uncover-fade
- konfigurierbare Länge der Übergangsdauer
- optionales responsive/fluid/liquid Karussell
- konfigurierbare Größe des Karussells sowie der einzelnen Elemente
- unterstützt variable Elementgrößen (ebenso mit einer variablen Anzahl von sichtbaren Elementen)
- konfigurierbare Anzahl von sichtbaren Elementen
- konfigurierbares oder zufälliges Start-Element
- die letzte Position zwischen Seitenwechseln speichern
- eingebaute Tastatur- und Maus-Navigation sowie Pagination

6.2.2 Implementation in Contao

- beliebig viele Karussells auf einer Seite
- Karussells als Inhaltselement oder Modul einbinden
- Newsticker-Modul basierend auf dem Modul Nachrichtenliste
- Inhaltselement/Modul carouFredSel-Galerie analog der Contao-Galerie mit automatisch erstellten scrollbaren Vorschaubildern
- Inhaltselement/Modul carouFredSel-Hintergrund für ein fensterfüllendes Hintergrund-Karussell mit automatisch erstellten scrollbaren Vorschaubildern
- Synchronisation zwischen zwei Karussells
- individuelles HTML-, CSS- und JavaScript-Template pro Karussell möglich
- individuelle CSS-Formatierung pro Karussell möglich, jedes Karussell mit eindeutiger ID
- fehlende/zu komplexe Funktionalität individuell im entsprechenden JavaScript-Template hinzufügen (JavaScript-/PHP-Kenntnisse vorausgesetzt)

Anhand dieser – in Kurzform – zusammengefassten Informationen lässt sich ahnen, dass hier wirklich nahezu jede Designidee umgesetzt werden kann.

 PRAXISTIPP: Stellen Sie immer nur ein oder zwei Parameter um, denn das Zusammenspiel der vielfältigen Möglichkeiten erschließt sich erst mit der Zeit. Nehmen Sie sich die Zeit – es lohnt sich. ■

6.2.3 Installation und Einrichtung

Nach der Installation der Erweiterung finden Sie unter INHALTE > CAROUFREDSEL eine Übersicht über alle Konfigurationen beziehungsweise Karussells (Bild 6.5).

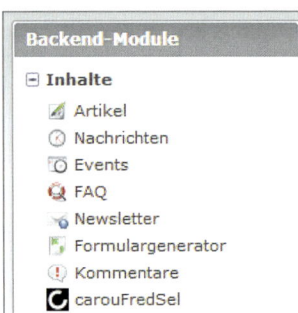

Bild 6.5
carouFredSel im Backend

Wechseln Sie zunächst in SYSTEM > EINSTELLUNGEN in die Rubrik *carouFredSel-Einstellungen* und stellen den KONFIGURATIONS-MODUS von *einfach* auf *erweitert* ein (Bild 6.6).

Bild 6.6 carouFredSel-Einstellungen in den Contao-Einstellungen

Damit stehen Ihnen mehr Einstellungsmöglichkeiten zur Verfügung. Wenn Sie mit der einfachen Konfigurations-Methode zunächst starten möchten, können Sie später immer noch in den erweiterten Modus wechseln. In der umgekehrten Reihenfolge empfiehlt sich dies nicht, da Sie so Einstellungen ausblenden, die gegebenenfalls noch aktiv sind und sich somit auf das Verhalten auswirken können.

6.2.4 Konfiguration und Einbindung

Wechseln Sie in INHALTE > CAROUFREDSEL (Bild 6.5) und erstellen ein NEUES KARUSSELL (Bild 6.7).

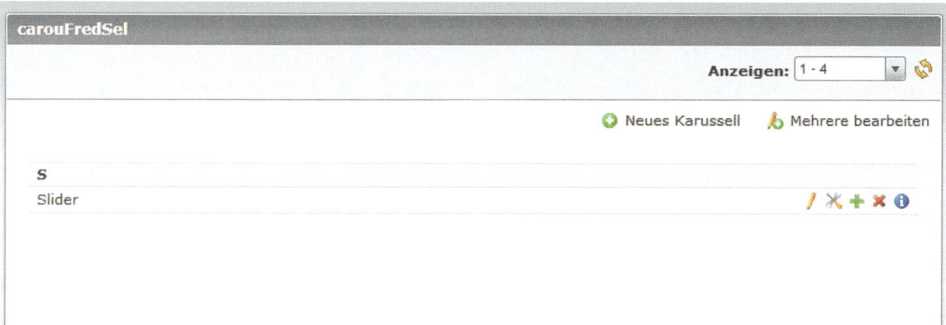

Bild 6.7 Übersicht über alle carouFredSel-Konfigurationen

 HINWEIS: Prinzipiell legen Sie zunächst eine Konfiguration an. Im weiteren Schritt bestimmen Sie, für welche Methode diese Konfiguration verwendet wird – ob als Galerie, als Hintergrundbild-Slider oder als News-Slider.

Werfen wir einen Blick auf eine Konfiguration für die Verwendung als Galerie.

Vergeben Sie hier gleich einen sinnvollen Namen, um bei vielen Konfigurationen schon am Titel unterscheiden zu können, wo diese Konfiguration zuzuordnen ist (Bild 6.8).

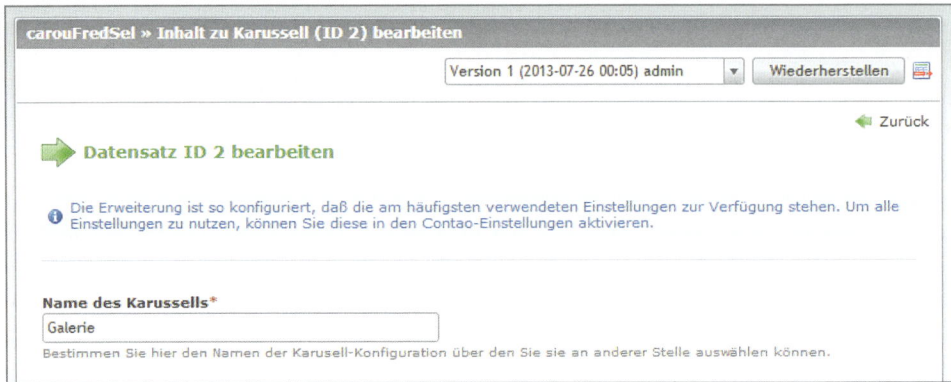

Bild 6.8 Name der Konfiguration

Definieren Sie nun die *Laufrichtung* (links, rechts, oben und unten) und die *Art*, wie die Elemente abgespielt werden sollen (Bild 6.9). In diesem Punkt hat carouFredSel im Vergleich zu anderen Slidern die Nase vorne: Nicht viele können diese drei Arten darstellen.

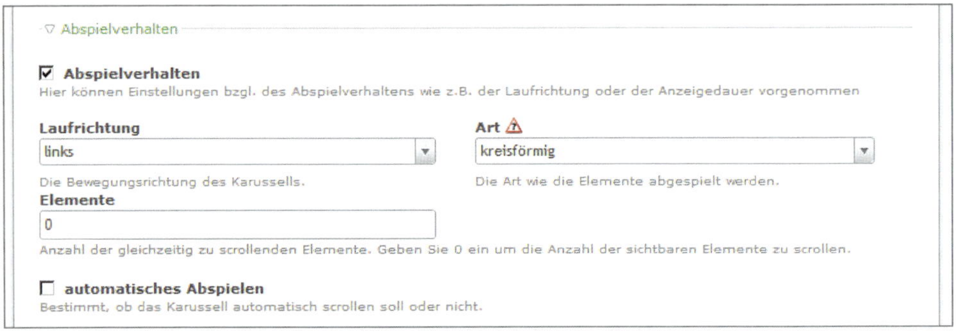

Bild 6.9 Einstellungen des Abspielverhaltens

In der Rubrik Übergangs-Effekte legen Sie den *Übergangs-Effekt*, die *Abschwächungs-Funktion (easing)* sowie die *Übergangs-Dauer* fest (Bild 6.10). Die Abschwächungs-Funktion oder englisch easing[5] wird auf den Effekt angewandt. Zum Beispiel führt ein easeIn/easeOut zu einem weichen Ein- und Ausblenden des Effektes und wirkt damit nicht abrupt startend oder stoppend.

Einen schönen visuellen Überblick gibt es auch auf der Website *http://easings.net/de*[6]. Bleiben Sie einfach mit dem Mauszeiger über der jeweiligen Kurve.

---

[5] *http://api.jqueryui.com/easings/*
[6] *http://easings.net/de*

Bild 6.10 Übergangs-Effekte

Für die Verwendung als Galerie werden die in Bild 6.11 gezeigten Einstellungen nicht benötigt.

Bild 6.11 Weitere Einstellungsrubriken

In der Rubrik NAVIGATION aktivieren Sie die Checkbox bei *Navigation* und bei *Navigation einblenden*. Ebenso können Sie zusätzlich oder nur die *Paginierung* aktivieren (Bild 6.12). Speichen Sie die Konfiguration nun ab.

Bild 6.12 Navigation zum Steuern der Elemente

 HINWEIS: Natürlich können Sie eine Konfiguration auch mehrfach nutzen, zum Beispiel, wenn Sie mehrere carouFredSel-Galerien verwenden wollen, die in ihrer Darstellung und Funktion gleich sind.

6.2.5 carouFredSel mit Inhaltselementen einsetzen

Im nächsten Schritt geht es kurz um die drei Inhaltselemente, die Sie mit der carouFredSel-Konfiguration einsetzen können. Wechseln Sie dazu zunächst in INHALTE > ARTIKEL und öffnen Sie einen bestehenden oder erstellen Sie einen neuen Artikel, um die neuen Inhaltselemente anzulegen.

Dort können Sie zwischen den in Bild 6.13 abgebildeten Inhaltselementen des carouFredSel-Moduls wählen.

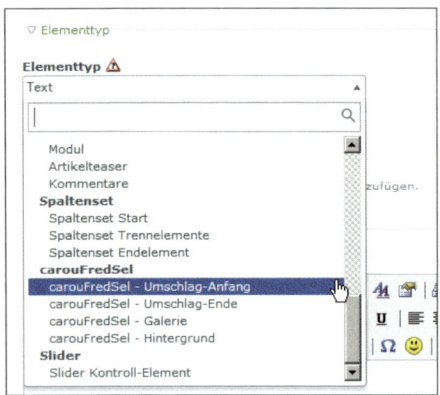

Bild 6.13
Auswahl des Elementtyps des carouFredSel-Moduls

6.2.5.1 carouFredSel – Umschlag

Zur Auswahl stehen: *carouFredSel – Umschlag-Anfang* und *carouFredSel – Umschlag-Ende*. Zwischen diesen beiden Inhaltselementen können Sie weitere Inhaltselemente platzieren. Jedes Inhaltselement entspricht dann einem slidenden Inhaltselement.

Prinzipieller Aufbau:

carouFredSel – Umschlag-Anfang

   Inhaltselement Text (ce_text)

   Inhaltselement Bild (ce_image)

   Inhaltselement Text (ce_text)

   Inhaltselement Galerie (ce_gallery)

carouFredSel – Umschlag-Ende

 HINWEIS: Ein gekapseltes Element (<div></div> oder Ähnliches) wird als ein Element definiert. Weshalb man zum Beispiel Spaltensets nicht einfach so darin platzieren kann, es sei denn, man packt die gesamten Elemente in einen Container.

6.2.5.2 carouFredSel – Galerie

Hier können Sie ein Verzeichnis oder einzelne Bilder auswählen, die als Galerie dargestellt werden sollen. Es lassen sich Vorschaubilder ausgeben.

6.2.5.3 carouFredSel – Hintergrund

Wählen Sie hier ein Verzeichnis oder einzelne Bilder aus, die das Browserfenster im Hintergrund vollflächig füllen. Hier variieren Sie gegebenenfalls die Konfiguration, wenn Sie zum Beispiel die Navigation hierzu ausblenden wollen.

6.2.6 carouFredSel als Modul einsetzen

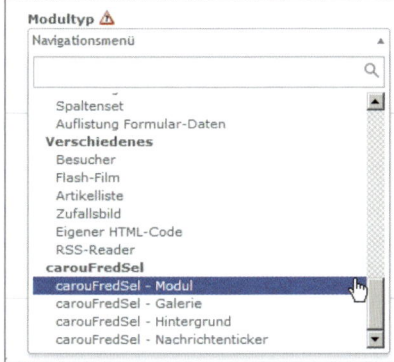

Bild 6.14
carouFredSel als Modul einsetzen

Es stehen folgende Modultypen zur Verfügung:

- **carouFredSel – Modul**
  Wenn Sie diese Option auswählen, stehen Ihnen alle Konfigurationen zur Verfügung. Hierzu müssen die zu zeigenden Inhalte aber bereits dort hinterlegt sein.

- **carouFredSel – Galerie**
  Wählen Sie diese Option, wenn Sie direkt eine Galerie erstellen wollen, die Sie dann im Seitenlayout oder innerhalb eines oder mehrerer Artikel einsetzen wollen.

- **carouFredSel – Hintergrund**
  Als HINTERGRUND gewählt, definieren Sie hier ebenfalls ein Verzeichnis oder einzelne Bilder, die vollflächig im Browserfenster dargestellt werden sollen.

- **carouFredSel – Nachrichtenticker**
  Ist NACHRICHTENTICKER als Modultyp ausgewählt, können Sie ein oder mehrere Nachrichtenarchive auswählen, deren Nachrichten-Teaser dann geslidet werden. Wichtig ist, das mitgelieferte HTML-TEMPLATE *mod_caroufredsel_ticker* auszuwählen.

6.2.7 Praxistipps für den gelungenen Einsatz Ihres carouFredSel-Karussells

1. Wenn Sie carouFredSel als Modul einbinden wollen, legen Sie die Inhalte direkt innerhalb der carouFredSel-Konfiguration an. Hier benötigen Sie die Wrapper-Elemente Umschlag-Anfang und Umschlag-Ende **nicht**. Diese werden, wenn innerhalb der Konfiguration angelegt, vom Skript schon selbst erstellt.

2. Die Beispiele auf der Originalseite[7] basieren oft auf angepasstem, optimiertem Code und lassen sich nicht ohne individuelle Anpassungen des Codes (Template-Anpassungen zum Beispiel) 1 : 1 in Contao übertragen. Dazu können Sie dann den Autor der Erweiterung, Dirk Klemmt, kontaktieren und dies in Auftrag geben.

3. Setzen oder überschreiben Sie mit CSS keine Größenangaben auf die Elemente *caroufredsel* und *caroufredsel_wrapper*, da dies die Funktionen des Sliders negativ beeinflussen kann. JavaScript benötigt die von der Konfiguration erstellten Werte zur Berechnung und passt die Werte entsprechend dynamisch an.

In Kapitel 8 erkläre ich am detaillierten Beispiel die Umsetzung von carouFredSel als Galerie.

■ 6.3 [dk_masonry]

Sie möchten die Einfachheit einer Galerie nutzen und dabei noch einen schönen Animations-Effekt einsetzen? Dann schauen Sie sich einmal Masonry an. Während Sie das Browserfenster schmaler oder breiter ziehen, werden die Bilder dynamisch angepasst und neu verteilt. Die Übergänge können mit Animationen ausgeführt werden. Ein typisches Beispiel sehen Sie auf tumblr[8].

Masonry ist ein JavaScript-PlugIn von David DeSandro, das ein intelligentes Grid-Layout implementiert. Masonry, aus dem Englischen für Mauerwerk, platziert die enthaltenen Elemente anhand ihrer Größe und des zur Verfügung stehenden vertikalen Platzes optimal verzahnt/versetzt wie ein Mauerwerk.

Weiterführende Informationen zu Masonry (Entwickler: Dirk Klemmt)

Erweiterungsliste:

https://contao.org/de/extension-list/view/dk_masonry.de.html

GitHub: *https://github.com/dklemmt/contao_dk_masonry*

Original-Skript: *http://masonry.desandro.com/*

6.3.1 Möglichkeiten der Erweiterung Masonry

Die Erweiterung dk_masonry bietet Ihnen folgende Möglichkeiten für die Konfiguration:

- Konfiguration der Spaltenbreite als fester Wert oder indirekt über eine anzugebende CSS-Klasse

- Konfiguration der Breite des Spaltenzwischenraums als fester Wert oder indirekt über eine anzugebende CSS-Klasse

---

[7] *http://coolcarousels.frebsite.nl*
[8] *http://trendgraphy.tumblr.com/*

- horizontale Ausrichtung (links/rechts), von wo aus mit der Platzierung der Elemente begonnen wird
- vertikale Ausrichtung (oben/unten), von wo aus mit der Platzierung der Elemente begonnen wird
- verschiedene Themes

Dank der Möglichkeit, Themes zu definieren, lassen sich auch so einmal erstellte Themes einfach in weitere Installationen übernehmen.

6.3.2 Installation und Einrichtung

Nach der Installation der Erweiterung steht Ihnen innerhalb der Artikel das neue Inhaltselement MASONRY – GALERIE zur Auswahl zur Verfügung.

Zunächst wählen Sie den Ordner aus, in dem die Bilder liegen, die Sie anzeigen möchten (Bild 6.15).

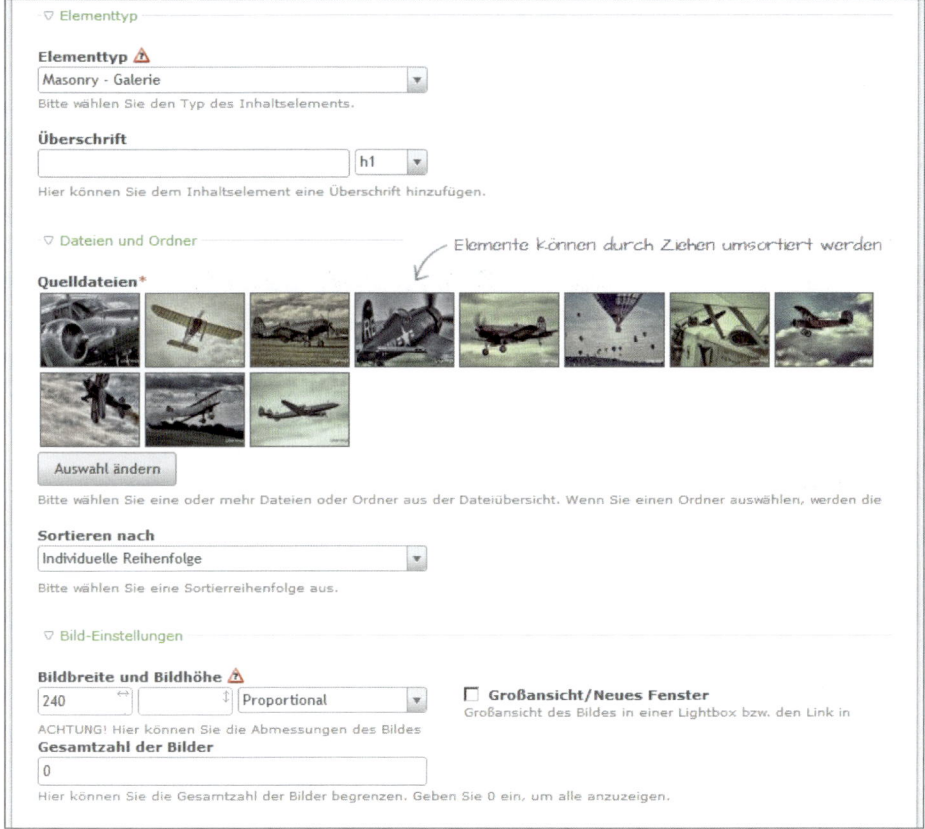

Bild 6.15 Auswahl der Bilder und Angabe weiterer Optionen

Legen Sie nun die Detaileinstellungen fest, wie es Bild 6.16 zeigt.

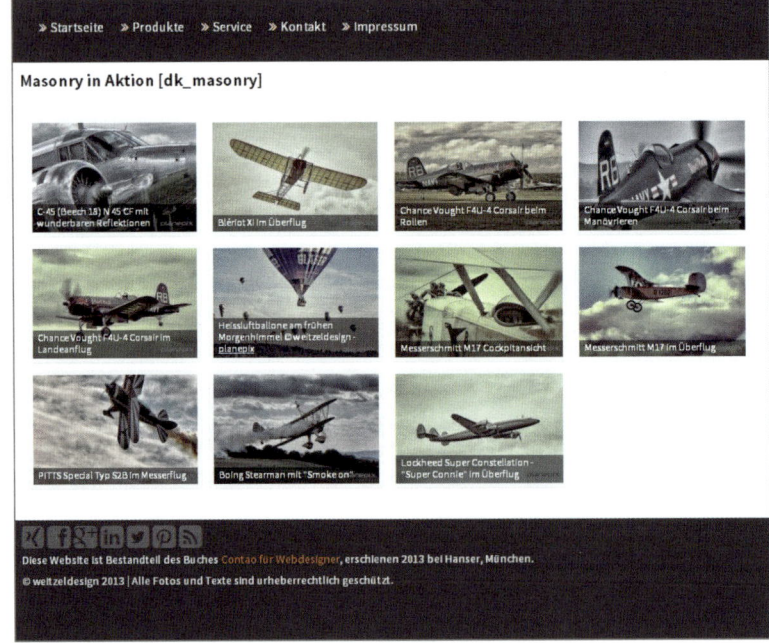

6.3.3 Beispiel

Schauen Sie sich nun einmal das Beispiel im Frontend an (Bild 6.17 und Bild 6.18).

Bild 6.17
Darstellung bei
breitem Viewport

Bild 6.18
Darstellung bei schmalem Viewport

Eindrucksvoller ist das Ganze jedoch, wenn Sie es dynamisch und in Aktion sehen – also ran an den Browser und gleich online anschauen! Den Link dazu finden Sie nach dem Login im Service-Bereich[9] (die Login-Daten stehen in Kapitel 1).

 HINWEIS: Masonry basiert auf jQuery. Daher muss dieses Framework auch im Seitenlayout aktiviert sein, damit Masonry funktioniert. Zudem verwenden alle Masonry-Elemente innerhalb einer Seite – technisch bedingt – das gleiche Theme. Definieren Sie die Elementbreite für die CSS-Klasse *masonry_gallery* unabhängig von der Einstellung der Spaltenbreite. Ohne diese Maßnahme kann das Layout schlicht schlecht aussehen.

■ 6.4 [dk_mmenu]

Während der Zeit des Buchschreibens war ich in stetem Austausch und Dialog mit dem Entwickler des Contao-Sliders carouFredSel, Dirk Klemmt. Fred Heusschen, der ursprüngliche Entwickler von carouFredSel, schrieb ein weiteres jQuery-PlugIn: mmenu. Dirk Klemmt nutzte die Chance und adaptierte das Skript – dk_mmenu – für Contao.

---

[9] *http://www.contao-fuer-webdesigner.de/service.html*

Es war zum Zeitpunkt der Veröffentlichung in der Contao-Erweiterungsliste im Juni 2013 eine der ersten Erweiterungen, mit der sich ein Navigationsmenü für mobile wie auch responsive Websites einfach in Contao integrieren lassen.

Ich habe die Erweiterung in die Buch-Website *www.contao-fuer-webdesigner.de* eingebaut. Hier wird auf diese Navigation bei einer Viewportbreite kleiner 768 px umgeschaltet. Dazu erfahren Sie gleich mehr.

Haben Sie *dk_mmenu* selbst schon erfolgreich im Einsatz?

**Weiterführende Informationen zu dk_mmenu
(Entwickler: Dirk Klemmt)**

Erweiterungsliste:

https://contao.org/de/extension-list/view/dk_mmenu.de.html

GitHub: *https://github.com/dklemmt/contao_dk_mmenu*

Original-Skript: *http://mmenu.frebsite.nl/*

6.4.1 Installation und Einrichtung

Dirk Klemmt beschreibt diese Erweiterung wie folgt: jQuery.mmenu ist ein jQuery-PlugIn, das ein platzsparendes Navigationsmenü erstellt, das vor allem für mobile Webseiten sinnvoll ist, jedoch ebenfalls für große Layouts verwendet werden kann.

Nach der Installation stehen zwei weitere Modultypen zur Verfügung, die von den beiden Core-Navigationstypen abgeleitet wurden und diese um die neue Funktionalität erweitern. Sie heißen MMENU – NAVIGATIONSMENÜ sowie MMENU – INDIVIDUELLE NAVIGATION (Bild 6.19).

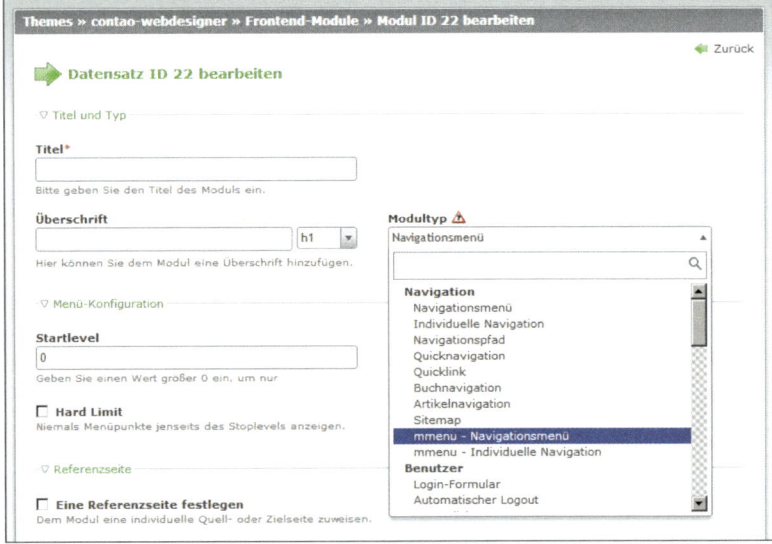

Bild 6.19 Die beiden mmenu-Modultypen

Die Einstellungen für mmenu sind bei beiden Modultypen gleich – lediglich die Optionen der individuellen Navigation und des Navigationsmenüs unterscheiden sich (Bild 6.20).

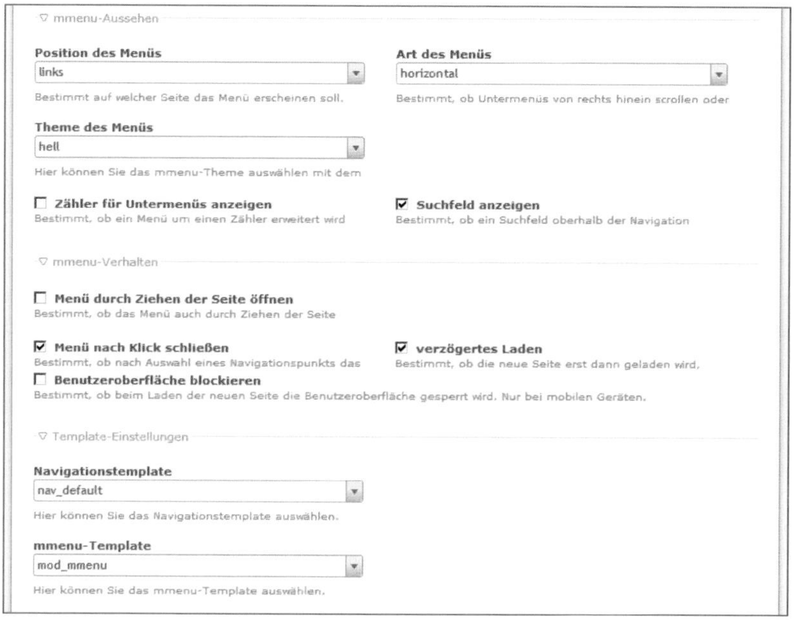

Bild 6.20 Einstellungen bei mmenu

Nachdem Sie das Frontend-Modul konfiguriert haben, binden Sie es in das Seitenlayout ein. Das Navigationsmenü ist nach der Einbindung standardmäßig versteckt. Mithilfe eines beliebigen Links wird der eigentliche Seiteninhalt je nach Auswahl der Einstellung POSITION DES MENÜS nach links, rechts, oben oder unten verschoben. Damit dies funktioniert, muss jedem mmenu-Navigationsmenü in den EXPERTEN-EINSTELLUNGEN des Moduls eine CSS-ID zugewiesen werden (Bild 6.21).

Bild 6.21 CSS-ID in mmenu vergeben

Fast geschafft. Es fehlt noch der „Trigger-Link", der das Menü bei Klick auf den Link einblendet. Dazu legen Sie ein neues Frontend-Modul vom Typ EIGENER HTML-CODE mit dem in Bild 6.22 dargestellten Inhalt an.

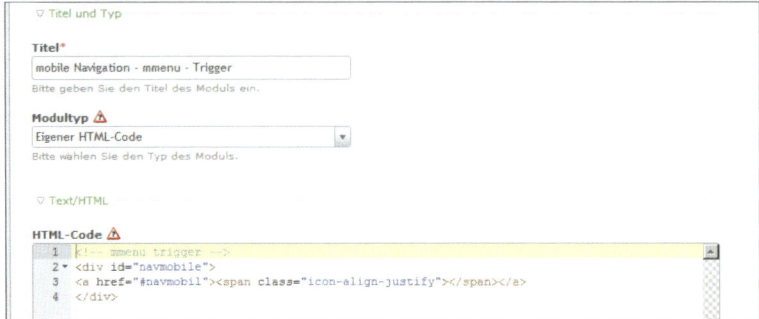

Bild 6.22
Frontend-Modul
mmenu-Trigger

Relevant ist der Link, hier umgeben von einem DIV sowie der Angabe einer CSS-Klasse für den Einsatz eines Icon-Font-Zeichens (stilisiertes Menü-Icon mit waagrechten Strichen).

Listing 6.1 Trigger-Modul für mmenu

```
<!-- mmenu trigger -->
<div id="navmobile">
<a href="#navmobil"><span class="icon-align-justify"></span></a>
</div>
```

Ebenso lässt sich eine Grafik als Icon einbinden. Dieses Frontend-Modul binden Sie nun auch noch in das Seitenlayout ein – und dann funktioniert es (Bild 6.23).

Bild 6.23 Einbinden der Frontend-Module für mmenu in die Kopfzeile

6.4.2 Möglichkeiten der Erweiterung mmenu

- beliebig viele Menüs auf einer Seite
- Menüs mit beliebig vielen Navigationselementen sowie Untermenüs
- Anzeige eines Zählers über die Anzahl der enthaltenen Untermenüs zu einem Navigations-Hauptmenü

- Menü-Position: links, rechts, oben, unten
- Animation bei Wechsel in Untermenüs/aufklappende Untermenüs
- wahlweise Anzeige eines eingabesensitiven Suchfelds über den Navigationselementen
- verschiedene Themes

6.4.3 Beispiel

Ich habe dk_mmenu gleich auf der Beispiel-Website zum Buch eingebunden. In diesem Fall verzichte ich auf ein weiteres mobiles Seitenlayout, sondern blende die Standardnavigation und mmenu je nach Viewportbreite über CSS ein oder aus.

6.4.3.1 Darstellung auf einem Desktop-Browser

Das Hauptmenü wird bis zu einer Viewportbreite von 768 px regulär als floatendes horizontales Menü angezeigt (Bild 6.24).

Bild 6.24 Viewportgröße 768 px – das Menü wird horizontal angezeigt

Wird der Viewport auf 766 px Breite verkleinert, wird anstatt des horizontalen Menüs das dk_mmenu ausgegeben (Bild 6.25). Es lässt sich dann per Klick auf das Menü-Icon öffnen.

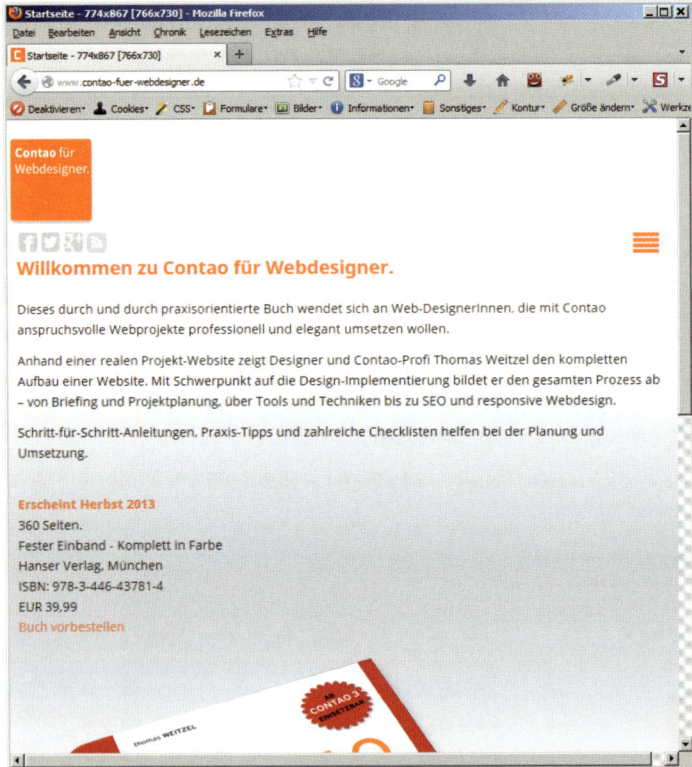

Bild 6.25
Viewportbreite
766 px – das mmenu
wird angezeigt

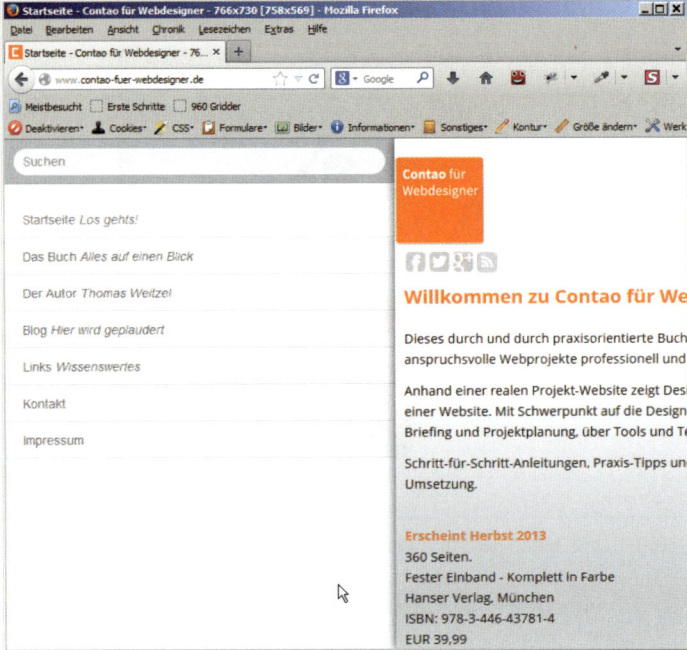

Bild 6.26
dk_mmenu in Aktion

Natürlich funktioniert das nicht nur am Desktop-Browser, sondern wie in Bild 6.27 und Bild 6.28 zu sehen ist, exemplarisch auf dem Bildschirm eines Galaxy SII.

6.4.3.2 Darstellung auf einem mobilen Browser

Bild 6.27
dk_mmenu im Porträt-Modus

Bild 6.28
dk_mmenu im Landscape-Modus

■ 6.5 [easy_themes] EasyThemes

Diese Erweiterung – eine meiner „Immer-dabei"-Erweiterungen – ermöglicht den schnellen Zugriff auf die Bereiche Stylesheets, Frontend-module und Seitenlayouts.

Mit Contao 2.9 wurden die *Themes* eingeführt und die einzelnen Bereiche dem Überbegriff Themes untergeordnet. Somit benötigt man einen Klick mehr, um einen einzelnen Bereich zu erreichen. Sehr schnell kam Yanick Witschi mit *EasyThemes* an den Start, welches den Zugriff auf vier verschiedene Möglichkeiten erlaubt.

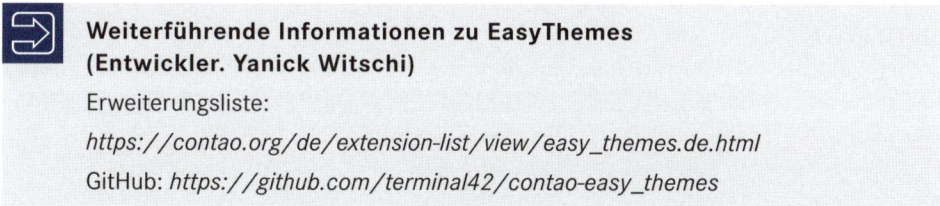

Weiterführende Informationen zu EasyThemes (Entwickler. Yanick Witschi)

Erweiterungsliste:

https://contao.org/de/extension-list/view/easy_themes.de.html

GitHub: *https://github.com/terminal42/contao-easy_themes*

In der Standardansicht von Contao – ohne *EasyThemes* – zeigt sich der Backend-Bereich wie in Bild 6.29 zu sehen.

Bild 6.29
Standardansicht ohne EasyThemes

Nach der Installation von *EasyThemes* finden Sie die Einstellungen innerhalb der Benutzerprofile. Bevor Sie *EasyThemes* aktivieren, müssen Sie vorher schon ein Theme erstellt haben, um es auswählen zu können. Öffnen Sie ein Benutzerprofil und scrollen nach unten. Dort finden Sie dann den neu hinzugekommenen Bereich EasyTheme.

 HINWEIS: Erstellen Sie zuerst ein Theme und aktivieren Sie erst dann EasyThemes (Bild 6.30).

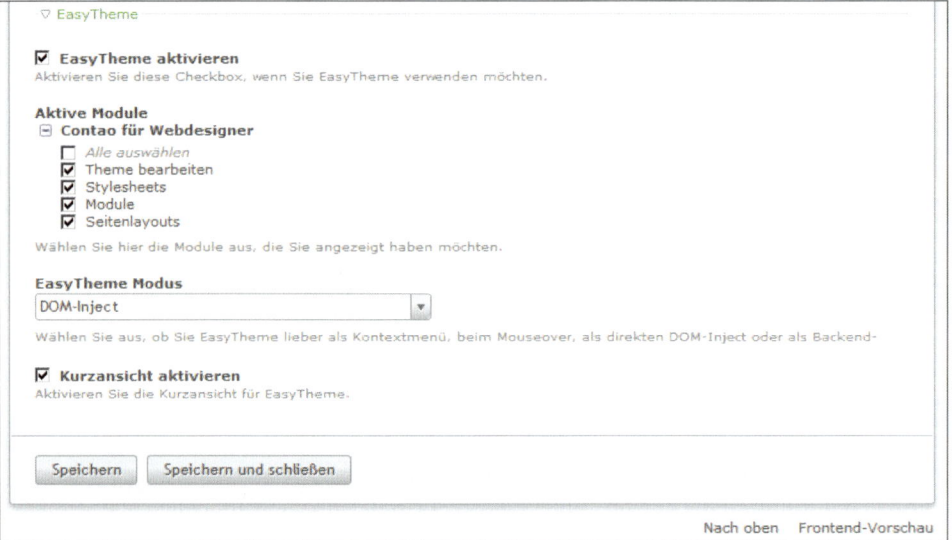

Bild 6.30 Aktivieren von EasyThemes

Die drei *EasyThemes-Modi* im kurzen Überblick:

- Kontextmenü & MouseOver
- Backend-Module
- DOM-Inject

Diese Modi stelle ich Ihnen im Folgenden kurz vor.

6.5.1 Modus Kontextmenü & MouseOver

Wenn Sie einen der ersten beiden Modi einstellen, wird Ihnen der Schnellzugriff per Rechtsklick oder MouseOver auf den Namen THEMES angezeigt (Bild 6.31).

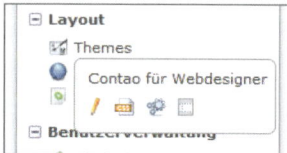

Bild 6.31
EasyThemes als Kontextmenü beziehungsweise MouseOver

6.5.2 Modus Backend-Module

Wenn Sie den Modus BACKEND-MODULE auswählen, können Sie die Anordnung automatisch oder auch manuell bestimmen. Bild 6.32 zeigt die Darstellung ohne Gruppierung als ersten Eintrag im Backend-Menü.

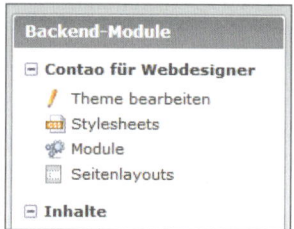

Bild 6.32
Backend-Module – ohne Gruppierung

Mit dem darunterliegenden Dropdown-Menü Referenz-Gruppe können Sie nun den Bereich auswählen, nach dem Easy_Theme die Icons für den Schnellzugriff anzeigen soll. In Bild 6.33 sehen Sie exemplarisch die Anordnung nach dem Bereich LAYOUT.

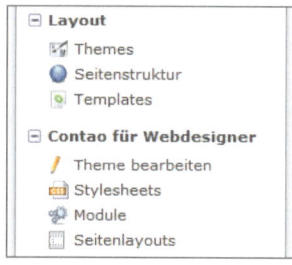

Bild 6.33
Backend-Module – Sortierung nach dem Bereich Layout

6.5.3 Modus DOM-Inject

Der DOM-Inject-Modus bietet meines Erachtens die am wenigsten Platz verschwendende Variante. Zudem werden die Icons auch thematisch nahe beim Link THEMES platziert.

Verwendet man die Option *ohne Kurzansicht* werden die Text mit angezeigt, wie es Bild 6.34 zeigt.

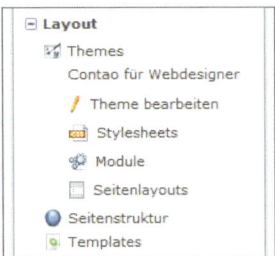

Bild 6.34
EasyThemes im DOM-Inject-Modus ohne Kurzansicht

Noch platzsparender wird die Anzeige, wenn Sie die Option *Kurzansicht aktivieren* nicht anklicken. Dann erhalten Sie eine komprimierte Anzeige wie in Bild 6.35 zu sehen ist.

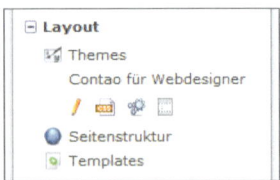

Bild 6.35
EasyThemes im DOM-Inject-Modus mit Kurzansicht

■ 6.6 EFG (Erweiterter Formulargenerator)

Bei EFG handelt es sich um eine Erweiterung, die schon sehr lange das Arbeitsleben eines Webdesigners mit Contao und den Formularen bereichert. Die Kurzschreibweise steht für den erweiterten Formulargenerator. Der EFG verleiht dem Formulargenerator von Contao zusätzliche Funktionen.

Auch ein Grund dafür, dass der Autor, Thomas Kuhn, und ich diese Erweiterung 2009[10] in Frankfurt am Main im Rahmen des 2. TYPOlight-Usertreffens[11] vorgestellt haben. Sie lesen richtig: TYPOlight. Der EFG ist, wie vorangehend geschrieben, schon sehr lange dabei.

Sie finden zahlreiche Beispiele auf der Website der Usertreffen-Workshops – einige Funktionen stelle ich Ihnen hier kurz im Rahmen der Erweiterungsserie vor.

---

[10] *http://www.tl-usertreffen.weitzeldesign.com/usertreffen-2009.html*
[11] *https://contao.org/de/user-meeting-2009.html*

Weiterführende Informationen zu EFG (Entwickler: Thomas Kuhn)

Erweiterungsliste: *https://contao.org/de/extension-list/view/efg.html*

Contao-Wiki: *http://de.contaowiki.org/EFG*

Bitbucket: *https://bitbucket.org/thk/efg*

6.6.1 Was kann der EFG?

- Formulardaten: Bestätigungs-Mail, Auflistung und Bearbeitung im Backend und Frontend
- Versand von personalisierten Bestätigungs-Mails bei Eingang von Daten aus Frontend-Formularen
- Speichern der Daten aus Formularen in Backend-Modulen/-Tabellen und/oder Formulargenerator nutzen, um Backend-Module zu erstellen
- Auflistung, Bearbeitung und Export der Daten im Frontend
- Formularfelder des Typs *select, radio* und *checkbox* mit Werten aus Datenbank-Tabelle

6.6.2 Erstellen des Formulars und Eingabe der Inserttags

Die folgende Beschreibung und Abbildungen zeigen das Erstellen eines einfachen Kontaktformulars.

Es werden folgende Felder erstellt (siehe Bild 6.36):

- Anrede
- Vorname
- Nachname
- Straße
- PLZ
- Ort
- E-Mail
- Mitteilung
- SPAM-Schutz
- Absender-Schaltfläche

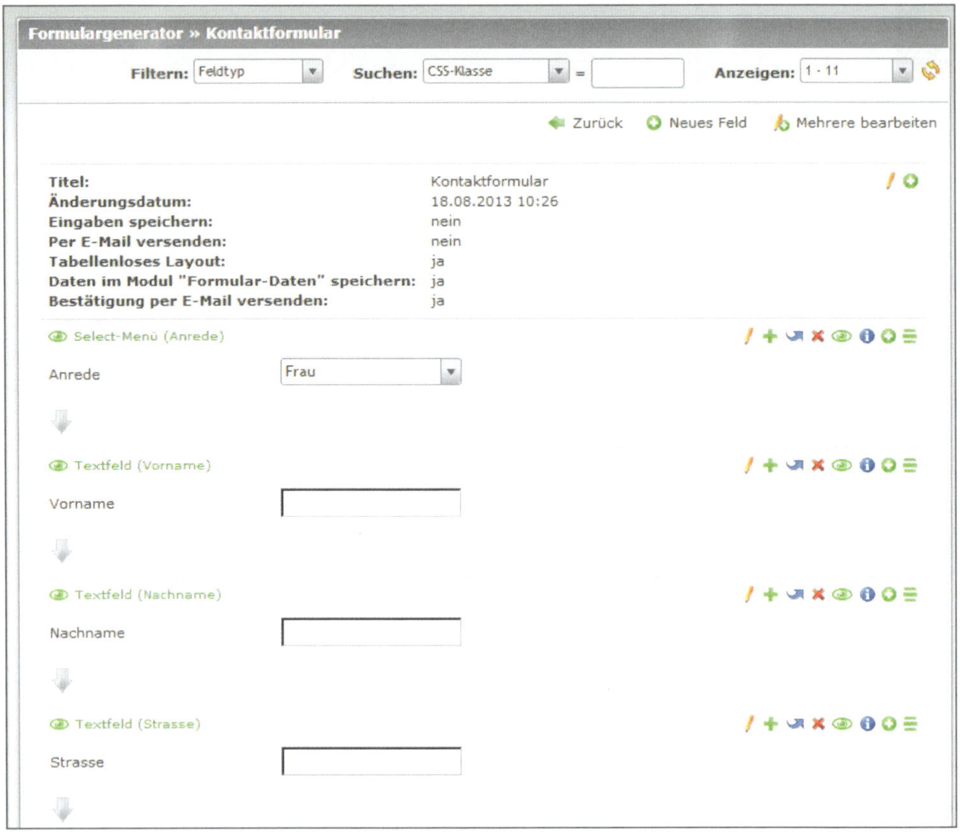

Formulargenerator » Kontaktformular

Filtern: [Feldtyp ▼]   Suchen: [CSS-Klasse ▼] = [   ]   Anzeigen: [1 · 11 ▼] ⟳

◄ Zurück   ○ Neues Feld   ⬧ Mehrere bearbeiten

Titel: Kontaktformular   / ○
Änderungsdatum: 18.08.2013 10:26
Eingaben speichern: nein
Per E-Mail versenden: nein
Tabellenloses Layout: ja
Daten im Modul "Formular-Daten" speichern: ja
Bestätigung per E-Mail versenden: ja

◉ Select-Menü (Anrede)   / + ⤶ ✖ ◉ ❶ ○ ≡

Anrede   [Frau   ▼]

⬇

◉ Textfeld (Vorname)   / + ⤶ ✖ ◉ ❶ ○ ≡

Vorname   [   ]

⬇

◉ Textfeld (Nachname)   / + ⤶ ✖ ◉ ❶ ○ ≡

Nachname   [   ]

⬇

◉ Textfeld (Strasse)   / + ⤶ ✖ ◉ ❶ ○ ≡

Strasse   [   ]

⬇

Bild 6.36 Ausschnitt der Backend-Ansicht des Kontaktformulars

 HINWEIS: Um später einem Besucher direkt auf seine angegebene E-Mail-Adresse antworten zu können, müssen Sie im Vergleich zu den anderen Feldnamen den für die E-Mail-Adresse zwingend klein und zusammen schreiben: „email". Dies gilt für die Contao-Standard-Funktion „Per Mail versenden" und die EFG-Funktion „Per E-Mail versenden (formatierter Text/HTML)".

Für den individuellen Bestätigungs-Text fügen Sie Ihren Text und die Inserttags ein, um die Bestätigungs-Nachricht mit den Angaben des Benutzers zu verschicken. Der Aufbau der Inserttags erfolgt wie in Listing 6.2.

Listing 6.2 Schreibweise der Inserttags

```
{{form::Feldname}}
```

 HINWEIS: Der Feldname muss exakt mit dem von Ihnen vergebenen Feldnamen übereinstimmen – sowohl der Name wie auch die Schreibweise (Groß- oder Kleinschreibung)!

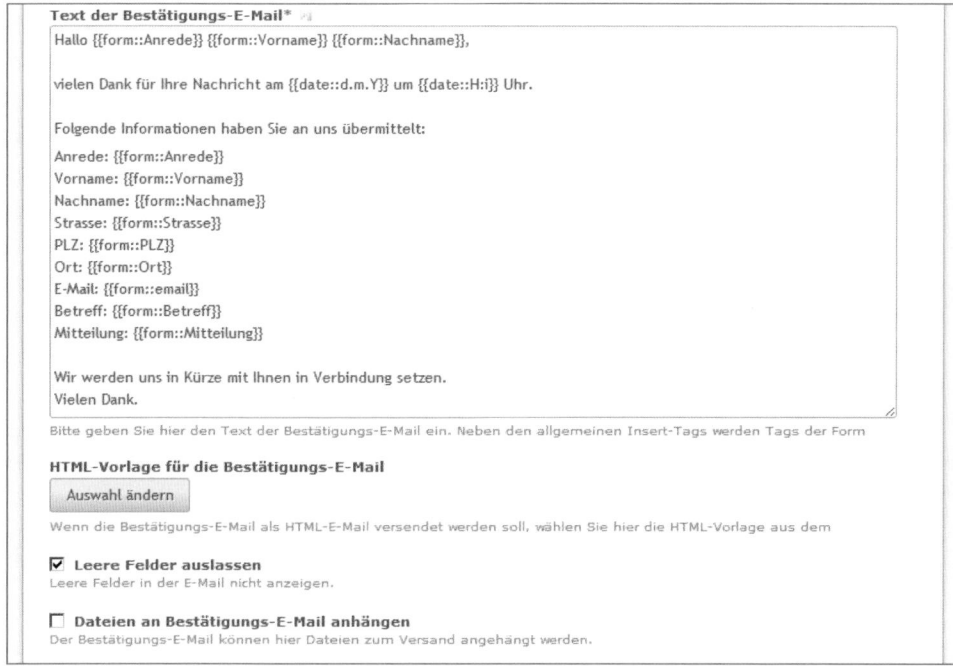

Bild 6.37 Ausschnitt des Backend-Inserttags der Bestätigungs-Mail

Listing 6.3 Text für die Bestätigungs-Mail im Feld Text der Bestätigungs-Mail

```
Hallo {{form::Anrede}} {{form::Vorname}} {{form::Nachname}},

vielen Dank für Ihre Nachricht am {{date::d.m.Y}} um {{date::H:i}} Uhr.

Folgende Informationen haben Sie an uns übermittelt:
Anrede: {{form::Anrede}}
Vorname: {{form::Vorname}}
Nachname: {{form::Nachname}}
Strasse: {{form::Strasse}}
PLZ: {{form::PLZ}}
Ort: {{form::Ort}}
E-Mail: {{form::email}}
Betreff: {{form::Betreff}}
Mitteilung: {{form::Mitteilung}}

Wir werden uns in Kürze mit Ihnen in Verbindung setzen.
Vielen Dank.
```

Aktivieren Sie die Option LEERE FELDER AUSLASSEN, damit nicht ausgefüllte Felder nicht mitgesendet werden. Nur ausgefüllte Felder werden dann in der Bestätigungs-Mail gesendet.

Damit im Bestätigungs-Mail durch die Option LEERE FELDER AUSLASSEN der Text keine Lücken bekommt und bei vielen Feldern dann große Leerräume entstehen, bedarf es einer bestimmten Schreibweise, die ich im Folgenden kurz vorstellen möchte.

Bislang würde ein Bestätigungs-Text wie in Listing 6.3 angelegt. Mit der folgenden Schreibweise unter Verwendung der Labels und der Option LEERE FELDER AUSLASSEN sähe der Text wie in Listing 6.4 aus.

Listing 6.4 Angepasste Schreibweise des Textes für die Bestätigungs-Mail

```
Hallo {{form::Anrede}} {{form::Vorname}} {{form::Nachname}},

vielen Dank für Ihre Nachricht am {{date::d.m.Y}} um {{date::H:i}} Uhr.

Folgende Informationen haben Sie an uns übermittelt:
{{form::Anrede?label=Anrede: }}
{{form::Vorname?label=Vorname: }}
{{form::Nachname?label=Nachname: }}
{{form::email?label=E-Mail: }}
…
```

Angenommen, der Benutzer hätte nun aber lediglich *Nachname* und *Geburtsdatum* angegeben/ausgefüllt, ergäbe sich daraus der in Listing 6.5 dargestellte Bestätigungs-Text.

Listing 6.5 Darstellung des Textes in der Bestätigungs-Mail

```
Hallo Herr Mustermann,

vielen Dank für Ihre Nachricht am {{date::d.m.Y}} um {{date::H:i}} Uhr.

Folgende Informationen haben Sie an uns übermittelt:

Nachname: Mustermann

Geburtsdatum: 11.11.1911 6.6

…
```

Es werden also die nicht ausgefüllten Felder inklusive Label entfernt/ignoriert, es bleiben aber die Zeilenumbrüche, somit Leerzeilen erhalten. Um diese zu vermeiden, müssen Sie den Text wie in Listing 6.7 anlegen.

Listing 6.7 Geänderte Darstellung des Textes in der Bestätigungs-Mail

```
Hallo {{form::Anrede}} {{form::Vorname}} {{form::Nachname}},

vielen Dank für Ihre Nachricht am {{date::d.m.Y}} um {{date::H:i}} Uhr.

Folgende Informationen haben Sie an uns übermittelt:
{{form::Anrede?label=
Anrede: }}{{form::vorname?label=
Vorname: }}{{form::nachname?label=
Nachname: }}{{form::user_email?label=
E-Mail: }}{{form::gebdat?label=
Geburtsdatum: }}
…
```

Das Ergebnis ist in Listing 6.8 zu sehen.

Listing 6.8 Ausgabe des angepassten Textes der Bestätigungs-Mail

```
Hallo Max Mustermann,

vielen Dank für die Anfrage. Wir haben die folgenden Angaben erhalten:
Nachname: Mustermann
Geburtsdatum: 11.111911
```

Für den Versand einer Datei als Anhang der Mail nutzen Sie das Inserttag (Listing 6.9).

Listing 6.9 Schreibweise des Inserttags für den Versand eines Datei-Anhangs

```
{{form::Feldname?attachment=true}}
```

6.6.3 Anzeige des Kontaktformulars als zweispaltige Version

Um das Kontaktformular als zweispaltige Version anzeigen zu lassen, werden im Formulargenerator Felder vom Typ HTML verwendet. Ein öffnendes Tag vor den Formularfeldern für die linke Spalte, ein schließendes Tag danach. Dies gilt auch für die rechte Spalte. Durch die Vergabe je einer CSS-Klasse lassen sich die Spalten nun einzeln formatieren und positionieren (Bild 6.38).

Angelegt wurden folgende Klassen:

`<div class="div-left">` und `<div class="div-right">`.

Für CSS wurden die folgenden Definitionen erstellt (Listing 6.10).

Listing 6.10 CSS-Definitionen für das zweispaltige Formular

```
#kontaktformular .div-left
{
width: 49%;
float: left;
margin:0 10px 0 0;
}

#kontaktformular .div-right
{
width: 49%;
float: left;
margin:0;
}
```

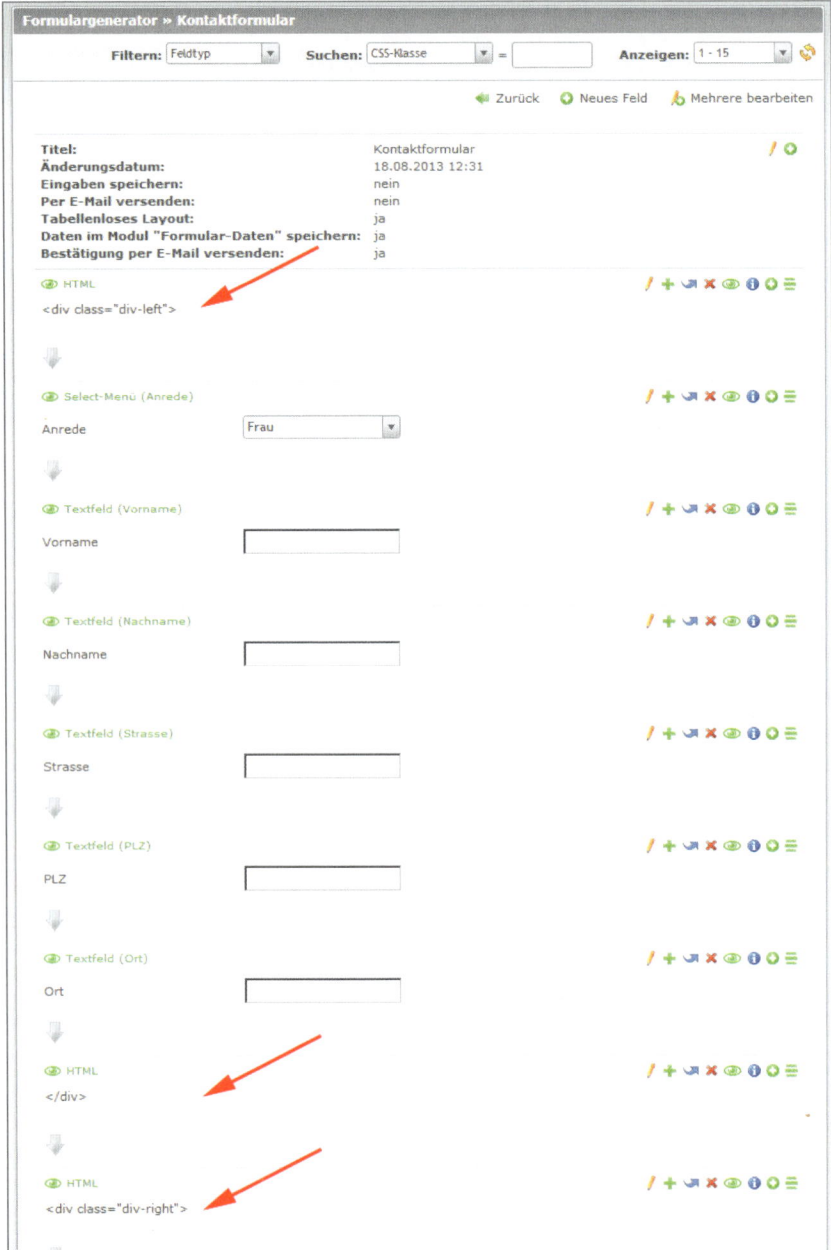

Bild 6.38 Einfügen der DIVs in das Formular als Inhaltselemente HTML

Entsprechend formatiert wird das Formular zweispaltig dargestellt (Bild 6.39).

Weitere Beispiele liefert Ihnen die Workshop-Website. Die hier beschriebenen Funktionen sowie ein Beispiel zur Auflistung von Formulardaten finden Sie im Servicebereich des Buches unter *www.contao-fuer-webdesigner.de/service.html*.

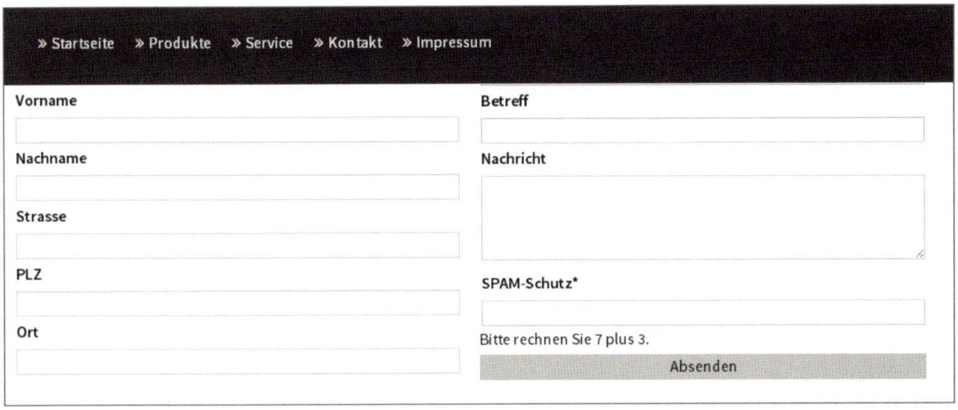

» Startseite   » Produkte   » Service   » Kontakt   » Impressum

Vorname	**Betreff**
Nachname	**Nachricht**
Strasse	
PLZ	**SPAM-Schutz***
Ort	Bitte rechnen Sie 7 plus 3.
	Absenden

Bild 6.39 Ausgabe des zweispaltigen Formulars im Frontend

■ 6.7 Isotope eCommerce

Bei der Erweiterung Isotope eCommerce handelt es sich um ein vollständiges Shop-System für Contao. Wie alle Erweiterungen kann sie über das Extension Repository von Contao oder über GitHub bezogen werden.

Weiterführende Informationen zu Isotope eCommerce (Entwickler: terminal42 gmbh)

Erweiterungsliste: *https://contao.org/de/extension-list/view/isotope.de.html*

Github: *https://github.com/isotope/*

Offizielle Projektwebseite: *http://isotopeecommerce.org/*

Twitter: *https://twitter.com/isotopecommerce*

Facebook: *https://www.facebook.com/isotopeecommerce*

Bild 6.40
Das Logo von Isotope

Die Idee hinter Isotope war, eine integrierte, direkte eCommerce-Lösung für Contao zu erschaffen, die auf umständliche Schnittstellen zwischen eigenständigen Shop-Systemen und einem Content-Management-System verzichtet.

So nutzt die Erweiterung die vorhandenen Bedienkonzepte von Contao, wie Listen- und Detailansichten, und integriert sich nahtlos in die Seitenstruktur. Administratoren und Redakteure behalten so die gewohnten Arbeitsprozesse von Contao auch im Bereich eCommerce.

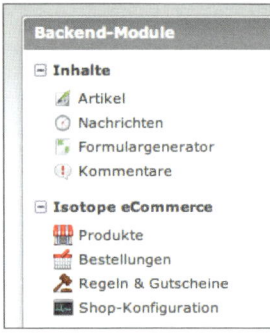

Bild 6.41
Integration von Isotope in Contao

Als professionelle eCommerce-Erweiterung erfreut sich Isotope bereits einer Vielzahl von eigenen Erweiterungen. Sie erlauben zum Beispiel eine individuelle Mehrwertsteuerbehandlung und stellen diverse Zahlungsmöglichkeiten bereit.

Es gibt eine Menge Einstellungsmöglichkeiten. Warenkörbe können zum Beispiel in unterschiedlichen Darstellungen angezeigt werden. Professionelle Entwickler erhalten größtmöglichen Freiraum für individuelle Zusätze.

Ursprünglich entwickelten die US-Amerikaner Blair Winans und Fred Bliss bereits 2009 Isotope. Recht bald wurden europäische Entwickler, wie Andreas Schempp und Yanick Witschi aus der Schweiz, fester Bestandteil des Teams. Mittlerweile beteiligen sich Programmierer aus Deutschland, Polen, der Schweiz und weiteren Ländern an dem Projekt.

Isotope bietet eine große Vielfalt an Einstellungsmöglichkeiten für die unterschiedlichsten Länder-typischen Spezifikationen und Anforderungen.

 HINWEIS: Bitte beachten Sie, dass es in unterschiedlichen Ländern unterschiedliche rechtliche Aspekte im Bereich des Online-Handels gibt.

6.7.1 Überblick über die Funktionen

Hier finden Sie einen Auszug der Möglichkeiten, die Isotope bietet:

- mehrsprachige Produkteverwaltung
- eigene Produkttypen & Attribute
- Produktvarianten (S, M, L, XL mit unterschiedlichen Preisen)
- Preis pro Mitgliedergruppe inklusive Preisstaffelungen
- Bildverwaltung und automatische Bildanpassung über Contao-Core
- flexible Konfiguration – ähnlich wie andere Contao-Module
- Unterstützung einer Vielzahl von Zahlungsanbietern
- individuelle Versandberechnung, zum Beispiel nach Gewicht oder Gesamtwarenwert des Warenkorbs
- Bestellverwaltung übers Backend
- Adressbuch und vergangene Bestellungen für Mitglieder

6.7.2 Beispielhafte Umsetzungen/Referenzen

Kleine oder große, einfache oder komplexe Shops – Isotope eCommerce kann sie alle.

Becher von CupPrint

CupPrint (*https://www.cupprint.de*) gehört nach eigener Aussage zu den führenden europäischen Herstellern von Kartontrinkbechern. Diese Webseite hat Kirsten Roschanski umgesetzt (Bild 6.42).

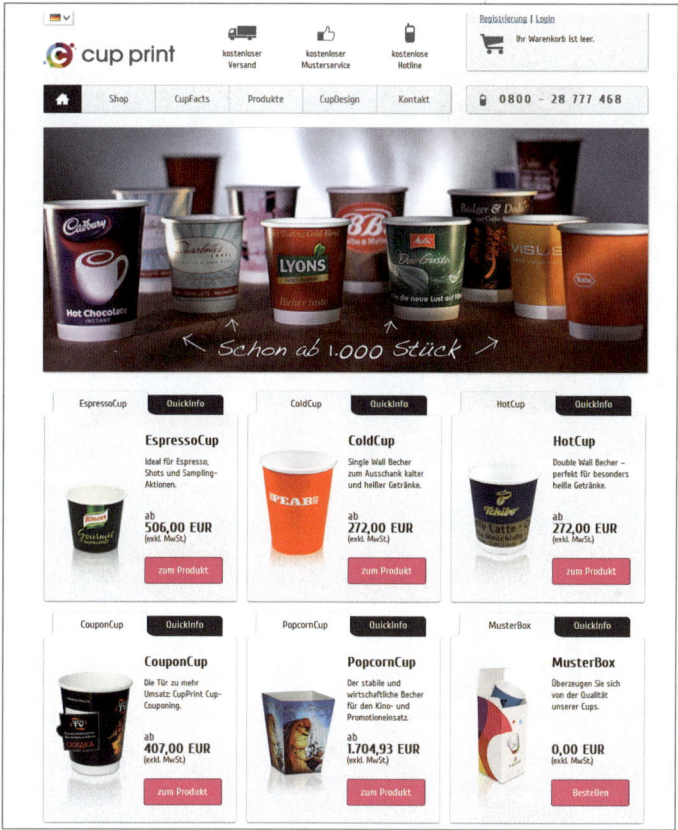

Bild 6.42 Die Website *www.cupprint.de*

Kunstrasen vom Kunstrasen-Profi

Kunstrasen-Profi (*http://www.kunstrasen-profi.com/shop*) bietet „Ihnen Kunstrasenlösungen für kleine und große Gärten, für Ihren Balkon oder Ihre Dachterrasse", wie es auf der Webseite heißt. Diese Webseite hat Andreas Isaak (MEN AT WORK) umgesetzt (Bild 6.43).

Bild 6.43 Die Website *www.kunstrasen-profi.com*

Coaching-Ausbildung in der Schweiz

Der coachingwebshop (*http://www.coachingwebshop.ch*) bietet Bücher, Tools und Videos zum Thema Coaching an. Diese Webseite wurde von der Küttel Laubacher Werbeagentur umgesetzt (Bild 6.44).

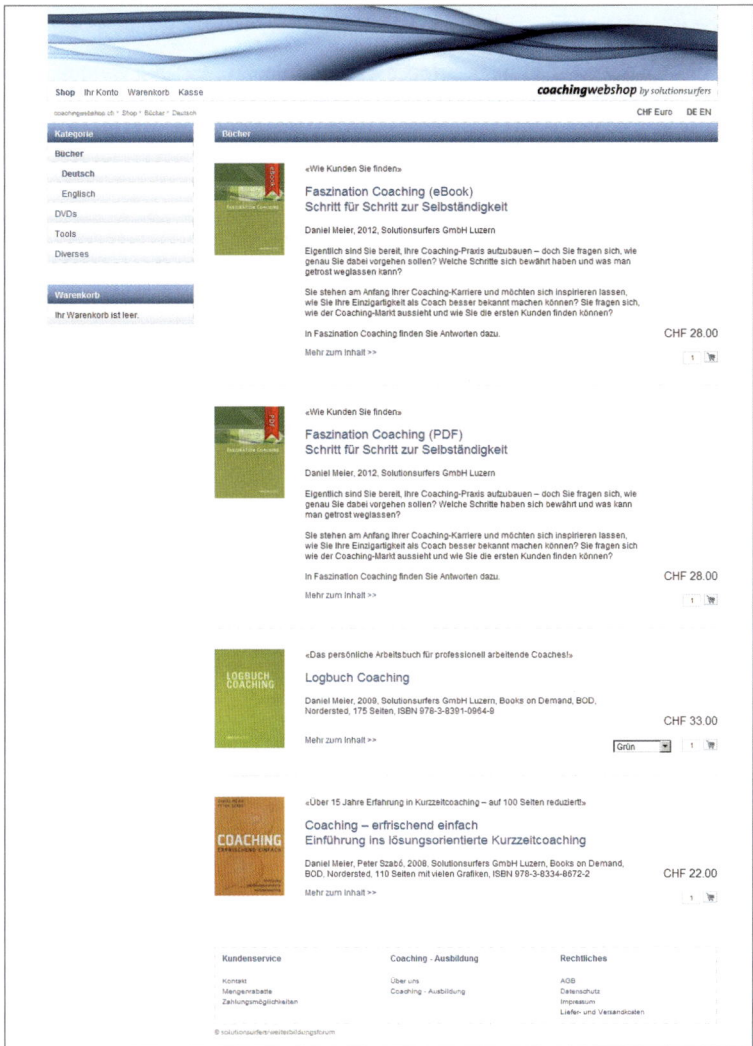

Bild 6.44 Die Website *www.coachingwebshop.ch*

■ 6.8 MetaModels

Wenn Sie schon mit Contao 2.x gearbeitet haben, dann kennen Sie eventuell die Erweiterung Catalog. Gewachsen und entstanden aufgrund von Anforderungen an die Erweiterung Catalog wurde MetaModels mit allen Erfahrungen aus der Entwicklung des Catalogs an moderne Bedürfnisse angepasst. Der Catalog ist erwachsen geworden.

Das Besondere an der Erweiterung MetaModels: Sie ermöglicht die Organisation von Daten jenseits der hierarchischen Seitenstruktur von Contao.

HINWEIS: MetaModels statt Catalog

Beschäftigen Sie sich gleich mit MetaModels. Die Erweiterung Catalog wird nicht weiter gepflegt und unterstützt. Auch ein Update von Catalog auf Meta-Models ist nicht möglich.

 Weiterführende Informationen zu MetaModels
(Entwickler: Christian Schiffler, Andreas Isaak, MetaModel-Team)

GitHub: *https://github.com/MetaModels*

Facebook: *https://www.facebook.com/metamodels*

Google+ Community:
https://plus.google.com/u/0/communities/115763946894226565098

Twitter: *https://twitter.com/MetaModels*

Contao-Wiki: *http://de.contaowiki.org/MetaModels*

 **Bild 6.45**
Das Logo von MetaModels

Das sehr engagierte Team entwickelte zum Zeitpunkt, als ich an diesem Buch geschrieben habe (August 2013), die Adaption auf die Contao-Version 3.1, die durch eine innovative und kommunikative Fundraising-Kampagne[12] ermöglicht wurde.

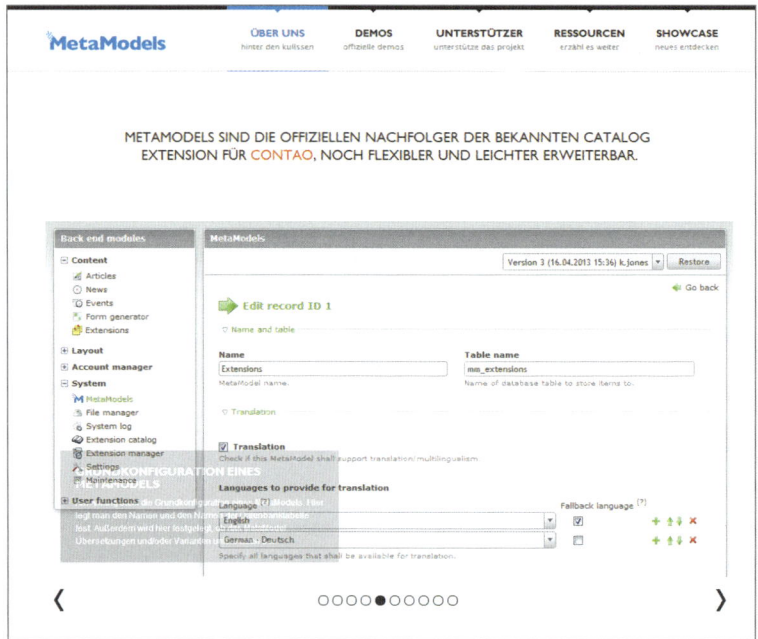

Bild 6.46
Die Website von MetaModels now. metamodel.me

---
[12] *http://now.metamodel.me/en/fundraising*

Das Team hat entschieden, dass MetaModels nicht über die Erweiterungsliste (ER) von Contao im Backend installiert werden kann. Sie steht ausschließlich per Download über die Website *now.metamodel.me* mit Nightly Builds oder über GitHub zur Verfügung (Stand: August 2013). Über Composer, dem Nachfolger der ER, wie man ihn bis jetzt kannte, wird MetaModels künftig installiert werden können.

 HINWEIS: Vorweg: Die Erweiterung kann fast alles abbilden, aber die Lernkurve ist im Vergleich zu Contao doch deutlich steiler. Sie ist aber sicher davon abhängig, aus welchem Bereich und mit welchen Vorkenntnissen Sie sich an die MetaModels wagen.

6.8.1 Was MetaModels kann

Die Website *now.metamodel.me* beschreibt die wichtigsten Grundfunktionen wie folgt:

- **Individuelle Layouts im Backend**
  MetaModels können an jeder Stelle im Backend eingebunden werden. Die Listenansicht der Inhalte lässt sich ebenfalls vollkommen individuell anpassen.

- **Anpassbare Eingabemasken**
  Die Eingabemasken eines MetaModels können mit minimalem Zeitaufwand an die eigenen Bedürfnisse angepasst werden. Der Zugriff auf einzelne Eingabefelder lässt sich individuell für Benutzergruppen einschränken, was komplexe Arbeitsabläufe ermöglicht.

- **Einfache Verwaltung von Varianten**
  Für Datensätze, welche die meisten Informationen gemein haben, jedoch in einzelnen Attributen abweichen, wurden die Varianten eingeführt. Alle Varianten erben die Informationen ihres Basis-Datensatzes und haben lediglich in definierten „Variantenattributen" abweichende Informationen.

- **Einfache Behandlung von Übersetzungen**
  Übersetzen Sie Datensätze, ohne den Editiermodus zu verlassen oder gar an eine andere Stelle des Backend zu springen. Der Sprachenwechsel erfolgt über den Sprachwechsler.

- **Grundkonfiguration eines MetaModels**
  Am Anfang steht die Grundkonfiguration eines MetaModels. Hier legen Sie den Namen und den Namen der Datenbanktabelle fest. Außerdem wird hier bestimmt, ob MetaModels Übersetzungen und/oder Varianten unterstützen soll.

- **Attributseinstellungen**
  Die Attribute eines jeden MetaModels können ohne Beschränkungen definiert werden (zum Beispiel Eingabefeld Kundenname). Sie definieren den Typ des Attributs (Textfeld), einen internen Namen (kunde), den Namen, der dem Redakteur angezeigt werden soll (Name des Kunden), sowie einen Beschreibungstext (Bitte geben Sie den Namen des Kunden ein) und individuelle Einstellungen des Attributs.

- **Individuelle Listenansichten**
  Jede Listenansicht, sowohl Backend als auch Frontend, kann hinsichtlich der verwendeten Attribute und deren Reihenfolge angepasst werden. Attribute lassen sich auch temporär mittels dem aus Contao bekannten Augensymbol ausblenden. Damit sich eine Listenansicht so schnell wie möglich erstellen lässt, wurden nützliche Helferlein entwickelt, zum Beispiel die Schaltfläche „Alle hinzufügen" . Damit erübrigt es sich, alle Attribute einzeln zur Liste hinzuzufügen.

- **Individuelle Backend-Integration**
  Definieren Sie, wo und wie MetaModels im Backend eingehängt werden sollen. Entweder im unabhängigen Modus als neues Element im linken Backend-Menü (inklusive individuelles Icon) oder als Kindtabelle eines anderen MetaModels oder einer Datentabelle. Die Integration kann auch pro Benutzergruppe vorgenommen werden, so dass zum Beispiel Administratoren eine andere Menüintegration nutzen können als Redakteure.

- **Komplexe Filter einfach umgesetzt**
  MetaModels bietet Ihnen die wohl flexibelste Möglichkeit, Filter für Ihre Daten zu realisieren. Alle Filter sind Kombinationen von kleinen Filtereinstellungen, welche zusammen eine Gesamtaufgabe erfüllen. Durch diesen „Teile-und-Herrsche"-Ansatz gibt es keine Beschränkungen bei der Konfiguration von Filtern.

- **Kombinieren Sie Eingabemasken und Ansichtseinstellungen**
  MetaModels ermöglicht es, unterschiedliche Kombinationen von Eingabemasken und Ansichtseinstellungen pro Benutzergruppe zu bestimmen. Dadurch ist es möglich, einfache Arbeitsabläufe zu definieren, so dass zum Beispiel die Benutzergruppe „Verleger" Einträge veröffentlichen, die Benutzergruppe „Redakteure" hingegen den Inhalt nur bearbeiten darf.

6.8.2 Die MetaModels-Demo

Kurz nachdem die Website und das Fundraising gestartet wurden, haben die Entwickler von MetaModels eine Demo[13] zur Verfügung gestellt, damit man diese eigenständig installieren und alle Bereiche im Front- und Backend anschauen und nachvollziehen kann (Bild 6.47 und Bild 6.48).

Darüber hinaus haben sich einige Community-Nutzer die Aufgabe und Mühe gemacht, die Dokumentation dazu auch im Contao-Wiki[14] zu starten.

---

[13] *http://now.metamodel.me/a-movie-database/en/*
[14] *http://de.contaowiki.org/MetaModels*

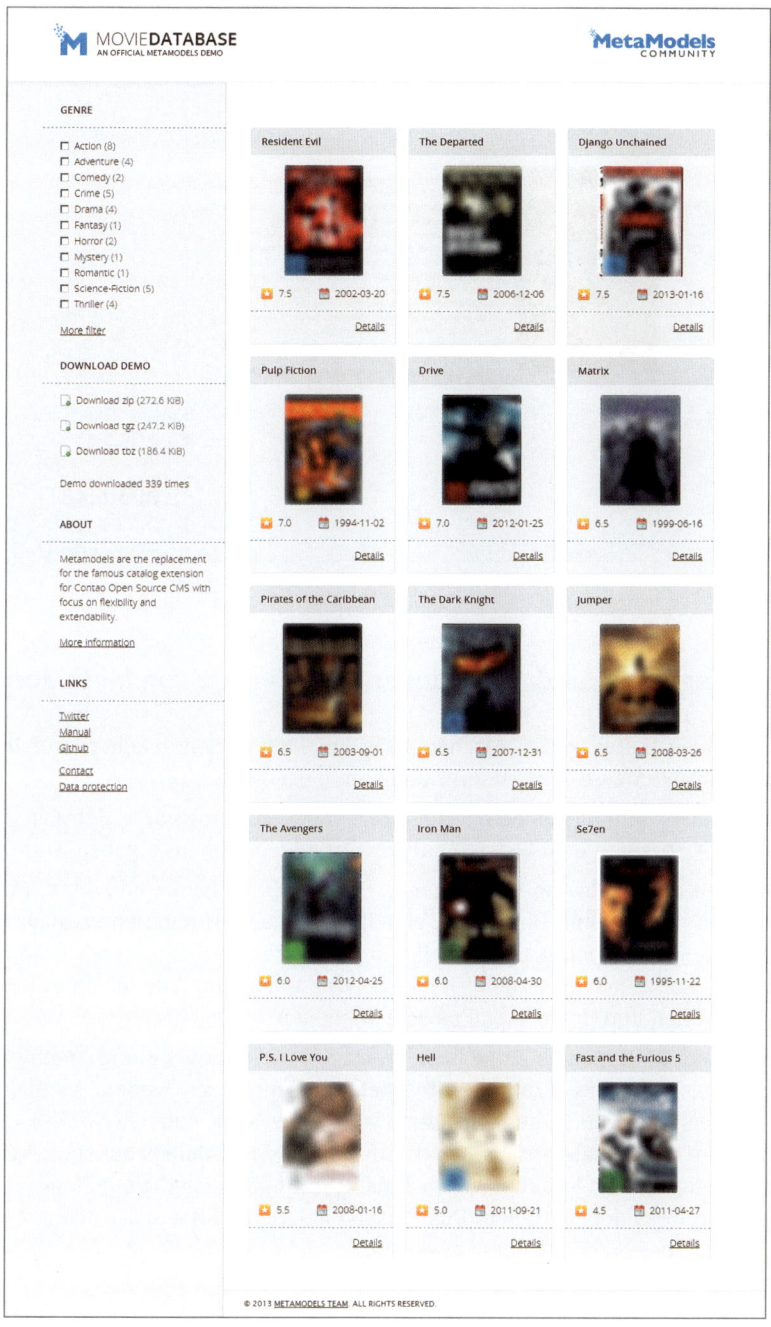

Bild 6.47 Die Demo MetaModels im Frontend – Listenansicht

Bild 6.48
Die Demo MetaModels im
Frontend – Detailansicht

6.8.3 Überlegungen und Anregungen zum Einsatz von MetaModels

Die nachfolgenden Seiten sollen Sie neugierig auf MetaModels machen und Ihnen den Ansatz zur Entwicklung und Arbeit mit Datenbankdesign näher bringen.

Lassen Sie zunächst einmal das Design im Sinne von Gestaltung außer Betracht. Wie müssen welche Informationen erstellt, miteinander verbunden und ausgegeben werden?

Vielleicht haben Sie Erfahrung mit Filemaker[15], einer Datenbankapplikation, mit der Sie auch auf visuelle Weise eine Datenbank erstellen können? Ähnlich ist es auch bei Meta-Models. Sie definieren Datenbankfelder, die Darstellung derselben im Back- und Frontend, ergänzen das Ganze mit Filtern und erhalten so eine Datenbank, die Sie dann komfortabel im Backend befüllen und im Frontend ausgeben können.

Ich möchte Ihnen MetaModels empfehlen, wenn Sie umfangreiche und komplexe Datenbankanwendungen für Ihre Kunden entwickeln und umsetzen wollen. Im Rahmen der Erweiterungsvorstellungen kann kein komplettes Handbuch entstehen, aber es ist mir wichtig, dass Sie den Ansatz und dann den Einsatz von MetaModels bei einer Neukonzeption einer Website stets im Kopf haben. Als Einstieg hilft hier die offizielle Demo, die Sie auf der Website von MetaModels finden. Das Beispiel der Demo lässt sich auch auf eine Portfolio-Sammlung eines Webdesigners anwenden.

Hierzu ein paar Ideen und Anregungen: Damit pflegen Sie dann zum Beispiel Ihr kreatives Portfolio mit allen Referenzen. Dabei werden mehrere Branchen angelegt (Web, Print, Corporate Design etc.), die den jeweiligen Referenzen zugeordnet werden und die Besucher Ihrer Website dann auch gezielt filtern können.

---

[15] *http://www.filemaker.de/*

Der Vorteil liegt auf der Hand: eine einheitliche Eingabemaske im Backend und eine einheitliche Ausgabe im Frontend. Sie „befüllen" die Eingabemasken und die Module der Frontend-Ausgabe, so dass die Referenzen entsprechend ausgegeben und präsentiert werden.

Der (mögliche) Nachteil besteht darin, dass eine individualisierte Darstellung jeder einzelnen Referenz dann nicht mehr so einfach zu erreichen ist – meines Erachtens ist das bei einem einheitlichen Design und einer soliden Planung aber kein wirklicher Nachteil.

Bei der Planung der Portfolio-Datenbank ist es sinnvoll, sich zunächst über den Umfang der Informationen Gedanken zu machen. Notieren Sie dies einfach auf einem Blatt Papier – nichts geht schneller. Ordnen Sie die gesammelten Informationen dann und übertragen dies dann in MetaModels.

6.8.3.1 Planung der Datenbank

- Benötige ich das Ganze gegebenenfalls auch mehrsprachig?
- Welche Felder benötige ich? Welche Feldtypen sind sinnvoll?
- Welche Felder sind – unabhängig der Branche – gleich?
- Welche Felder benötigen welche Feldtypen? Und und und.

Sie ahnen es: Wie zu Anfang beschrieben, die Lernkurve ist steiler. Und da man in der Praxis immer noch am besten lernt, geht es jetzt in die Details.

 PRAXISTIPP: Funktion oder Design zuerst?

Ich selbst definiere bei komplexeren Projekten meist immer zuerst die technische Umsetzung. Klappt das so wie vorgestellt? Wo tauchen Probleme auf? Sind sie lösbar, zum Beispiel mit externer Unterstützung? Dies gilt für alle Anforderungen und einzusetzenden Erweiterungen.

Erst im Anschluss mache ich mich ans Design. Aus Erfahrung verbraucht man manchmal zu viel Zeit, wenn man die Designumsetzung schon fast fertig hat und dann feststellen muss, dass das Ganze funktional so nicht zu verwirklichen ist.

Wie war das: Umwege erhöhen die Ortskenntnisse.

6.8.3.2 Anlegen eines MetaModels (exemplarisch)

Nachfolgend finden Sie einige Screenshots des Backends, die Ihnen einen Eindruck vermitteln sollen, wie es dort bei den MetaModels aussieht (Bild 6.49 bis Bild 6.55). Installieren Sie sich dennoch die Demo und experimentieren Sie damit.

Bild 6.49
MetaModels im Backend nach der Installation

Bild 6.50 Übersicht der angelegten MetaModels

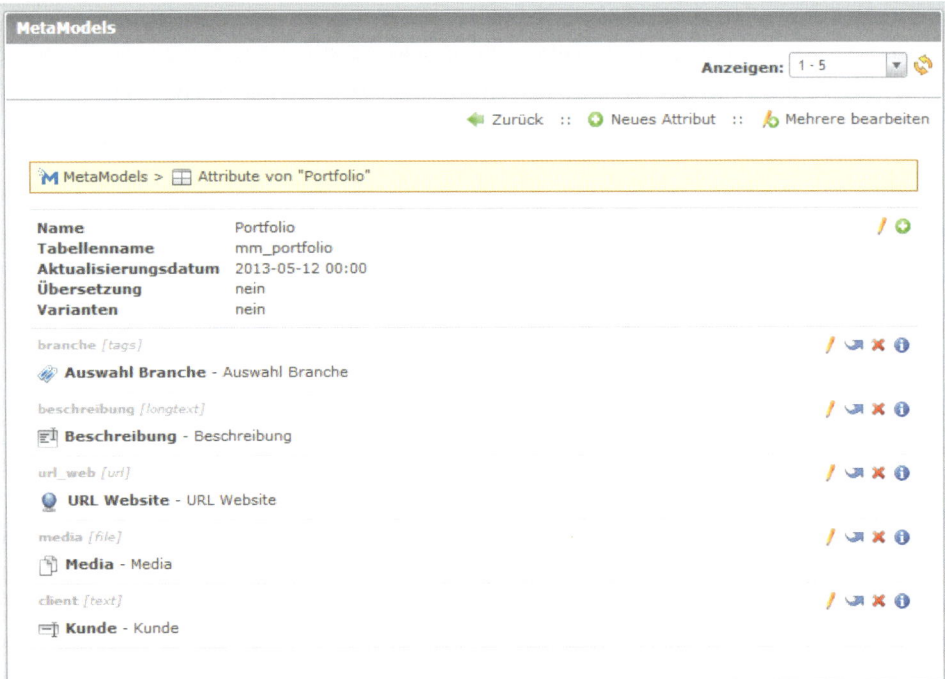

Bild 6.51 Attributübersicht von MetaModels Portfolio

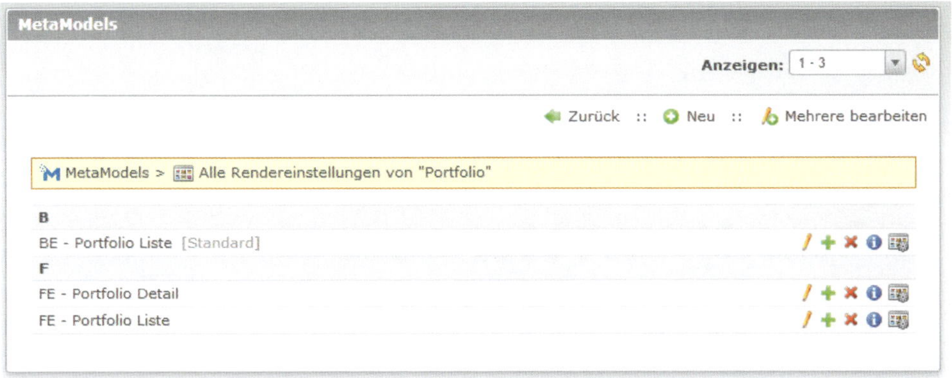

Bild 6.52 Übersicht über die Rendereinstellungen von MetaModels-Portfolio

Bild 6.53 Ein- und Ausgabeoptionen für MetaModels-Portfolio

Bild 6.54 Übersicht über die Datensätze des MetaModels-Portfolio

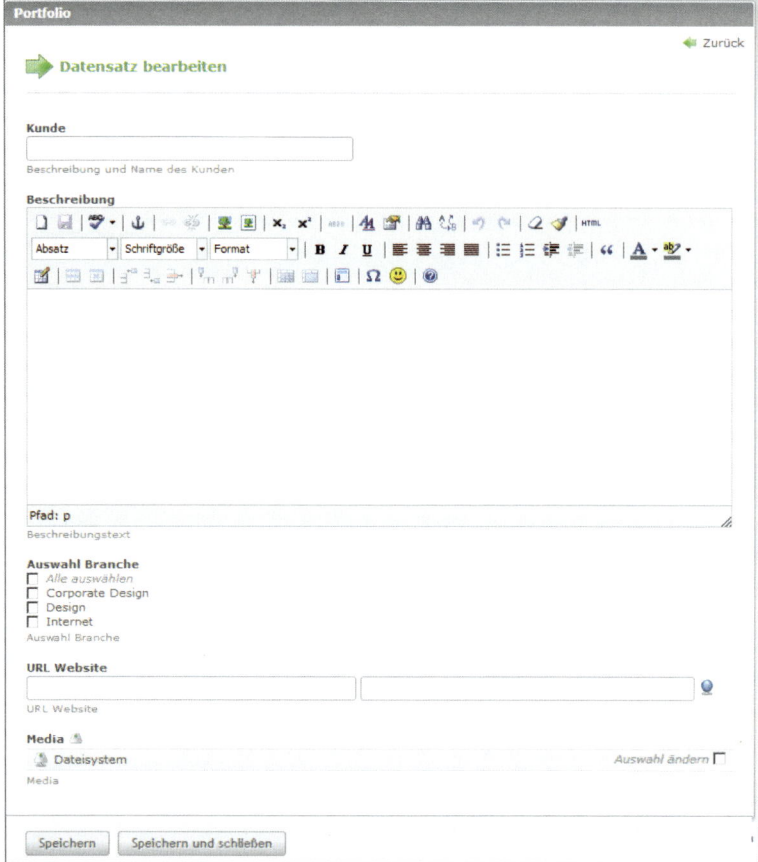

Bild 6.55
Eingabemaske
eines Daten-
satzes in Meta-
Models-Portfolio

6.8.4 Ausblick

MetaModels wird aktiv weiterentwickelt. Viele Stunden Entwicklung, Support und viele Stunden in die Dokumentation sind eingeflossen – wie bei vielen Erweiterungen. Unterstützen Sie die Entwicklung von MetaModels durch aktives Testen, Dokumentieren und auch durch weiteres Fundraising.

■ 6.9 [responsive_images]

Diese Erweiterung von Andreas Nölke bietet die einfache Möglichkeit, Bilder abhängig von der Bildschirmbreite an den Browser auszuliefern.

In diesem Bereich existiert bisher kein eindeutiges Standardverfahren, wie Bilder an den Browser ausgeliefert werden. Es gibt unterschiedlichste Ansätze – server- wie clientseitig –

das zu übertragende Datenvolumen je nach Ausgabegeräte respektive Bildschirmauflösung optimal anzupassen.

Vorteil dieser Erweiterung ist, dass sie ohne Anpassungen von .htaccess-Dateien funktioniert und die Konfiguration sich auf drei Angaben reduziert und sie so schnell anwendbar ist.

Weiterführende Informationen zu [responsive_images] (Entwickler: Andreas Nölke)

Erweiterungsliste:

https://contao.org/de/extension-list/view/responsive_images.html

GitHub: *https://github.com/Zeromax/responsive_images*

6.9.1 Konfiguration

Nach der Installation finden Sie zwei Felder sowie eine Checkbox unter Layout > Einstellungen in der Rubrik Dateien und Bilder (Bild 6.56).

Bild 6.56
Definitionen der Breakpoints

Im Feld Breakpoint tragen Sie die Breakpoints ein, die Sie bei dieser Website einsetzen beziehungsweise bei welchen Bildschirmbreiten neue Bildgrößen erstellt und ausgeliefert werden sollen.

Im Feld Fallback für Bildschirmbreite können Sie eine Breite eingeben, die bei deaktiviertem JavaScript und ohne Cookies verwendet werden soll.

Mit der Checkbox Auflösungs-Cookie können Sie Ihre Website direkt testen und ermitteln, wie sich die Bildgrößen anhand der von Ihnen eingegebenen Breakpoints ändern.

HINWEIS: Deaktivieren Sie die Option „Auflösungs-Cookie" vor der Veröffentlichung Ihrer Website, damit die Bilder entsprechend der Bildschirmbreiten und nicht der Viewportbreiten generiert werden.

Als Praxisbeispiel sehen Sie nachfolgend drei unterschiedliche Szenarien, welche die Funktionsweise sehr gut verdeutlichen.

Bild 6.57
Viewportbreite 994 px

Mithilfe von Firebug und dem Reiter NETZWERK lässt sich überprüfen, welche Datenmengen (Traffic) bei verschiedenen Bildschirmauflösungen übertragen werden. Zum Testen aktivieren Sie die Checkbox AUFLÖSUNGS-COOKIE SETZEN, um so die Viewportbreite anstatt der Bildschirmauflösung anzuwenden.

Vergleichen Sie nun die verschiedenen Viewportbreiten und die jeweils übertragende Datenmenge mit dem Firebug-Tool (Bild 6.58).

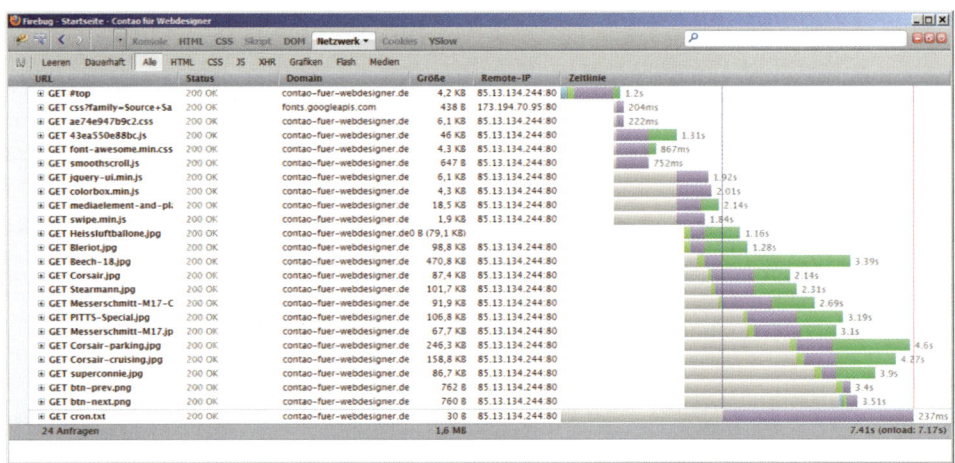

Bild 6.58 Übertragene Datenmenge bei 994 px Viewportbreite

Bei einer Viewportbreite von 994 px werden 1,6 MB übertragen (Bild 6.58). Wie Sie in Bild 6.58 sehen, geht der Hauptanteil auf die Bilder im Slider.

Bild 6.59
Viewportbreite 749 px

Bei einer Viewportbreite kleiner 767 px (dieser Wert wurde in den Einstellungen als Breakpoint gesetzt) werden nur noch rund 850 kB übertragen (Bild 6.60).

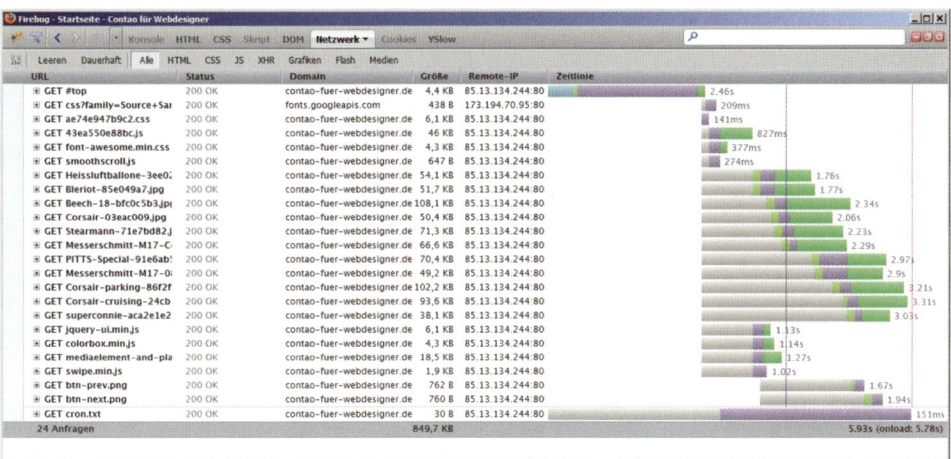

Bild 6.60 Übertragene Datenmenge bei 749 px Viewportbreite

Bild 6.61
Viewportbreite 314 px

Die übertragene Datenmenge bei einer Viewportbreite von 314 px beträgt 250 kB (Bild 6.62).

Anhand der drei gezeigten Viewportbreiten und der jeweils übertragenen Datenmenge wird der klare Vorteil deutlich, den eine „responsive Bildgenerierung" mit sich bringt.

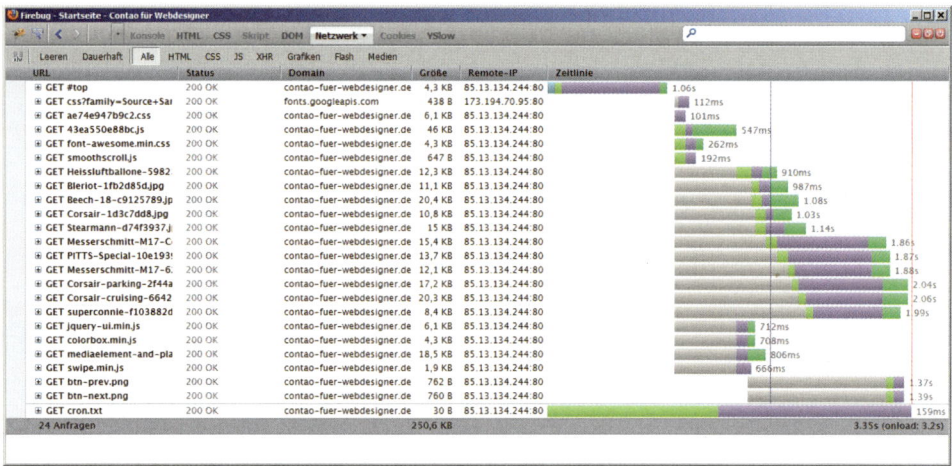

Bild 6.62 Übertragene Datenmenge bei 314 px Viewportbreite

■ 6.10 Spaltenset/Subcolumns

Die Erweiterung Spaltenset macht in erster Linie das, was man vom Namen her erwarten kann. Sie bietet die Möglichkeit, innerhalb eines Artikels zusätzliche Spalten anzulegen. Sie verteilen sich nach definierten prozentualen Werten auf die Breite des Artikels.

Weiterführende Informationen zu Subcolums (Entwickler: Felix Pfeiffer)

Erweiterungsliste:

https://contao.org/de/extension-list/view/subcolumns.de.html

GitHub: *https://github.com/felixpfeiffer/Subcolumns*

Kontakt: *http://www.felixpfeiffer.com*

Dies geschieht durch mehrere Inhaltselemente, die zusätzliches HTML-Markup anlegen. Ein Spaltenset besteht dabei immer aus einem Start- und Endelement sowie aus ein bis vier Trennelementen. Zwischen diesen Elementen werden dann die Inhalte der einzelnen Spalten platziert.

Ein Spaltenset mit drei Spalten sieht wie folgt aus:

- **Startelement**
  - Inhaltselement(e) der ersten Spalte
- **Trennelement 1**
  - Inhaltselemente(e) der zweiten Spalte
- **Trennelement 2**
  - Inhaltselement(e) der dritten Spalte
- **Endelement**

Das Besondere ist, dass die Konfiguration des Spaltensets (Anzahl, prozentuale Aufteilung der Spalten und Abstand zwischen zwei Spalten in px) nur im Startelement definiert wird. Das System erstellt dann automatisch die weiteren Elemente. Gleiches gilt, wenn man nachträglich die Anzahl oder das Breitenverhältnis der Spalten ändern möchte.

Damit ist es für Redakteure sehr einfach, den Inhalt sinnvoll auf der Seite zu verteilen, ohne sich mit mehreren Artikeln und CSS-Klassen „rumärgern" zu müssen (Bild 6.63).

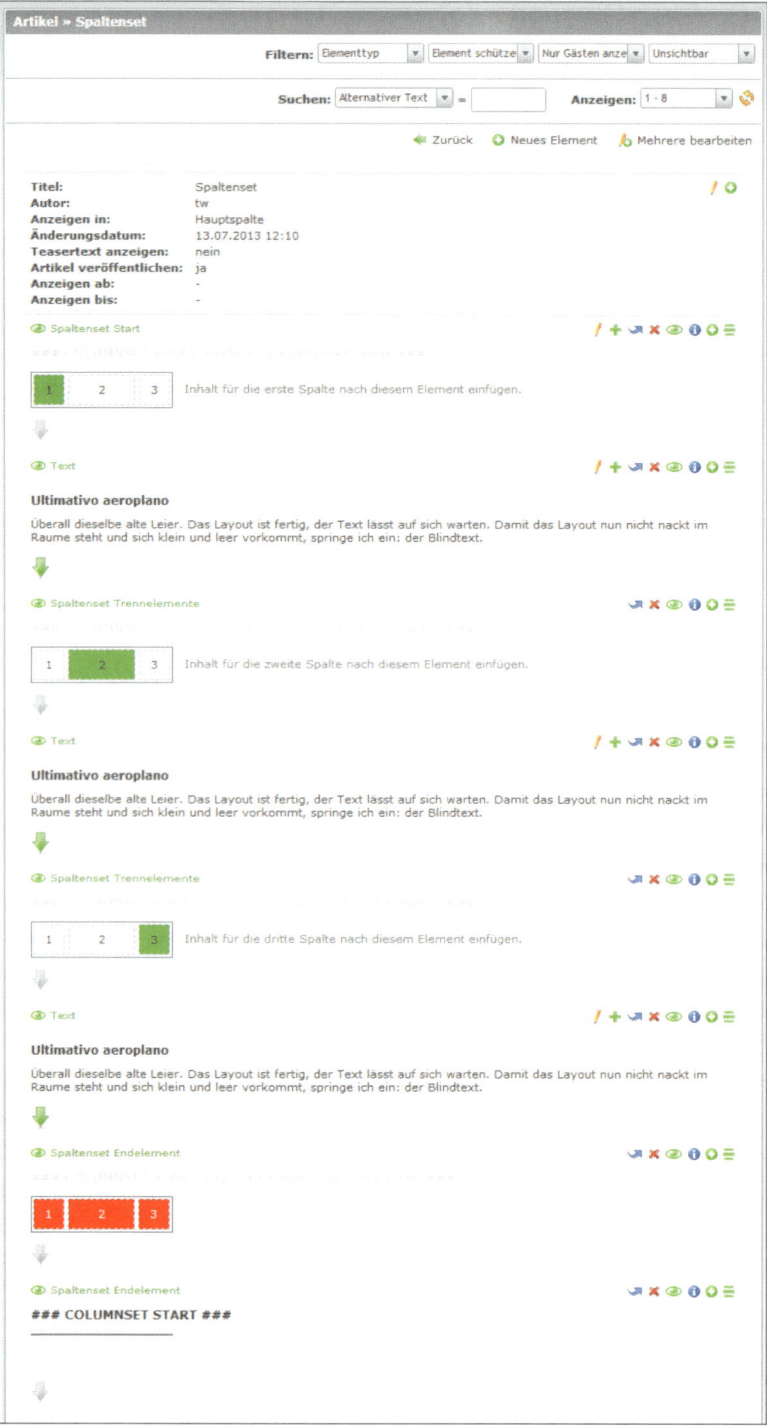

Bild 6.63 Artikelansicht mit Verwendung des Spaltensets

6.10.1 Historie und Ausblick

In der ersten Version (irgendwann 2007) basierte das Spaltenset auf dem CSS-Code der Subtemplates des YAML-Frameworks[16] von Dirk Jesse. Die dazugehörigen CSS-Klassen waren relativ starr in den Code integriert und konnten nur mit hohem Aufwand und nicht updatesicher angepasst werden. Auch ließ sich das Spaltenset nur für Inhaltselemente verwenden. In den folgenden Jahren wurde das Spaltenset dann auch in Formularen und Modulen eingeführt. Nachdem die Unterstützung von YAML 4 integriert und der Ruf der Community nach einer Integration von eigenem CSS-Code oder Code aus anderen CSS-Frameworks anstelle von YAML lauter wurde, erschien im September 2012 die Version 2.0.0. Sie bot dem Entwickler die Möglichkeit, über ein Konfigurations-Array sowohl den HTML-Code als auch das zu verwendende CSS-Grundgerüst zu definieren. Zudem war es möglich, die zur Verfügung stehenden Spalten selbst zu definieren. Man kann also dem Redakteur nur bestimmte Aufteilungen zur Auswahl stellen.

In der nahezu komplett neuen nächsten Version wird die Abhängigkeit der Inhaltselemente (Start-, Trenn- und Endelemente) in eine separate Erweiterung gekapselt. Sie ermöglicht es dann auch anderen Erweiterungen, auf diese Funktion zuzugreifen. Standardmäßig wird sie dann für das Akkordeon und den Slider der Contao-Core-Version zur Verfügung stehen.

Ferner ist geplant, die zur Verfügung stehenden Spaltensets nicht mehr nur global für die gesamte Contao-Installation festzulegen, sondern sie sollen sich auch für einen Seitenbaum oder ein Nachrichtenarchiv beziehungsweise einen Terminkalender definieren lassen.

6.10.2 Bedienung für Administratoren

Nach der Installation stehen zwei CSS-Versionen zur Verfügung: YAML 3 und YAML 4. Jede Version gibt es wiederum in zwei Varianten – normal und erweitert. Normal enthält dabei den kompletten, für die Spaltensets notwendigen Code aus dem jeweiligen YAML-Release. Die erweiterte Version umfasst nur die CSS-Definitionen, die nicht im YAML-Release enthalten sind, und sollte verwendet werden, wenn das Layout der Seite auf YAML basiert.

Vom Administrator eingerichtet stehen dem Redakteur zahlreiche Varianten von zwei bis fünf Spalten mit jeweils unterschiedlichen Breitenverhältnissen zur Auswahl.

Welche Varianten es gibt, wird über ein Konfigurations-Array definiert, welches in der Datei *system/modules/subcolumns/config/config.php* zu finden ist.

Listing 6.11 Konfigurations-Array für Subcolumns

```
/**
 * Spaltensets
 **/
$GLOBALS['TL_SUBCL'] = array(
'yaml3' => array(
'label' => 'YAML 3 Standard', // Label für das Select-Menü
'scclass' => 'subcolumns', // CSS-Klasse des umschließenden Containers
'equalize' => 'equalize', // Klasse für gleichhohe Spalten, soweit vom CSS unterstützt,
```

---

[16] *http://www.yaml.de/*

```
ansonsten false
'inside' => true, // Gibt es einen innere Container
'gap' => true, // Sieht das Template einen manuellen Spaltenabstand vor?
'files' => array( // Ort der CSS-Dateien (css => allgemein, ie => Hack für IE)
'css' => 'system/modules/subcolumns/html/yaml3/subcols.css',
'ie' => 'system/modules/subcolumns/html/yaml3/subcolsIEHacks.css'
),
/*
* Define the sets that can be used as an array.
* Each array contains two or more arrays with the definition for the single columns.
* The key is used as the label in the select menu.
* Example: '50x50' => array(array([class(es) for the first column],[optional classes
for the inside
container]),array([class(es) for the second column],[optional classes for the inside
container]))
*/
'sets' => array(
'20x20x20x20x20' =>
array(array('c20l','subcl'),array('c20l','subc'),array('c20l','subc'),array
('c20l','subc'),array('c20r','subcr')),
'25x25x25x25' =>
array(array('c25l','subcl'),array('c25l','subc'),array('c25l','subc'),array
('c25r','subcr')),
'50x16x16x16' =>
array(array('c50l','subcl'),array('c16l','subc'),array('c16l','subc'),array
('c16r','subcr')),
'33x33x33' => array(array('c33l','subcl'),array('c33l','subc'),array('c33r','subcr')),
'50x25x25' => array(array('c50l','subcl'),array('c25l','subc'),array('c25r','subcr')),
'25x50x25' => array(array('c25l','subcl'),array('c50l','subc'),array('c25r','subcr')),
'25x25x50' => array(array('c25l','subcl'),array('c25l','subc'),array('c50r','subcr')),
'40x30x30' => array(array('c40l','subcl'),array('c30l','subc'),array('c30r','subcr')),
'30x40x30' => array(array('c30l','subcl'),array('c40l','subc'),array('c30r','subcr')),
'30x30x40' => array(array('c30l','subcl'),array('c30l','subc'),array('c40r','subcr')),
'20x40x40' => array(array('c20l','subcl'),array('c40l','subc'),array('c40r','subcr')),
'40x20x40' => array(array('c40l','subcl'),array('c20l','subc'),array('c40r','subcr')),
'40x40x20' => array(array('c40l','subcl'),array('c40l','subc'),array('c20r','subcr')),
'85x15' => array(array('c85l','subcl'),array('c15r','subcr')),
'80x20' => array(array('c80l','subcl'),array('c20r','subcr')),
'75x25' => array(array('c75l','subcl'),array('c25r','subcr')),
'70x30' => array(array('c70l','subcl'),array('c30r','subcr')),
'66x33' => array(array('c66l','subcl'),array('c33r','subcr')),
'62x38' => array(array('c62l','subcl'),array('c38r','subcr')),
'60x40' => array(array('c60l','subcl'),array('c40r','subcr')),
'55x45' => array(array('c55l','subcl'),array('c45r','subcr')),
'50x50' => array(array('c50l','subcl'),array('c50r','subcr')),
'45x55' => array(array('c45l','subcl'),array('c55r','subcr')),
'40x60' => array(array('c40l','subcl'),array('c60r','subcr')),
'38x62' => array(array('c38l','subcl'),array('c62r','subcr')),
'33x66' => array(array('c33l','subcl'),array('c66r','subcr')),
'30x70' => array(array('c30l','subcl'),array('c70r','subcr')),
'25x75' => array(array('c25l','subcl'),array('c75r','subcr')),
'20x80' => array(array('c20l','subcl'),array('c80r','subcr')),
'15x85' => array(array('c15l','subcl'),array('c85r','subcr'))
)
),
```

Möchte man die Anzahl und Aufteilungen der Spalten abweichend von dieser Config-Datei definieren, kann man dies entweder in einer Erweiterung (zum Beispiel *subcolumns_extended*) oder in der *initconfig.php* im Config-Ordner von Contao machen (**nicht** in der *dcaconfig. php*, da diese nur im Backend gelesen wird).

Listing 6.12 zeigt ein Beispiel für die *initconfig.php*.

Listing 6.12 Beispiel-Code für die initconfig.php

```
$GLOBALS['TL_SUBCL']['yaml3' ]['sets'] = array(
'33x33x33' => array(array('c33l','subcl'),array('c33l','subc'),array('c33r','subcr')),
'50x50' => array(array('c50l','subcl'),array('c50r','subcr'))
);
```

Damit würde dem Redakteur, sollte der Admin YAML 3 ausgewählt haben, nur die Aufteilung für drei Spalten mit 33 Prozent oder zwei Spalten mit 50 Prozent zur Verfügung stehen.

Ergänzend existiert auch die Erweiterung *subcolumns_bootstrap_customize*[17]. Damit und unter Verwendung von Bootstrap3[18] können die Bootstrap-Klassen genutzt werden.

■ 6.11 Tabcontrol

Die Erweiterung Tabcontrol von Christian Barkowsky ermöglicht es, Inhalte in sogenannten Tabs oder Reitern darzustellen. Ähnlich wie Akkordeons lassen sich Informationen platzsparend einbinden. Diese Erweiterung ist zum Zeitpunkt des Schreibens (August 2013) als MooTools-Version einsetzbar – an einer jQuery-Version wird gearbeitet und steht dann auch für dieses JavaScript-Framework zur Verfügung.

Weiterführende Informationen zu Tabcontrol (Entwickler: Christian Barkowsky)

Erweiterungsliste: *https://contao.org/de/extension-list/view/tabcontrol.html*

GitHub: *https://github.com/christianbarkowsky/tabcontrol*

6.11.1 Installation und Konfiguration

Nachdem Sie die Erweiterung über den Erweiterungskatalog im Backend installiert haben, steht Ihnen innerhalb eines Artikels ein neues Inhaltselement unter Text-Elemente > Reiter zur Auswahl zur Verfügung (Bild 6.64).

---

[17] *https://contao.org/de/extension-list/view/subcolumns_bootstrap_customize.de.html*
[18] *http://getbootstrap.com*

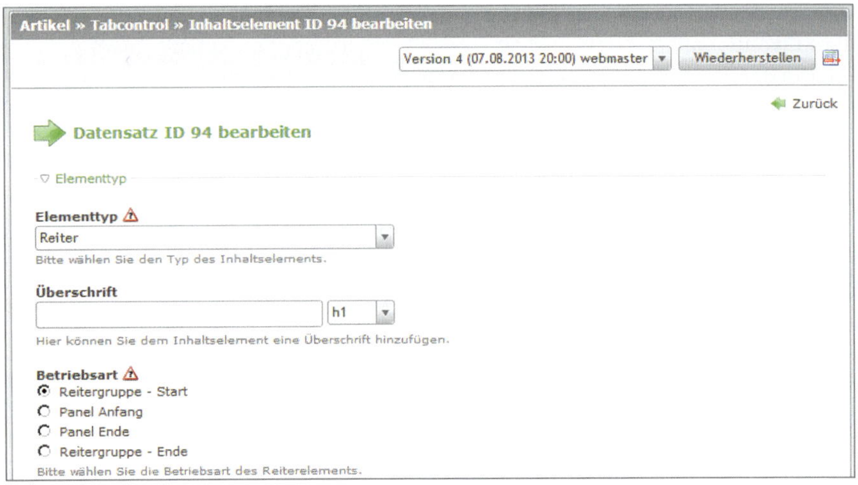

Bild 6.64 Elementtyp Reiter

Die vier Betriebsarten werden gleich erklärt. Zuerst wählen Sie die BETRIEBSART REITER-GRUPPE – START aus. Innerhalb dieses Inhaltselementes werden auch die weiteren Funktionen definiert (Bild 6.65).

Bild 6.65 Reitereinstellungen

Legen Sie die Anzahl an REITERÜBERSCHRIFTEN an, die Sie später als Tabs (Reiter) anzeigen wollen. Anschließend wählen Sie noch die VERHALTENSWEISE aus: *Anklicken* (onClick) oder *Berühren* (onHover).

Die Option für Cookies ermöglicht das Verhalten der Reiter über Cookie-Werte – welche über andere Erweiterungen gesetzt werden – zu beeinflussen. Als Beispiel: Die Erweiterung XY setzt Cookies vom Namen „meinCookie". Im ersten Fall wird der Wert 7 gesetzt, im zweiten der Wert 12 und im dritten Fall der Wert 20.

In TabControl wird bei Cookie „meinCookie" eingegeben und die entsprechenden Cookie-Werte werden den Reitern zugeordnet. TabControl setzt selbst keine Cookies.

Im Bereich AUTOPLAY lassen sich noch die Optionen einstellen, wie es in Bild 6.66 zu sehen ist. Legen Sie hier fest, ob die einzelnen Reiter überblenden sollen und diese selbst ablaufend sind.

Bild 6.66 Einstellungen für Autoplay

Wie Sie schon in Bild 6.64 gesehen haben, gibt es vier Betriebsarten für die Reiter. Damit der Inhalt eines Reiters im Frontend komplett erscheint, werden noch weitere Elemente benötigt. Der prinzipielle Aufbau sieht wie folgt aus:

Reitergruppe – Start

  Panel Anfang

  Inhalt des Reiters zum Beispiel Text, Bilder, Galerien etc.

  Panel Ende

Reitergruppe – Ende

Die beiden Elemente REITERGRUPPE – START und REITERGRUPPE – ENDE umfassen quasi alle Reiter. Für jeden Inhalt, der in einem Reiter angezeigt werden soll, benötigt man ein umschließendes Element PANEL ANFANG und PANEL ENDE.

Wenn Sie nun einen weiteren Reiter verwenden wollen, benötigen Sie noch ein weiteres Panel-Paar, in dem dann ein weiterer Inhalt platziert wird.

Reitergruppe – Start

  Panel Anfang

  Inhalt des Reiters zum Beispiel Text, Bilder, Galerien etc.

  Panel Ende

  Panel Anfang

  Inhalt des Reiters zum Beispiel Text, Bilder, Galerien etc.

  Panel Ende

Reitergruppe – Ende

 HINWEIS: Erstellen Sie nur so viele Überschriften im ersten Inhaltselement Reitergruppe – Start, wie Sie Panels anlegen. Sonst kommt es zu einem Fehlverhalten beziehungsweise einer nicht korrekten Darstellung im Frontend.

6.11.2 Beispiele aus der Praxis

Sie finden auf der Beispiel-Website zum Buch in der Contao-Installation eine Seite Tabcontrol, in der Sie die beiden in Bild 6.67 abgebildeten Beispiele finden.

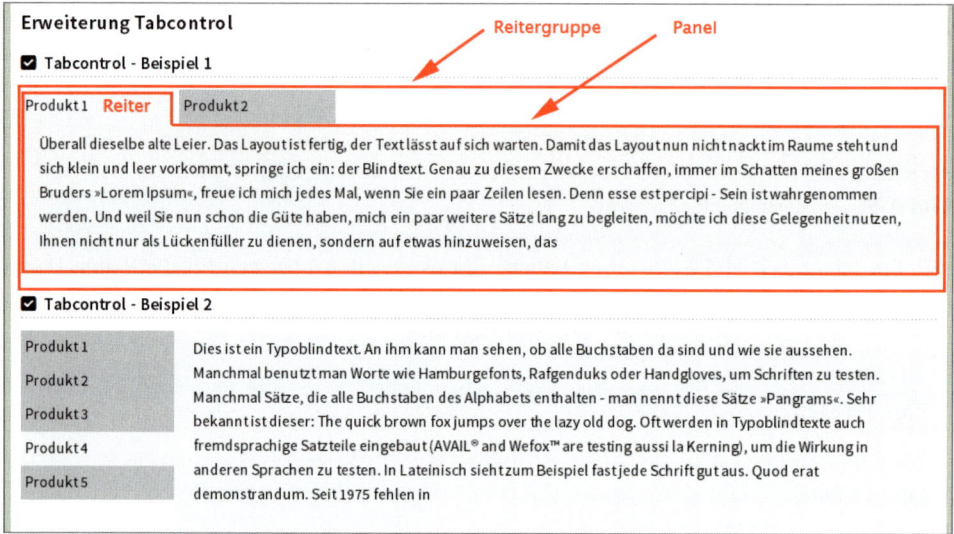

Bild 6.67 Darstellungsmöglichkeiten der Reiter

Die CSS-Definitionen für die beiden Beispiele finden Sie in Listing 6.13 und Listing 6.14.

Listing 6.13 CSS-Definitionen für Beispiel 1

```
/* tabcontrol beispiel 1 */
.tabs {
    background: #CCCCCC;
    float: left;
    margin: 0px;
    padding: 0px;
    width: 150px;
}

li.tabs {
    margin: 0px 5px 0px 0px;
    padding: 5px;
}

.tabs.selected {
    background: #EFEFEF;
}

.tabs:hover {
    background: #FF3300;
    cursor: pointer;
}
```

```css
.tabs.selected:hover {
    background: #EFEFEF;
}


.tabcontrol_panes {
    background: #EFEFEF;
    margin: 0px;
    padding: 10px 0px;
}
```

Listing 6.14 CSS-Definitionen für Beispiel 2

```css
/* tabcontrol beispiel 2 */

.verticaltabs .tabs {
    background: #CCCCCC;
    float: none;
    margin: 0px;
    padding: 5px 0 5px 5px;
    width: 155px;
}

verticaltabs li.tabs {
    margin: 0;
    padding: 5px;
}

.verticaltabs .tabs.selected {
    background: #EFEFEF;
}

.verticaltabs .tabs:hover {
    background: #FF3300;
    cursor: pointer;
}

.verticaltabs .tabs.selected:hover {
    background: #EFEFEF;
}

.verticaltabs .tabcontrol_panes {
    background: #EFEFEF;
    float: right;
    margin: 0px;
    padding: 10px 0px;
    position: relative;
    top: -190px;
    width: 780px;
}
```

Sie können auch Bilder und Text kombinieren, wie es die beiden Beispiele in Bild 6.68 und Bild 6.69 zeigen.

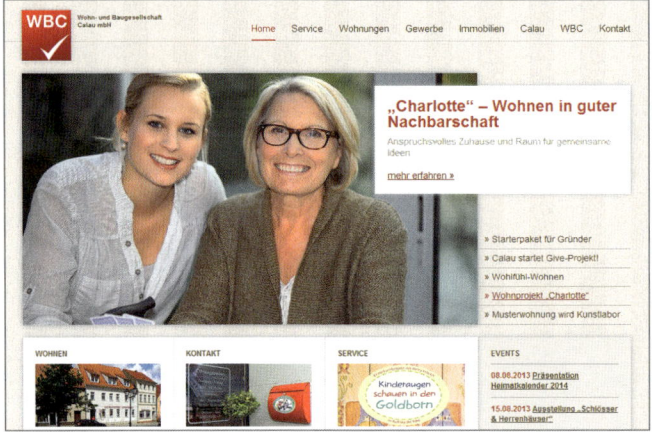

Bild 6.68
Praxisbeispiel WBC[19]

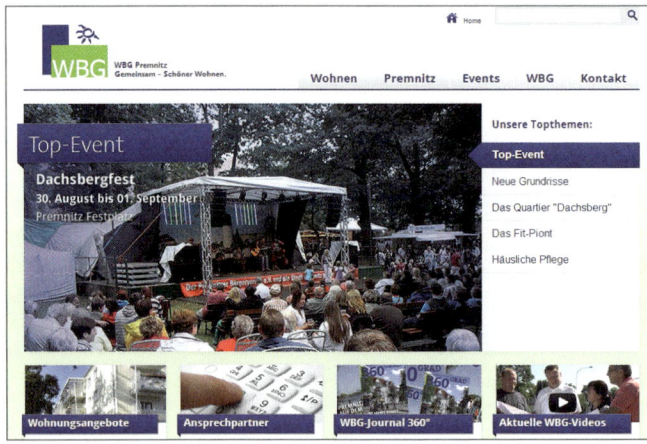

Bild 6.69
Praxisbeispiel WBG[20]

■ 6.12 Backend-Helfer

Die Erweiterungen, die man von Joe Ray Gregory kennt, unterstützen das Arbeiten im Backend von Contao (Stichwort „Usability").

6.12.1 m17-sticky-backend-footer

Eine der ersten Erweiterungen für das Backend von Joe Ray Gregory ist **m17sticky_backend_footer**. Diese Erweiterung platziert die am Ende einer Backendseite angeordneten

---

[19] *http://www.wbc-calau-wohnungen.de/*
[20] *http://www.wbg-premnitz.de/*

Buttons für Speichern, Speichern und Schliessen und Speichern und Neu am unteren Browser-Fensterrand, so dass man bei längeren Backend-Seiten nicht immer bis nach unten scrollen muss.

Weiterführende Informationen zu m17sticky_backend_footer (Entwickler: Joe Ray Gregory)

Erweiterungsliste:

https://contao.org/de/extension-list/view/m17-sticky-backend-footer.de.html

GitHub: *https://github.com/may17/*

Kontakt: *www.slash-works.de*

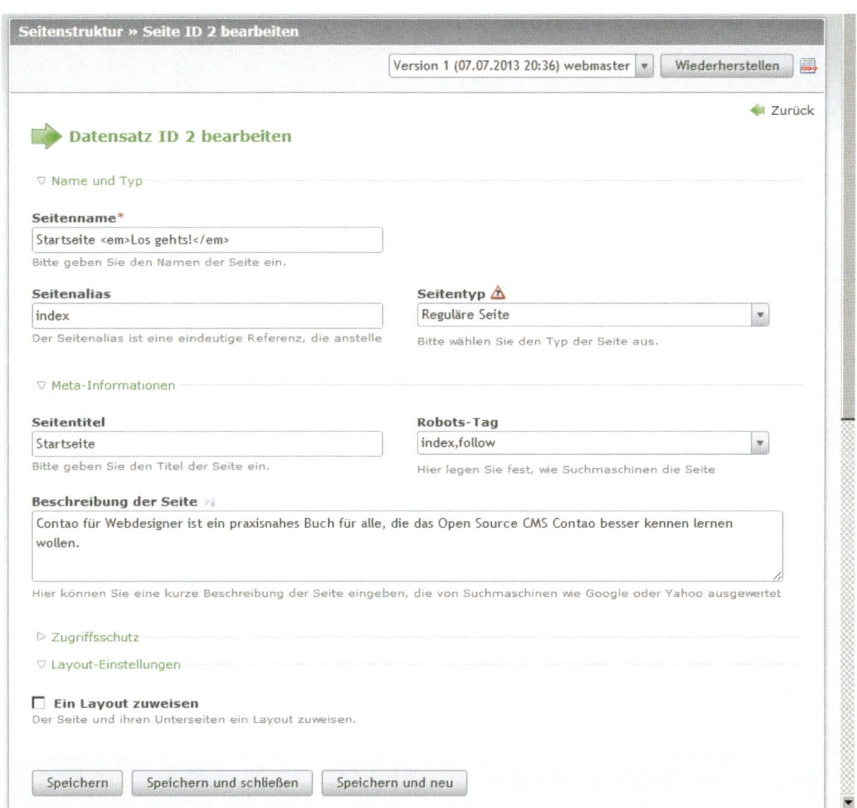

Bild 6.70 Sticky-Backend-Footer in Aktion

Achten Sie einmal in Bild 6.70 rechts auf den Scrollbalken. Obwohl der Seiteninhalt um einiges länger ist, werden die drei Buttons sichtbar angezeigt. Erst wenn man auf einer Seite bis ganz nach unten scrollt, wird wieder die Contao-eigene Funktion aktiv (Bild 6.71).

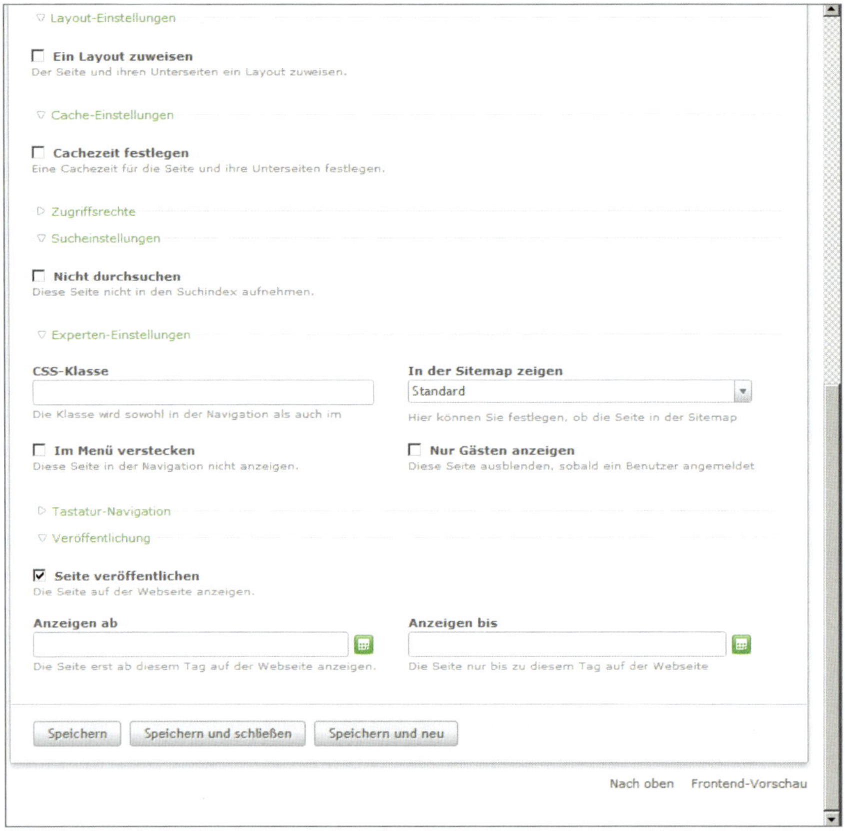

Bild 6.71 Standard-Buttons von Contao am Ende der Seite

Es gibt zwar auch die Shortcuts zum Speichern einer Seite, aber meist ist das intuitive Klicken doch der (schnellere) Weg zum Speichern.

Fazit: Einmal installiert fragt man sich, wie man je ohne konnte.

Natürlich stehen Ihnen auch die Tastaturkürzel von Contao zum Speichern etc. zur Verfügung.

6.12.2 ThemeTab

Auch die Erweiterung *ThemeTab* bietet Komfort im Backend. Auch hier gilt: Einmal installiert und damit gearbeitet, möchte man nur ungern darauf verzichten. Damit werden die Mauskilometer eines Arbeitstages deutlich verringert, ermöglicht „Tabben" doch das schnellere Umschalten zwischen den Bereichen Stylesheets, Frontend-Module und Seitenlayouts.

Weiterführende Informationen zu ThemeTab

Erweiterungsliste: *https://contao.org/de/extension-list/view/themeTabs.html*

GitHub: *https://github.com/slashworks/contao-themeTabs*

Kontakt: *www.slash-works.de*

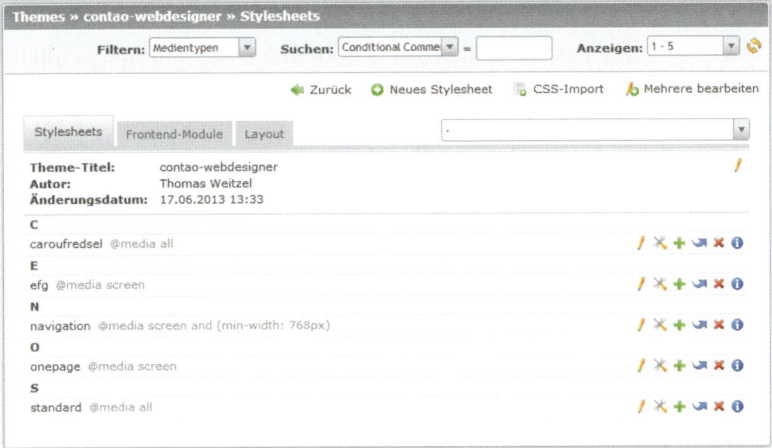

Bild 6.72 ThemeTab im Einsatz

Gerade zwischen den Bereichen Stylesheets und Frontend-Module wechselt man während der Entwicklung doch häufig.

Eine weitere, sehr nützliche Funktion bietet das oben rechts zu sehende Suchfeld (Bild 6.73). Dort können Sie nun zum Beispiel nur den ersten Buchstaben eines angelegten Frontend-Moduls eintippen und schon stehen in der Auswahl die Frontend-Module zur Verfügung, die mit diesem Buchstaben beginnen. Feine Sache!

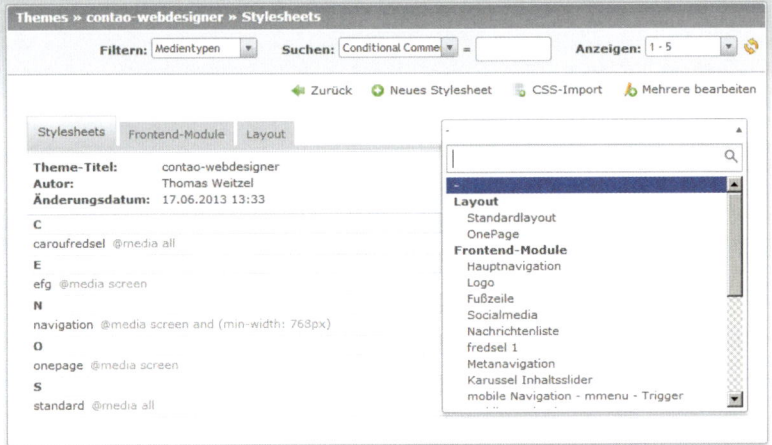

Bild 6.73 Schnellsuche nach Layouts, Frontend-Modulen und Stylesheets

Das erleichtert das schnelle Arbeiten im Backend von Contao ungemein. In Kombination mit *EasyThemes*, das schon vorgestellt wurde, ist *ThemeTab* ein echter Kilometerkiller.

■ 6.13 TinyMCE-Customizer

Diese Erweiterung erlaubt es, unterschiedlichste Anforderungen für die Konfiguration des WYSIWYG-Editors TinyMCE auf einfache Weise im Backend zu erstellen.

Gerade dann, wenn viele Redakteure mit unterschiedlichen Berechtigungen Inhalte ändern sollen, ist TinyMCE-Customizer sehr hilfreich. War man bisher auf das Anpassen von TinyMCE via DCA-Einträgen angewiesen, so kann man dies nun bequem im Backend erledigen.

Christoph Wiechert aka Psi hat diese Erweiterung als erste Contao-Erweiterung mit Crowd-funding[21] durch die Contao-Community realisiert.

Weiterführende Informationen zum TinyMCE-Customizer (Entwickler: Christoph Wiechert)

Erweiterungsliste:

https://contao.org/de/extension-list/view/TinyMCE_Customizer.de.html

GitHub: *https://github.com/psi-4ward/TinyMCE_Customizer*

6.13.1 Konfiguration

Nach der Installation der Erweiterung wird sie als Eintrag in der linken Spalte unter SYSTEM angezeigt (Bild 6.74).

Bild 6.74
Darstellung von TinyMCE-Customizer im Backend

6.13.1.1 Was kann der TinyMCE-Customizer?

- Aktivierung gewünschter PlugIns
- Drag-and-Drop-Anordnung der Controlbuttons in bis zu drei Reihen

---

[21] *https://www.facebook.com/4wardmedia/posts/393973643974052*

- Setzen diverser Optionen
- serverseitige Tag-Filterung
- Filebrowser-Schnittstelle
- Definition von Schriftarten, Schriftgrößen, Blockformaten, Farben etc.
- Festlegung der zu ladenden content_css (Auswahl der tinymce.css-Datei)
- Import/Export von Konfigurationen
- bundled TinyMCE PlugIns: fullscreen, contextmenu, visualchars

Neben den vielen detaillierten Konfigurations-Methoden sticht die Import- und Exportfunktion heraus. So können einmal angelegte Sets auch in weiteren Projekten weiter verwendet und müssen nicht jedes Mal aufs Neue erstellt werden.

Die Installation liefert gleich zwei Konfigurationen (Bild 6.75) mit: eine Standard- (Contao Standard) und eine eingeschränkte Konfiguration (Reduced).

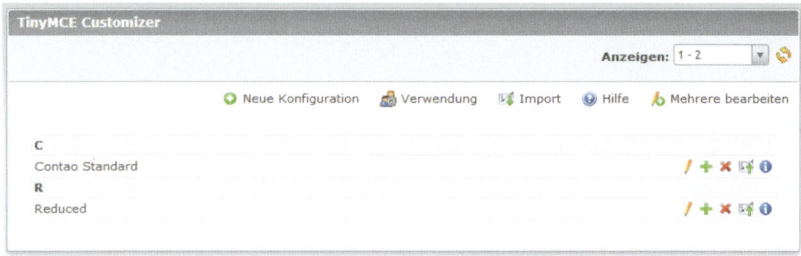

Bild 6.75 Ansicht der Konfigurationen des TinyMCE-Konfigurators

Der wesentliche Unterschied: Im Vergleich zur Konfiguration Contao Standard (Bild 6.76) stellt die Konfiguration Reduced (Bild 6.77) deutlich weniger Funktionen (Icons) in der Toolbar bereit.

Bild 6.76 TinyMCE-Toolbar der Konfiguration Contao Standard

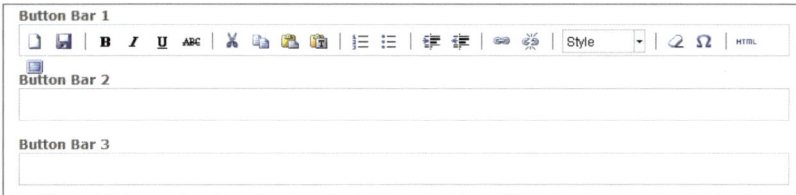

Bild 6.77 TinyMCE-Toolbar der Konfiguration Reduced

Werfen wir exemplarisch einen kurzen Blick auf die Einstellmöglichkeiten am Beispiel des Standardsets. Die TinyMCE-PlugIns lassen sich im ersten Schritt einfach aktivieren oder deaktivieren (Bild 6.78).

TinyMCE Customizer » Konfiguration ID 2 bearbeiten

Version 2 (06.08.2013 14:24) webmaster | ▾ | Wiederherstellen

◀ Zurück

Datensatz ID 2 bearbeiten

▽ Name

Name*

Contao Standard

alias

contao-standard

Vergeben Sie einen Namen für die Konfiguration.

▽ Plugins

Plugins

☐ *Alle auswählen*

☑ Bilder
   Stellt den Dialog zum einfügen und verwalten von Bildern bereit.

☐ Kontextmenü
   Es können Optionen anhand eines Kontextmenüs aufgerufen werden.

☑ Schreibrichtung
   Fügt Buttons zur Konfiguration der Schreibrichtung ein.

☑ Smilies
   Dieses Plugin fügt Smilies in den Inhalt ein.

☐ Vollbild
   Ermöglicht die Bearbeitung im Vollbildmodus.

☑ Einfügen
   Stellt Buttons zum einfügen von Plaintext und MS-Word bereit.

☑ Suchen & Ersetzen
   Dieses Plugin ermöglicht ein Suchen&Ersetzen.

☑ Rechtschreibprüfung
   Unterüstzung für eine Rechtschreibprüfung.

☑ Formatvorlagen
   Einbinden von Vorlagen.

☑ Tabellen
   Dieses Plugin stellt Optionen zur Tabellenbearbeitung bereit.

☑ Templates
   Hiermit können vordefinierte Templates als Bausteine eingefügt werden.

☐ Zeichentabelle
   Auswahl von Sonderzeichen anhand einer Auflistung.

☑ Contao-Links
   Fügt das Contao Link-Plugin ein.

Hier können Sie verschiedene TinyMCE Plugins aktivieren.

Bild 6.78 Einstellungen Teil 1

Eine weitere Erleichterung verspricht die Drag-and-Drop-Funktion, mit der Funktionen durch das Einfügen oder Entfernen der Icons in die Button-Bar aktiviert oder deaktiviert werden können (Bild 6.79).

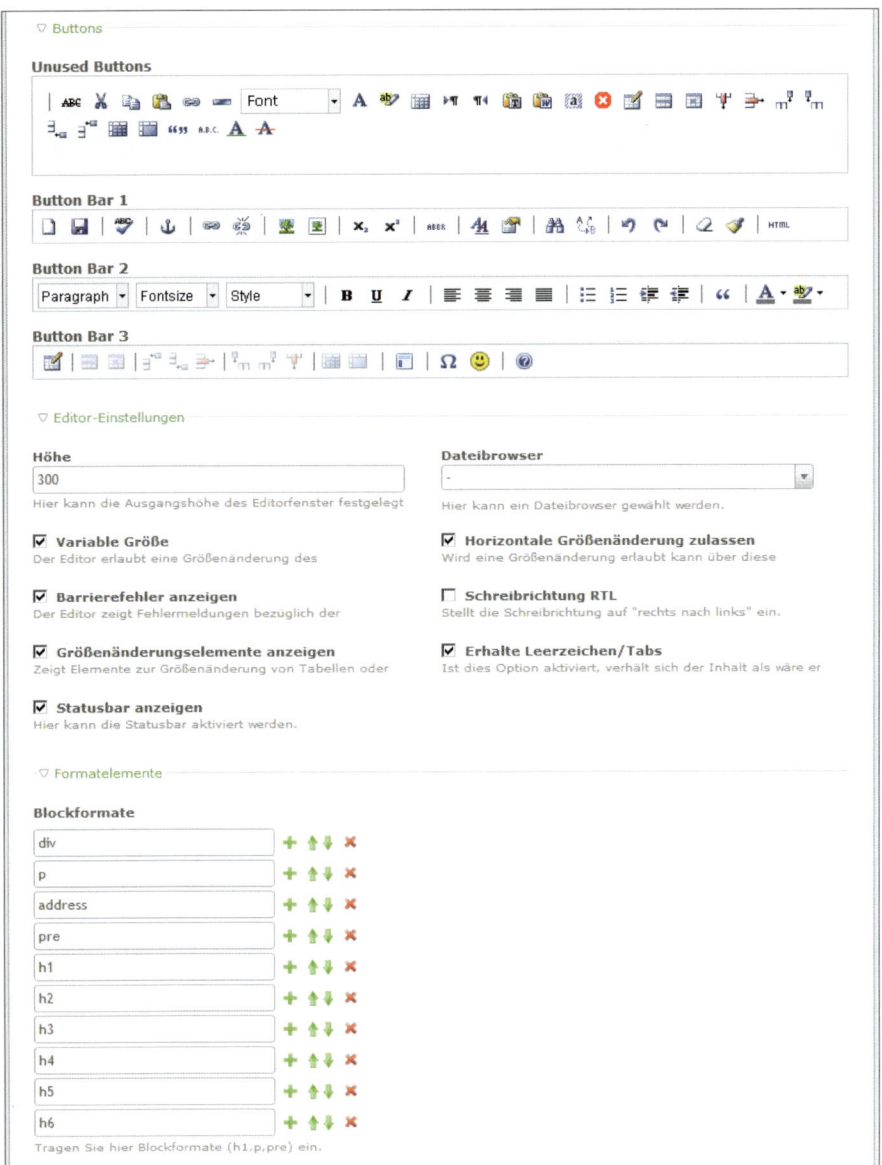

Bild 6.79 Einstellungen Teil 2

Schriftarten, Schriftgrößen und vordefinierte Werte für die Dropdown-Liste lassen sich festlegen (Bild 6.80).

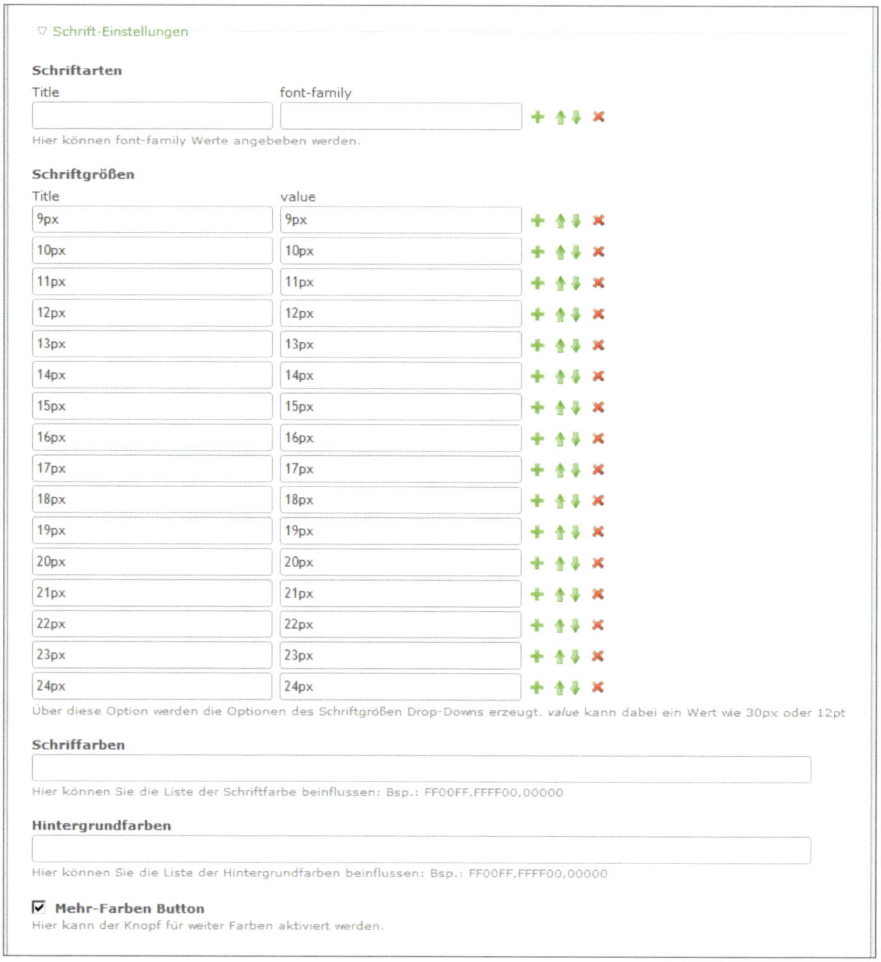

Bild 6.80 Einstellungen Teil 3

Zudem können spezielle Formatierungen für TinyMCE eingegeben werden (Bild 6.81). Sie sind auf der Website von TinyMCE dokumentiert[22].

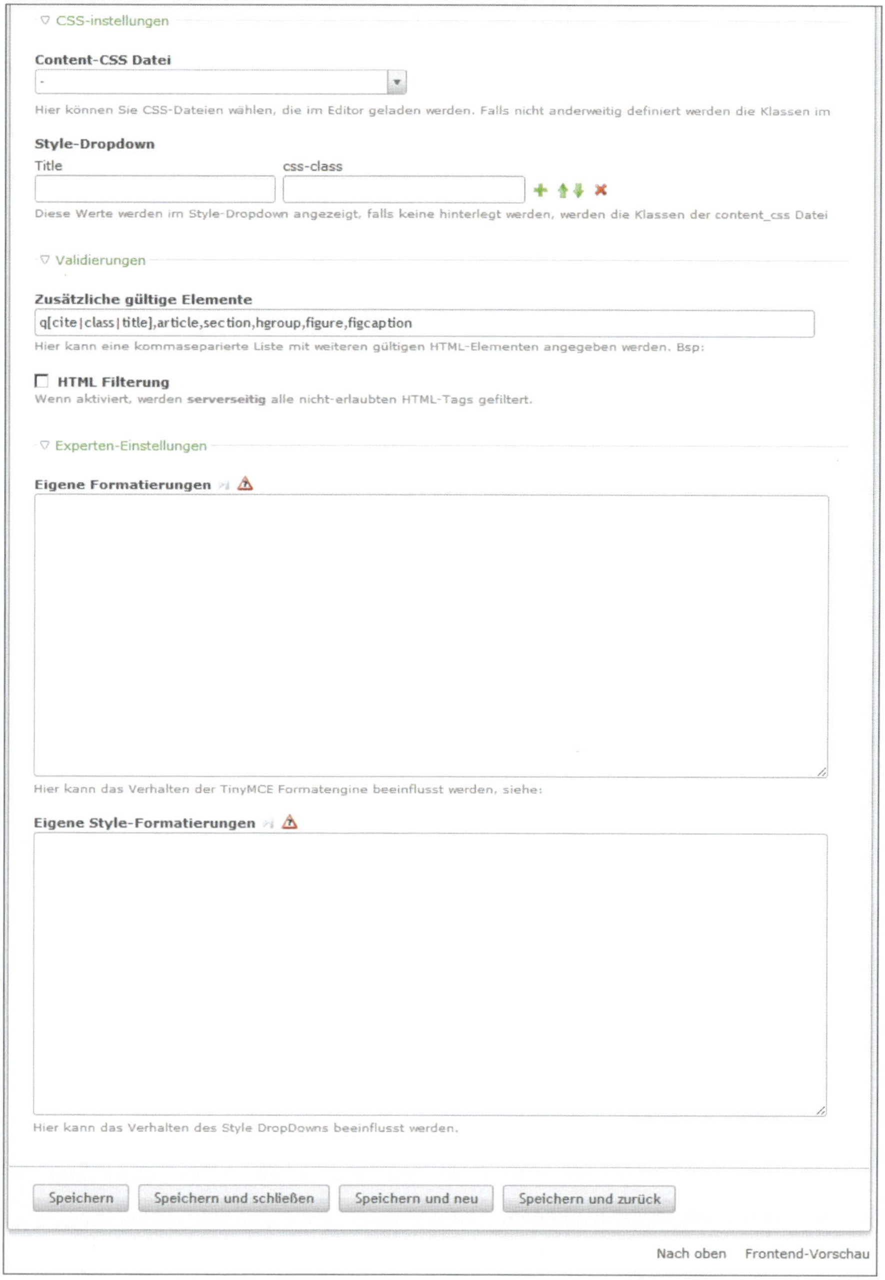

Bild 6.81 Einstellungen Teil 4

---

[22] http://www.tinymce.com/wiki.php/Configuration:formats

6.13.2 Verwendung

Unter dem Menüpunkt *Verwendung* lassen sich verschiedene Szenarien erstellen. So kann hier ein Konfigurations-Set einer bestimmten Benutzergruppe zugewiesen werden, die dann wiederum nur auf speziellen Seiten oder in zugewiesenen Seitenlayouts mit dem konfigurierten TinyMCE arbeiten kann (Bild 6.82).

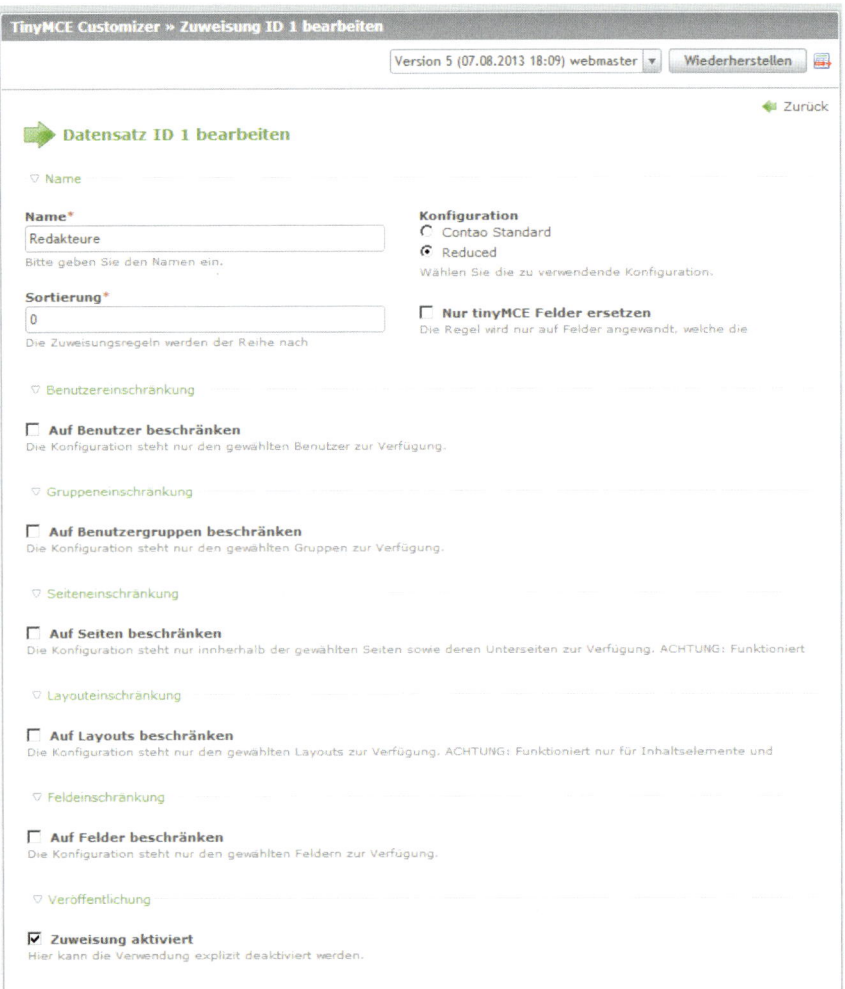

Bild 6.82 Zuweisung einer Konfiguration

- Drag-and-Drop-Sortierung der Regeln
- Beschränkung auf einzelne Benutzer
- Beschränkung auf Benutzergruppen
- Beschränkung auf Seiten inklusive deren Unterseiten

- Beschränkung auf Layouts
- Beschränkung auf Tabellen
- Beschränkung auf einzelne Felder

Unter Verwendung lassen sich die einzelnen Konfigurationen auf Benutzer und Benutzergruppen festlegen. Ebenso kann die Gültigkeit nur für bestimmte Seiten oder Layouts angewendet oder auch nur einzelnen Feldern und deren Werten zugeordnet werden.

7 Contao-Kochbuch

Je nach dem, wann Sie Ihre Jugend erlebt haben, ist Ihnen Max Inzinger oder Tim Mälzer als Fernsehkoch ein Begriff – vielleicht ist auch keiner der beiden Ihr Kochstar. In diesem Kapitel werden einige „Rezepte" vorgestellt, die man täglich verwenden kann. Natürlich kann dies immer nur einen Ausschnitt abbilden – im besten Fall ist auch jedes Design und jede Website individuell zubereitet.

Folgende Themen erwarten Sie:

- Individuelle Scrollbalken mit jQuery
- Anpassung von individuellen Social-Media-Bars
- Integration von Icon-Fonts
- Anpassung der Nachrichten-Templates: Datum und Uhrzeit
- Anpassung der Akkordeon-Elemente
- Beispiele für den Einsatz von Inserttags, Mehrsprachigkeit iflang

■ 7.1 Individuelle Scrollbalken mit jQuery

Hin und wieder soll ein Design so umgesetzt werden, dass eine einheitliche Seitenhöhe eingehalten wird und dennoch Texte und Grafiken durch Scrollen erreichbar bleiben sollen. Die Lösung sind hier Scrollbalken, damit die Inhalte komplett lesbar sind und visuell nicht abgeschnitten werden. Doch mit den Standard-Scrollbalken wird das Design schnell unansehnlich und verliert seine Eleganz (Bild 7.1).

Mithilfe eines jQuery-Skriptes können Sie Einfluss auf die visuelle Darstellung von Scrollbalken nehmen – die optische Rettung naht (Bild 7.2).

Bild 7.1 Textboxen mit Standard-Scrollbalken

Bild 7.2 Textboxen mit eleganten Scrollbalken dank jQuery

Als Beispiel für ein einfach einzubindendes jQuery-Skript dient folgendes Skript:

jQuery custom content scroller[1].

Dieses Skript bietet vielfältige Möglichkeiten der Konfiguration, ist ausreichend dokumentiert und wird aktuell gehalten (Stand: August 2013).

Die Einbindung in Contao ist nicht schwer – daher gehen wir gleich ans Werk. Laden Sie sich zunächst das Archiv von der Website auf Ihren Rechner und entpacken Sie es. Dann erstellen Sie sich im Dateiverzeichnis (Bild 7.3) am besten einen neuen Ordner, zum Beispiel *scroller*.

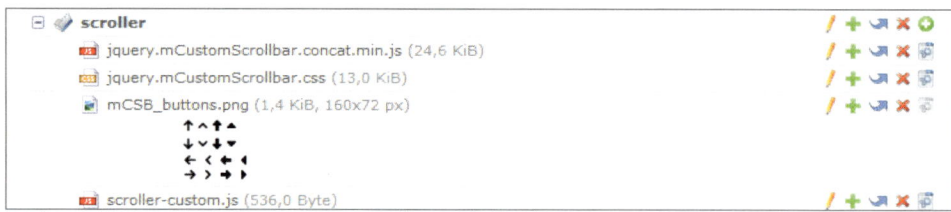

Bild 7.3 Inhalte des Ordners scroller für die jQuery-Scrollbar

---

[1] *http://manos.malihu.gr/jquery-custom-content-scroller/*

In diesen Ordner laden Sie nun die Dateien *jquery.mCustomScrollbar.css*, *jquery.mCustom Scrollbar.concat.min.js* und *mCSB_buttons.png* aus dem entpackten Archiv. Zur Datei *scroll-custom.js* erfahren Sie gleich mehr.

Als Nächstes werden die beiden Dateien *jquery.mCustomScrollbar.css* und *jquery.mCustom-Scrollbar.concat.min.js* im Seitenlayout eingebunden. Öffnen Sie dazu das Seitenlayout und fügen zunächst den Code für die Einbindung des CSS in das Feld ZUSÄTZLICHE <HEAD>-TAGS ein (Listing 7.1).

Listing 7.1 Codezeile zum Einbinden der CSS-Datei

```
<link href="files/scroller/jquery.mCustomScrollbar.css" rel="stylesheet"
type="text/css" />
```

Fügen Sie nun den Code für die Einbindung des JavaScripts *jquery.mCustomScrollbar.concat. min.js* in der Rubrik SKRIPT-EINSTELLUNGEN in das Feld EIGENER JAVASCRIPT-CODE ein (Listing 7.2).

Listing 7.2 Codezeilen zum Einbinden der JavaScript-Dateien

```
<script src ="files/scroller/jquery.mCustomScrollbar.concat.min.js"> </script>
<script src = "files/scroller/scroller-custom.js"> </script>
```

Für die Ansteuerung des Elements mit dem Scrollbalken wird zusätzlicher JavaScript-Code benötigt (Listing 7.3). Diesen Code habe ich in die Datei *scroller-custom.js* ausgelagert, um sie übersichtlicher ins Seitenlayout einzubinden.

Speichern Sie das Seitenlayout ab.

Der Vollständigkeit halber zeige ich nachfolgend Listing 7.3.

Listing 7.3 JavaScript für die Ansteuerung

```
(function($){  $(document).ready(function(){
    $(".scroller").mCustomScrollbar({
        autoHideScrollbar:true,
        theme:"dark",
        scrollButtons: {
        enable: true,          scrollType:"continuous", /*scroll buttons scrolling
type: "continuous", "pixels"*/
        scrollSpeed:200, /*scroll buttons continuous scrolling speed: integer,
"auto"*/
        scrollAmount:80 /*scroll buttons pixels scroll amount: integer (pixels)*/ }
        });
    });
})(jQuery);
```

In der dritten Zeile sehen Sie die Klasse *scroller*, auf die das Skript reagiert. Allen Inhalts-elementen vom Typ TEXT wurde in den EXPERTEN-EINSTELLUNGEN die CSS-Klasse *scroller* zu-geordnet.

Die CSS-Definitionen zeigt Listing 7.4.

> **Listing 7.4** CSS-Definitionen für alle Elemente mit der CSS-Klasse scroller
>
> ```
> .scroller {
>     width:300px;
>     height:400px;
>     padding:10px 0;
>     overflow-y:scroll;
>     overflow-x:hidden;
> }
> ```

Diese CSS-Definitionen stehen in der CSS-Datei *standard.css* für die Website.

Für Anpassungen der Werte innerhalb der JavaScript-Datei *custom-scroller.js* schauen Sie in die Dokumentation des Skripts. Hier können die Scrollbalken zum Beispiel standardmäßig immer sichtbar dargestellt werden oder es kann ein bestehender Skin (Oberflächendesign) ausgewählt werden.

■ 7.2 Integration von Icon-Fonts

Nachdem vor einigen Jahren die Schriftenvielfalt in Form von Webfonts auch endlich im Webdesign Einzug gehalten hat und für typografisch ansprechende Websites gesorgt hat, kamen mit den hochauflösenden Bildschirmen wie dem iPad von Apple neue Herausforderungen hinzu.

Kleine Icons, Pfeile oder Markenlogos sind auf diesen hochauflösenden Displays unscharf abgebildet worden. Abhilfe schaffte die Entwicklung und Einführung der Icon-Fonts. Diese Icon-Fonts, die wie die Webfonts vektorbasiert sind, lassen sich stufenlos skalieren, mit scharfen Konturen einsetzen und zudem mit CSS auch einfärben.

Aus den zahlreichen lizenzpflichtigen und lizenzfreien Angeboten zeige ich Ihnen die Einbindung und Verwendung des Icon-Fonts Font Awesome[2] (Bild 7.4). Die Lizenzbedingungen finden Sie unter *http://fortawesome.github.io/Font-Awesome/license/*. Der Icon-Font Font Awesome wurde ursprünglich für das Bootstrap-Framework entwickelt, kann aber auch ohne dieses verwendet werden.

Weitere Quellen für Icon-Fonts finden Sie auf der Website zum Buch[3].

---

[2] *http://fortawesome.github.io/Font-Awesome/*
[3] *http://www.contao-fuer-webdesigner.de/links-und-ressourcen.html*

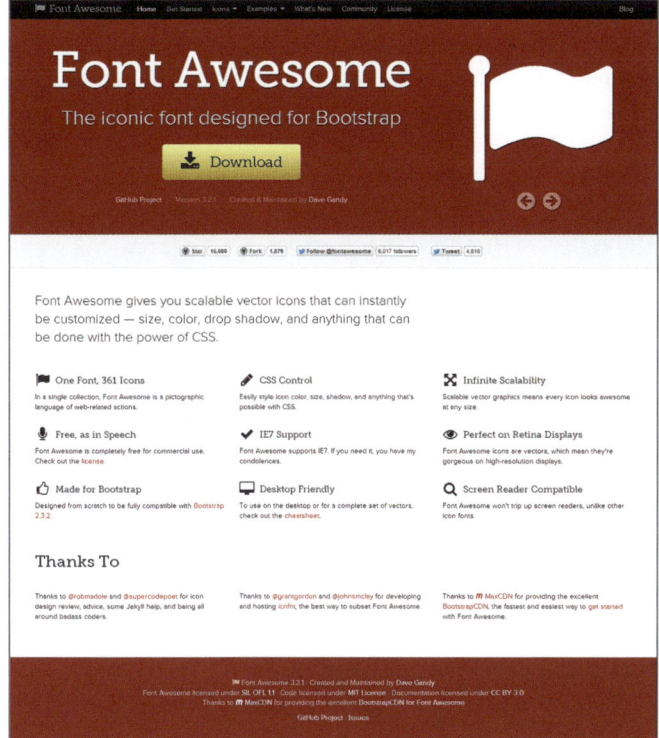

Bild 7.4
Die Website von
Font Awesome

7.2.1 Installation der Icon-Fonts in Contao

Font Awesome bietet eine stattliche Zahl an Icons an. Nicht immer wird man alle davon benötigen – dazu gibt es noch einen Tipp am Ende dieses Abschnitts.

Laden Sie sich zunächst das Archiv von der Website und entpacken es lokal auf Ihrem Rechner. Erstellen Sie sich den neuen Ordner *font-awesome* in der DATEIVERWALTUNG und laden Sie die Inhalte der Ordner *css* und *font* hoch. Die Ordnerstruktur und die darin enthaltenen Dateien sollten nun so wie in Bild 7.5 aussehen.

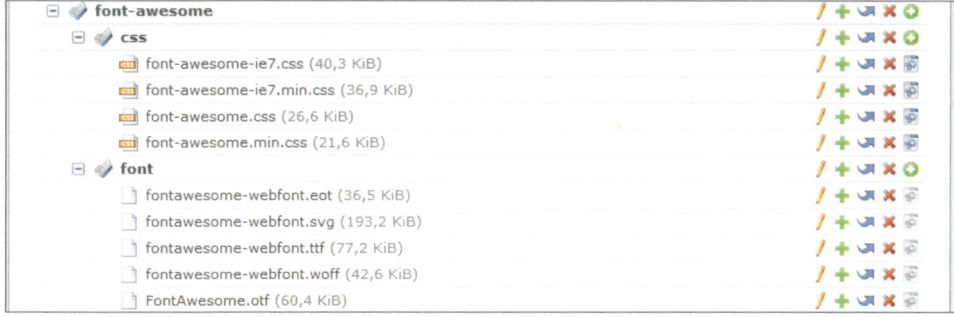

Bild 7.5 Der Ordner font-awesome mit den Unterordnern css und font

Im Ordner *css* befinden sich die Dateien *font-awesome.css* und *font-awesome-ie7.css* sowie dieselben Dateien in komprimierter Version mit dem Zusatz *.min*.

Für die Nutzung innerhalb von Contao binden Sie die CSS-Datei jetzt ein. Öffnen Sie dazu das Seitenlayout und fügen zunächst den Code für die Einbindung des CSS in das Feld ZUSÄTZLICHE <HEAD>-TAGS ein (Listing 7.5).

Listing 7.5 CSS-Datei font-awesome.min.css einbinden

```
<link rel="stylesheet" href="files/font-awesome/css/font-awesome.min.css">
```

Binden Sie gleich die minimierte Version ein, so sparen Sie einige Kilobyte an Traffic ein. Wenn Sie Unterstützung auch für den IE 7[4] benötigen, fügen Sie auch noch diese CSS-Datei hinzu. Speichern Sie das Seitenlayout ab.

Nun stehen Ihnen die Icon-Fonts von Font Awesome zur Verfügung. Wie man sie nun einbaut und anwendet, lesen Sie im folgenden Abschnitt.

7.2.2 Anwenden der Icon-Fonts

Folgt man der Anleitung auf der Website von Font Awesome[5], kann man die Icons auf unterschiedliche Weise einbauen. Zwei Methoden, die sich bewährt haben, stelle ich Ihnen vor. Innerhalb des Inhaltselements EIGENER HTML-CODE können Sie dies so eintragen:

```
<i class="icon-camera-retro"></i>
```

Dass hier das „i" für Icon logisch klingt und kurz genug ist, ist unbestritten. Semantisch sinnvoller ist die Verwendung eines span-Elements. Das *<i>* als Element für *italic* hat hier schon eine andere Bedeutung[6].

Somit ist die – semantisch korrekte – Version so zu schreiben:

```
<span class="icon-camera-retro"></span>
```

Für einen Link zum Twitterprofil (hier zum Twitter-Account der Buch-Website) schreiben Sie folgenden Code:

```
<a href="https://twitter.com/contaowebdesig
n"title="Twitter"><span class="icon-twitter-sign icon-2x"></span></a>
```

Ergänzt wird der Klassenname durch den Zusatz *icon-2x*, welcher das Icon in zweifacher Größe darstellt. Diese Klassen liefert der Icon-Font gleich mit[7]. Dies kann auch über die Schriftgröße definiert werden.

Über CSS kann das Icon-Font nun auch mit einer Farbangabe angesteuert werden.

---

[4] *http://fortawesome.github.io/Font-Awesome/get-started/*
[5] *http://fortawesome.github.io/Font-Awesome/examples/*
[6] *http://reference.sitepoint.com/html/i*
[7] *http://fortawesome.github.io/Font-Awesome/examples/*

Während Sie bei dem Inhaltselement EIGENER HTML-CODE die CSS-Klasse direkt dazuschrei-
ben konnten, klappt das zum Beispiel im Inhaltselement vom Typ ÜBERSCHRIFT etc. nicht.
Hier helfen die CSS-Eigenschaften *before* und *after* weiter.

Für die Überschrift h2 wird ein Icon-Font erstellt und mit CSS wie in Listing 7.6 eingebunden.

Listing 7.6 CSS-Definition für ein Icon-Font in einer h2-Überschrift

```
h2:before {
    content:"\F081";
    font-family:FontAwesome;
    font-size:1em;
    padding:0 5px 0 0;
}
```

Woher bekommen Sie die Angaben für den *content*? Wenn Sie auf der Website von Font
Awesome auf die Seite Icons[8] gehen, dann wählen Sie zunächst das zu verwendende Icon
aus. Im Beispiel aus Bild 7.6 ist es das Twitter-Icon.

Bild 7.6
Unicode F081 für das Twitter-Icon

In unserem Beispiel steht unter dem Klassennamen *icon-twitter-sign* der Unicode *F081*. Sie
tragen ihn für den Content ein, gefolgt von der Angabe der Schriftfamilie *FontAwesome*.

7.2.3 Icon-Fonts in TinyMCE verwenden

Wenn Sie die Icon-Fonts innerhalb von Fließtexten einsetzen möchten, müssen Sie folgende
Anpassungen vornehmen: Damit innerhalb von TinyMCE die Icon-Fonts nicht gelöscht werden, müssen Sie den folgenden Code innerhalb der Datei *system/config/tinyMCE.php* vor
dem Eintrag *extend_valid_elements* eingeben (Listing 7.7).

Listing 7.7 Konfiguration von TinyMCE erweitern

```
 valid_elements :
"@[id|class|style|title|dir<ltr?rtl|lang|xml::lang|onclick|ondblclick|"
+ "onmousedown|onmouseup|onmouseover|onmousemove|onmouseout|onkeypress|"
+ "onkeydown|onkeyup|data-icon],a[rel|rev|charset|hreflang|tabindex|accesskey|type|"
+ "name|href|target|title|class|onfocus|onblur],strong/b,em/i,strike,u,"
```

---

[8] *http://fortawesome.github.io/Font-Awesome/icons/*

```
+ "#p,-ol[type|compact],-ul[type|compact],-li,br,img[longdesc|usemap|"
+ "src|border|alt=|title|hspace|vspace|width|height|align],-sub,-sup,"
+ "-blockquote,-table[border=0|cellspacing|cellpadding|width|frame|rules|"
+ "height|align|summary|bgcolor|background|bordercolor],-tr[rowspan|width|"
+ "height|align|valign|bgcolor|background|bordercolor],tbody,thead,tfoot,"
+ "#td[colspan|rowspan|width|height|align|valign|bgcolor|background|bordercolor"
+ "|scope],#th[colspan|rowspan|width|height|align|valign|scope],caption,-div,"
+ "-span,-code,-pre,address,-h1,-h2,-h3,-h4,-h5,-h6,hr[size|noshade],-font[face"
+ "|size|color],dd,dl,dt,cite,abbr,acronym,del[datetime|cite],ins[datetime|cite],"
+ "object[classid|width|height|codebase|*],param[name|value|_value],embed[type|width"
+ "|height|src|*],script[src|type],map[name],area[shape|coords|href|alt|target],bdo,"
+ "button,col[align|char|charoff|span|valign|width],colgroup[align|char|charoff|span|"
+ "valign|width],dfn,fieldset,form[action|accept|accept-charset|enctype|method],"
+ "input[accept|alt|checked|disabled|maxlength|name|readonly|size|src|type|value],"
+ "kbd,label[for],legend,noscript,optgroup[label|disabled],option[disabled|label
|selected|value],"
+ "q[cite],samp,select[disabled|multiple|name|size],small,"
+ "textarea[cols|rows|disabled|name|readonly],tt,var,big",
```

Diese Codeergänzung sorgt dafür, dass TinyMCE nicht die Codeelemente der Icon-Fonts als ungültig markiert und löscht. Die Datei finden Sie auf der Buch-Website zum Download.

Um später nicht mit einzelnen Codefragmenten und dem Umschalten in den HTML-Modus innerhalb des TinyMCE-Eingabefeldes arbeiten zu müssen – denken Sie auch an die Redakteure – legen Sie die benötigten CSS-Klassen für die Icons innerhalb der Datei *tinymce.css* an und binden sie dann in das Seitenlayout ein. Bei mehreren Seitenlayouts entsprechend in jedem Seitenlayout einzeln. So kann später auch ein Redakteur das Wort markieren, vor dem dann das Icon angezeigt werden soll.

Listing 7.8 zeigt ein Beispiel mit dem Icon *icon-plane*.

Listing 7.8 CSS-Definitionen für das Icon icon-plane

```
.icon-plane {
    content:"\F072";
    font-family:FontAwesome;
    font-size:1em;
    padding:0 5px 0 0;
}
```

Wenn Sie dieses Icon innerhalb eines Textes benötigen, markieren Sie das Wort und wählen aus dem Drop-Down-Menü *Format* die entsprechende Icon-Klasse aus (Bild 7.7).

Bild 7.7 Auswahl der CSS-Klasse icon-plane

Im Frontend sehen Sie dann die Icons im Fließtext platziert (Bild 7.8).

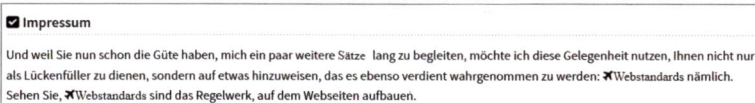

Wenn Sie das entsprechende Wort markieren, dann vergessen Sie nicht, auch für den Text die CSS-Definitionen anzupassen. Oft ist es besser, wenn man ein Leerzeichen als HTML-Entity schreibt (* *) und nur dieses markiert und darauf die CSS-Klasse vergibt. Jutta Kemperle (jukemedia) hat dazu auch etwas in ihrem Blog[9] geschrieben. Sobald sich eine einfachere, bessere Methode gefunden hat, werden Sie dies auch im Buch-Blog erfahren.

7.2.4 Nicht alle Icons eines Icon-Fonts nutzen

Wenn Sie nur einige Icon-Fonts benötigen und zum Beispiel ein Standardset für Social-Media-Icons einsetzen möchten, ist es durchaus sinnvoll, nur die benötigten Icons einzubinden. Auch dazu gibt es natürlich online schon Angebote und Lösungen.

Zwei Vertreter kurz vorgestellt: Fontastic[10] und IcoMoon[11] (Bild 7.9 und Bild 7.10). Beide Dienste – zum Zeitpunkt der Tests kostenfrei zu benutzen – ermöglichen es, sich nur die Icons auszusuchen, die man benötigt. Dann lassen sich nur diese ausgewählten Icons als Icon-Font herunterladen – und sind fertig zum Einbau.

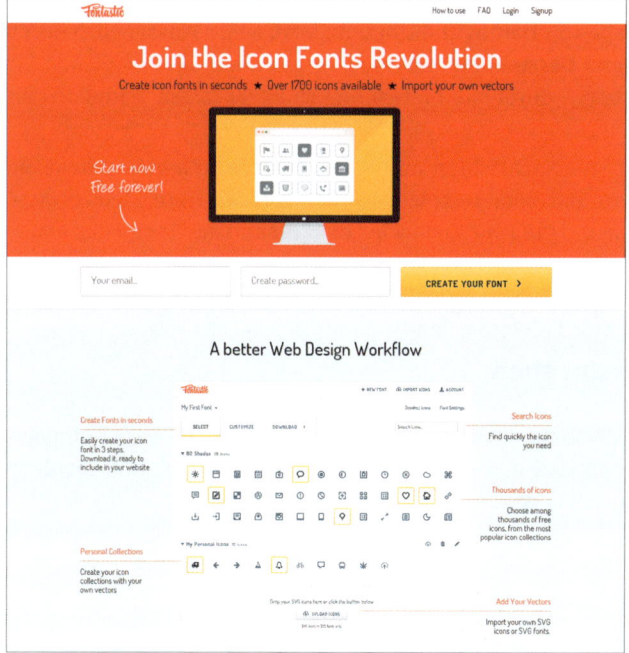

Bild 7.9
Die Website fontastic.me

---

[9] *http://www.frische-zitronen.de/2012/10/29/contao-arbeiten-mit-iconfonts-und-dem-webfontloader/*
[10] *http://fontastic.me/*
[11] *http://icomoon.io/app/*

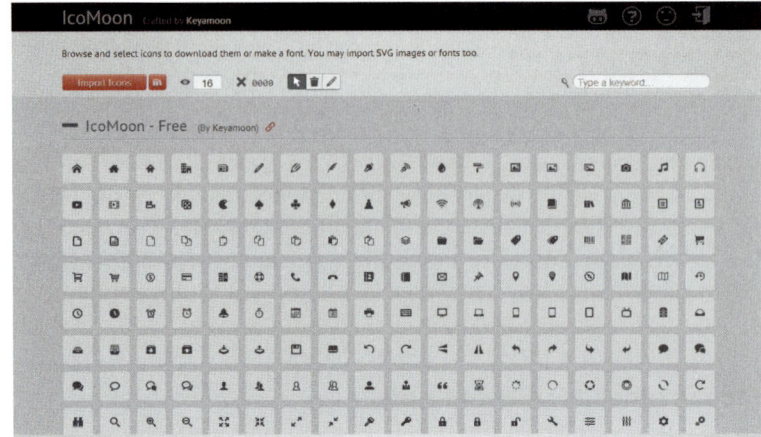

Bild 7.10
Die Website
icomoon.io

■ 7.3 Anpassung der Nachrichten-Templates: Datum und Uhrzeit

Wirken sich die Einstellungen innerhalb des Seitentyps Startpunkt einer Webseite und in den Einstellungen auf die Ausgabe von Datum und Uhrzeit global aus, so lassen sich durch angepasste Templates Ausgabe und Darstellung individueller gestalten. Dies erreichen Sie am einfachsten – und updatesicher! – durch die Erstellung von angepassten Templates für die Ausgabe.

Als Beispiel für die Darstellung von Nachrichten aus einem Nachrichtenarchiv dient ein Modul vom Typ Nachrichtenliste mit dem Template *news_latest* sowie ein Modul Nachrichtenleser mit dem Template *news_full* (Der Code wird hier anhand des Templates *news_latest* dargestellt).

7.3.1 Standard-Templates ansehen

Die hier vorgestellte Anpassung der Templates wird exemplarisch für die HTML5-Templates gezeigt; ebenso können Sie diese anpassen, wenn Sie noch XTHML einsetzen. Entscheidend innerhalb des Templates (Contao 3.1.1) ist die in Listing 7.9 gezeigte Stelle.

Template *news_latest.html5*:

Listing 7.9 Codeausschnitt PHP-Ausgabe des Datums HTML5

```
<p class="info">
<time datetime="<?php echo $this->datetime; ?>">
<?php echo $this->date; ?></time>
<?php echo $this->author; ?> <?php echo $this->commentCount; ?>
</p>
```

$this->date gibt das Datum und die Uhrzeit der (gespeicherten) Nachricht aus:

Die Ausgabe sieht so aus: *28.12.2013 14:16*

Diese Funktion liefert immer Datum UND Uhrzeit. Eine getrennte Ausgabe von Datum ODER Uhrzeit oder nur eine der Angaben erreicht man durch die Anpassung der Ausgabe-Templates für die Nachrichten.

7.3.2 Standard-Templates anpassen

Über die Funktion *$this->parseDate* innerhalb des Templates kann die Ausgabe des Datums und der Uhrzeit anhand der *date*-Funktion[12] nun unterschiedlich definiert werden (Listing 7.10).

Template *news_latest.html5*:

Listing 7.10 Angepasstes Template news_latest.html5

```
<p class="info">
<time datetime="<?php echo $this->datetime; ?>">
<?php echo $this->parseDate("d. F Y", $this->timestamp); ?></time>
<?php echo $this->author; ?> <?php echo $this->commentCount; ?>
</p>
```

Die Ausgabe sieht dann so aus: *09. Mai 2012*

7.3.3 Standard-Templates anpassen: Nachrichtentitel und Datum einzeilig

Möglich sind verschiedene Kombinationen und Darstellungen von Datum und Uhrzeit. So lässt sich zum Beispiel das Datum hinter dem Nachrichtentitel ausgeben, wenn man das Ausgabe-Template wie in Listing 7.11 abändert.

Template *news_latest.html5*:

Listing 7.11 Einzeilige Ausgabe news_latest.html5

```
<h2>
<?php echo $this->newsHeadline; ?> | <time datetime="<?php echo $this->datetime; ?>"
><?php echo $this->parseDate("d. F Y", $this->timestamp); ?></time>
</h2>
```

Die Ausgabe sieht dann so aus: *2. Contao Konferenz 2012 | 23.01.2012*

---

[12] *http://www.php.net/manual/de/function.date.php*

7.3.4 Standard-Templates anpassen: Nachrichtentitel und Datum einzeilig, getrennt

Im Folgenden sehen Sie, wie sich das Datum hinter dem Nachrichtentitel – mit einer eigenen Klasse für eine andere Darstellung – ausgeben lässt, wenn man das Ausgabe-Template wie in Listing 7.12 abändert.

Template *news_latest.html5*:

Listing 7.12 Angepasstes HTML5-Template

```
<h2>
<?php echo $this->newsHeadline; ?> | <span class="datum">
<time datetime="<?php echo $this->datetime; ?>">
<?php echo $this->parseDate("d. F Y", $this->timestamp); ?></time>
</span>
</h2>
```

Template *news_latest.xhtml*:

Die Ausgabe dazu sieht so aus: *2. Contao Konferenz 2012 | 23. Mai 2012*

Mit einer CSS-Definition in der CSS-Klasse *datum* kann die Darstellung für das Datum variiert werden (Farbe, Schrift, Schriftgröße).

7.3.5 Darstellung von Tag und Monat wie Kalenderblatt

Wenn die Darstellung weit mehr abweichen soll und die Bestandteile des Datums in den Tag und den Monat aufgeteilt werden, dann lässt sich das durch die Änderung des Aufgabe-Templates erreichen.

7.3.5.1 Standard-Templates anpassen

Template *news_latest.html5*:

Listing 7.13 Angepasstes HTML5-Template

```
<p class="info"><time datetime="<?php echo $this->datetime; ?>">
<span class="day"><?php echo $this->parseDate("d", $this->timestamp); ?></span>
<span class="month"><?php echo $this->parseDate("M", $this->timestamp); ?></span>
</time> <?php echo $this->author; ?> <?php echo $this->commentCount; ?></p>
```

Template *news_latest.xhtml*:

Bild 7.11 zeigt die schematische Darstellung.

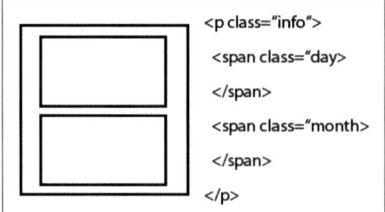

Bild 7.11
Schematische Darstellung – Nachrichtenausgabe

Bild 7.12 zeigt die beispielhafte Umsetzung.

Bild 7.12
Beispielhafte Umsetzung – Nachrichtenausgabe

7.3.5.2 Kalenderblatt gestalten – CSS-Definitionen

Für das in Bild 7.12 gezeigte Beispiel wurden die in Listing 7.14 dargestellten CSS-Definitionen gewählt.

Listing 7.14 CSS-Definitionen für die angepasste Ausgabe des Datums

```
.mod_newslist p.info
{
  width:60px;
  height:60px;
  float:left;
  text-align:center;
  -moz-border-radius:10px;
  -webkit-border-radius:10px;
  border-radius:10px;
  -moz-box-shadow:0 2px 8px #444;
  -webkit-box-shadow:0 2px 8px #444;
  box-shadow:0 2px 8px #444;
  background: rgb(204,204,204);
  background: -moz-linear-gradient(top, rgba(204,204,204,1) 0%, rgba(244,247,247,1)
34%, rgba(255,255,255,1) 63%, rgba(204,204,204,1) 100%);
  background: -webkit-gradient(linear, left top, left bottom, color-
stop(0%,rgba(204,204,204,1)), color-stop(34%,rgba(244,247,247,1)), color-
stop(63%,rgba(255,255,255,1)), color-stop(100%,rgba(204,204,204,1)));
  background: -webkit-linear-gradient(top, rgba(204,204,204,1) 0%,rgba(244,247,247,1)
34%,rgba(255,255,255,1) 63%,rgba(204,204,204,1) 100%);
  background: -o-linear-gradient(top, rgba(204,204,204,1) 0%,rgba(244,247,247,1)
34%,rgba(255,255,255,1) 63%,rgba(204,204,204,1) 100%);
  background: -ms-linear-gradient(top, rgba(204,204,204,1) 0%,rgba(244,247,247,1)
34%,rgba(255,255,255,1) 63%,rgba(204,204,204,1) 100%);
  background: linear-gradient(top, rgba(204,204,204,1) 0%,rgba(244,247,247,1)
34%,rgba(255,255,255,1) 63%,rgba(204,204,204,1) 100%);filter: progid:DXImageTransform.
Microsoft.gradient( startColorstr='#cccccc', endColorstr='#cccccc',GradientType=0 );
}
.mod_newslist .day
{
  display:block;
  margin:0;
  padding:5px 0 0 0;
  font-size:2em;
  color:#EC6E04;
}
.mod_newslist .month
{
  top:-10px;
```

```
    position:relative;
    margin:0;
    padding:0;
    font-weight:bold;
    font-size:.75em;
    color:#444;
    letter-spacing:.3em;
}
```

Die in Listing 7.15 dargestellten CSS-Definitionen sind auf dieses spezielle Seitenlayout zugeschnitten. Passen Sie diese Klassen individuell an Ihr Seitenlayout/Design an.

Listing 7.15 Weitere CSS-Definitionen für die Darstellung des Datums

```
.mod_newslist h2
{
    margin:0 0 0 70px !important;
}
.mod_newslist p.more
{
    margin:0 0 0 70px !important;
}
.mod_newslist .layout_latest
{
    margin:0 0 10px 0;
    padding:0 0 5px 0;
}
```

 PRAXISTIPP: Nicht quälen – Generator wählen

Für den Verlauf kommt CSS3 zum Einsatz. Solange sich die Definitionen für die verschiedenen Browser noch nicht vereinheitlicht schreiben lassen, verwendet man dafür am besten einen Gradient (Verlaufs)-Generator (*www.colorzilla.com/gradient-editor*).

7.3.6 Feinschliff

Haben Sie die Orginalnamen der Templates beibehalten, sind sie mit dem Nachrichtenlisten und -lesermodul verknüpft. Wenn Sie die Templates auch im Namen angepasst haben, zum Beispiel *news_latest_startseite.html5*, verknüpfen Sie die Templates in den entsprechenden Modulen neu und wählen das entsprechende Template aus.

Nach dem Ändern der Templates löschen Sie den Contao-internen Cache mit Klick auf den Benutzernamen und gehen dann auf PERSÖNLICHE DATEN -> CACHE LEEREN. Anschließend rufen Sie die *Systemwartung* unter SYSTEM > SYSTEMWARTUNG auf und löschen alle Einträge.

Fazit: Die Flexibilität hinsichtlich der Ausgabe lässt sich auch bei den Nachrichtenlisten und -lesermodulen erreichen. So können Sie zahlreiche, unterschiedliche – an Ihre Bedürfnisse angepasste – Templates erstellen.

■ 7.4 Ausgabe der Syndikations-Icons: Anpassung des Artikel-Templates

Standardmäßig kann in einer Contao-Installation im Kopfbereich eines jeden Artikels unter der Rubrik Syndikation per Checkbox aktiviert werden, ob ein Icon mit Link für die Social-Media-Plattformen *Facebook*, *Google+* und *Twitter* ausgegeben werden soll. Auch ein Drucken-Link sowie ein PDF-Link lassen sich hier aktivieren (Bild 7.13).

Bild 7.13 Aktivierte Syndikation im Kopfbereich eines Artikels

Wenn Sie diese Syndikation aktiviert haben und dann den Artikel speichern und das Frontend aufrufen, werden diese Icons oberhalb des jeweiligen Artikels ausgegeben (Bild 7.14).

Bild 7.14
Ausgabe der Syndikations-Icons
oberhalb des Artikels

Was wenn Ihr Designentwurf das nicht an dieser Stelle vorsieht? Die Social-Media-Icons sollen unterhalb des Artikels angezeigt werden – im Sinne von: „Artikel gelesen und dann weiterempfehlen".

Der erste Ansatz wäre das Erstellen eines individuellen Frontend-Moduls, welches dann im Seitenlayout nach dem Artikel eingebunden wird. Folgenden anderen Ansatz möchte ich Ihnen zeigen: Sie untersuchen das Template, welches den Aufruf der Social-Media-Icons am Artikelanfang ausgibt. Das entsprechende Template ist *mod_article.html5* (Listing 7.16) beziehungsweise *mod_article.xhtml*.

Listing 7.16 Template mod_article.html5

```
<div class="<?php echo $this->class; ?> block"<?php echo $this->cssID; ?><?php if
($this->style): ?> style="<?php echo $this->style; ?>"<?php endif; ?>>
<?php if ($this->printable): ?>
```

```
<!-- indexer::stop -->
<div class="pdf_link">
<?php if ($this->printButton): ?>
  <a href="<?php echo $this->print; ?>" rel="nofollow" title="<?php echo $this-
>printTitle; ?>" onclick="window.print();return false"><img src="<?php echo
TL_FILES_URL; ?>assets/contao/images/print.gif" width="16" height="16" alt=""></a>
<?php endif; ?>
<?php if ($this->pdfButton): ?>
  <a href="<?php echo $this->href; ?>" rel="nofollow" title="<?php echo $this-
>pdfTitle; ?>"><img src="<?php echo TL_FILES_URL; ?>assets/contao/images/pdf.gif"
width="16" height="16" alt=""></a>
<?php endif; ?>
<?php if ($this->facebookButton): ?>
  <a href="share/?p=facebook&amp;u=<?php echo $this->encUrl; ?>&amp;t=<?php echo
$this->encTitle; ?>" rel="nofollow" title="<?php echo $this->facebookTitle; ?>"
onclick="window.open(this.href,'','width=640,height=380,modal=yes,left=100,top=50,
location=no,menubar=no,resizable=yes,scrollbars=yes,status=no,toolbar=no');return
false"><img src="<?php echo TL_FILES_URL; ?>assets/contao/images/facebook.gif"
width="16" height="16" alt=""></a>
<?php endif; ?>
<?php if ($this->twitterButton): ?>
  <a href="share/?p=twitter&amp;u=<?php echo $this->encUrl; ?>&amp;t=<?php echo
$this->encTitle; ?>" rel="nofollow" title="<?php echo $this->twitterTitle; ?>"
onclick="window.open(this.href,'','width=640,height=380,modal=yes,left=100,top=50,
location=no,menubar=no,resizable=yes,scrollbars=yes,status=no,toolbar=no');return
false"><img src="<?php echo TL_FILES_URL; ?>assets/contao/images/twitter.gif"
width="16" height="16" alt=""></a>
<?php endif; ?>
<?php if ($this->gplusButton): ?>
  <a href="share/?p=gplus&amp;u=<?php echo $this->encUrl; ?>&amp;t=<?php echo $this-
>encTitle; ?>" rel="nofollow" title="<?php echo $this->gplusTitle; ?>"
onclick="window.open(this.href,'','width=600,height=200,modal=yes,left=100,top=50,
location=no,menubar=no,resizable=yes,scrollbars=yes,status=no,toolbar=no');return
false"><img src="<?php echo TL_FILES_URL; ?>assets/contao/images/gplus.gif"
width="16" height="16" alt=""></a>
<?php endif; ?>
</div>
<!-- indexer::continue -->
<?php endif; ?>
<?php echo implode('', $this->elements); ?>
<?php if ($this->backlink): ?>

<!-- indexer::stop -->
<p class="back"><a href="<?php echo $this->backlink; ?>" title="<?php echo $this->back;
?>"><?php echo $this->back; ?></a></p>
<!-- indexer::continue -->
<?php endif; ?>

</div>
```

Der fett markierte Bereich in Listing 7.16 ist der relevante Bereich, der für die Ausgabe der Syndikations-Icons und -Links sorgt. Diesen gesamten Bereich verschieben Sie nun unter die nachfolgenden Zeilen, die für die Ausgabe der Inhaltselemente des Artikels sorgen. Somit sieht das veränderte Template wie in Listing 7.17 aus.

Listing 7.17 Geändertes Template mod_article.html5

```
<div class="<?php echo $this->class; ?> block"<?php echo $this->cssID; ?><?php if
($this->style): ?> style="<?php echo $this->style; ?>"<?php endif; ?>>
<?php if ($this->printable): ?>
<?php endif; ?>
<?php echo implode('', $this->elements); ?>
<?php if ($this->backlink): ?>


<!-- indexer::stop -->
<p class="back"><a href="<?php echo $this->backlink; ?>" title="<?php echo
$this->back; ?>"><?php echo $this->back; ?></a></p>
<!-- indexer::continue -->
<?php endif; ?>


<!-- indexer::stop -->
<div class="pdf_link">
<?php if ($this->printButton): ?>
  <a href="<?php echo $this->print; ?>" rel="nofollow" title="<?php echo $this-
>printTitle; ?>" onclick="window.print();return false"><img src="<?php echo TL_FILES_
URL; ?>assets/contao/images/print.gif" width="16" height="16" alt=""></a>
<?php endif; ?>
<?php if ($this->pdfButton): ?>
  <a href="<?php echo $this->href; ?>" rel="nofollow" title="<?php echo $this-
>pdfTitle; ?>"><img src="<?php echo TL_FILES_URL; ?>assets/contao/images/pdf.gif"
width="16" height="16" alt=""></a>
<?php endif; ?>
<?php if ($this->facebookButton): ?>
  <a href="share/?p=facebook&amp;u=<?php echo $this->encUrl; ?>&amp;t=<?php echo
$this->encTitle; ?>" rel="nofollow" title="<?php echo $this->facebookTitle; ?>"
onclick="window.open(this.href,'','width=640,height=380,modal=yes,left=100,top=50,
location=no,menubar=no,resizable=yes,scrollbars=yes,status=no,toolbar=no');return
false"><img src="<?php echo TL_FILES_URL; ?>assets/contao/images/facebook.gif"
width="16" height="16" alt=""></a>
<?php endif; ?>
<?php if ($this->twitterButton): ?>
  <a href="share/?p=twitter&amp;u=<?php echo $this->encUrl; ?>&amp;t=<?php echo
$this->encTitle; ?>" rel="nofollow" title="<?php echo $this->twitterTitle; ?>"
onclick="window.open(this.href,'','width=640,height=380,modal=yes,left=100,top=50,
location=no,menubar=no,resizable=yes,scrollbars=yes,status=no,toolbar=no');return
false"><img src="<?php echo TL_FILES_URL; ?>assets/contao/images/twitter.gif"
width="16" height="16" alt=""></a>
<?php endif; ?>
<?php if ($this->gplusButton): ?>
  <a href="share/?p=gplus&amp;u=<?php echo $this->encUrl; ?>&amp;t=<?php echo $this-
>encTitle; ?>" rel="nofollow" title="<?php echo $this->gplusTitle; ?>"
onclick="window.open(this.href,'','width=600,height=200,modal=yes,left=100,top=50,
location=no,menubar=no,resizable=yes,scrollbars=yes,status=no,toolbar=no');return
false"><img src="<?php echo TL_FILES_URL; ?>assets/contao/images/gplus.gif" width="16"
height="16" alt=""></a>
<?php endif; ?>
</div>
<!-- indexer::continue -->

</div>
```

Wenn Sie nun die Website in der Frontend-Ansicht öffnen, werden die Syndikations-Icons
unter dem Artikel ausgegeben – das Ziel ist erreicht (Bild 7.1).

vorkommt, springe ich ein: der Blindtext. Genau zu diesem Zwecke erschaffen, immer im Schatten meines großen Bruders »Lorem Ipsum«, freue ich mich jedes Mal, wenn Sie ein paar Zeilen lesen. Denn esse est percipi - Sein ist wahrgenommen werden. Und weil Sie nun schon die Güte haben, mich ein paar weitere Sätze lang zu begleiten, möchte ich diese Gelegenheit nutzen, Ihnen nicht nur als Lückenfüller zu dienen, sondern auf etwas hinzuweisen,

vorkommt, springe ich ein: der Blindtext. Genau zu diesem Zwecke erschaffen, immer im Schatten meines großen Bruders »Lorem Ipsum«, freue ich mich jedes Mal, wenn Sie ein paar Zeilen lesen. Denn esse est percipi - Sein ist wahrgenommen werden. Und weil Sie nun schon die Güte haben, mich ein paar weitere Sätze lang zu begleiten, möchte ich diese Gelegenheit nutzen, Ihnen nicht nur als Lückenfüller zu dienen, sondern auf etwas hinzuweisen,

Bild 7.15
Ausgabe der Syndikations-Icons unter dem Artikel

Und wenn Sie die Syndikations-Icons über *und* unter den Artikelinhalten ausgeben wollen, dann wissen Sie jetzt, wie Sie dies erreichen können.

> **PRAXISTIPP: Einfach im Hinterkopf behalten**
>
> Wenn Sie einmal ein Template anpassen und danach eine Fehlermeldung im Frontend erhalten, haben Sie immer die Möglichkeit, das Template zu löschen und den Originalzustand wiederherzustellen.

■ 7.5 Individuelle Social-Media-Bars erstellen

In diesem Beispiel wird ein Modul erstellt, das alle drei Social-Media-Kanäle auf jeder Seite zur Verfügung stellt und die Weiterempfehlungs-Funktion nutzt. Statt Grafiken für die Links werden Icon-Fonts eingesetzt.

Dazu können Sie sich eines Tricks bedienen: Einmal alle drei Syndikations-Links im Artikelkopf aktivieren, den Artikel speichern und diese Seite im Frontend aufrufen. Den dort generierten Quellcode kopieren Sie dann, fügen ihn als Modul von Typ Eigener HTML-Code ein und passen ihn an.

Zunächst widmen wir uns dem Code, den Contao direkt generiert (Listing 7.18).

Listing 7.18 Code aus Contao – Syndikation aktiviert

```
<!-- indexer::stop -->
  <div class="pdf_link">
a href="share/?p=facebook&amp;u=http%3A%2F%2Fwww.contao-fuer-webdesigner.
de%2Fimpressum.html&amp;t=" rel="nofollow" title="Auf Facebook teilen"
onclick="window.open(this.href,'','width=640,height=380,modal=yes,left=100,top=5
0,location=no,menubar=no,resizable=yes,scrollbars=yes,status=no,toolbar=no');return
false"><img src="assets/contao/images/facebook.gif" width="16" height="16" alt=""></a>
    <a href="share/?p=twitter&amp;u=http%3A%2F%2Fwww.contao-fuer-webdesigner.
de%2Fimpressum.html&amp;t=" rel="nofollow" title="Auf Twitter teilen" onclick="window.
open(this.href,'','width=640,height=380,modal=yes,left=100,top=50,location=n
o,menubar=no,resizable=yes,scrollbars=yes,status=no,toolbar=no');return
false"><img src="assets/contao/images/twitter.gif" width="16" height="16" alt=""></a>
```

```
<a href="share/?p=gplus&amp;u=http%3A%2F%2Fwww.contao-fuer-webdesigner.de%2Fimpressum.
html&amp;t=" rel="nofollow" title="Auf Google+ teilen"
onclick="window.open(this.href,'','width=600,height=200,modal=yes,left=100,top=50,
location=no,menubar=no,resizable=yes,scrollbars=yes,status=no,toolbar=no');return
false"><img src="assets/contao/images/gplus.gif" width="16" height="16" alt=""></a>
  </div>
<!-- indexer::continue -->
```

Interessant für die Anpassungen sind zwei Stellen im Code (im Listing 7.18 fett markiert):

- der dynamische Link der jeweiligen Seite
- das Einbinden der Icon-Fonts anstatt der Grafiken

Bei der Generierung des dynamischen Links helfen die *Inserttags*[13] von Contao. Was wird dazu benötigt? Zunächst die *Basis-URL* und dann der *Seitenalias*. Die beiden dafür „zuständigen" Insert-Tags sind: {{env::path}} und {{page::alias}}.

- Der Insert-Tag {{env::path}} wird mit der aktuellen Basis-URL samt Pfad zum Contao-Verzeichnis ersetzt.
- Der Insert-Tag {{page::alias}} wird mit dem Alias der aktuellen Seite ersetzt.

Nur {{env::path}} liefert am Ende einen Slash mit, {{page::alias}} nicht. Ergänzt wird der URL-Aufbau durch das Suffix in der Rubrik FRONTEND-EINSTELLUNGEN in den Einstellungen von Contao. Standard ist *.html*.

Mit diesen Angaben lässt sich nun die dynamische URL-Generierung erstellen. Die statische, aus dem Quellcode kopierte URL wird nun durch den dynamischen URL-Aufruf ersetzt. In Listing 7.19 sehen Sie den für die individuellen Social-Media-Links angepassten Code.

Listing 7.19 Code für eine individuelle Social-Media-Leiste

```
<!-- indexer::stop -->
<div id="socialmedia">
<a href="share/?p=facebook[&]u={{env::path}}{{page::alias}}.html" rel="nofollow"
title="Auf Facebook teilen" onclick="window.open(this.href,'','width=640,height=380,
modal=yes,left=100,top=50,location=no,menubar=no,resizable=yes,scrollbars=yes,status=
no,toolbar=no');return false"><span class="icon-facebook-sign icon-large"></span></a>
<a href="share/?p=twitter[&]u={{env::path}}{{page::alias}}.html" rel="nofollow"
title="Auf Twitter teilen" onclick="window.open(this.href,'','width=640,height=380,
modal=yes,left=100,top=50,location=no,menubar=no,resizable=yes,scrollbars=yes,status=
no,toolbar=no');return false"><span class="icon-twitter-sign icon-large"></span></a>
<a href="share/?p=gplus[&]u={{env::path}}{{page::alias}}.html" rel="nofollow"
title="Auf Google+ teilen" onclick="window.open(this.href,'','width=600,height=200,
modal=yes,left=100,top=50,location=no,menubar=no,resizable=yes,scrollbars=yes,status=
no,toolbar=no');return false"><span class="icon-google-plus-sign icon-large"></span></
a>
<a href="{{env::path}}share/contao-buch.xml" title="RSS-Feed abonnieren"> <span
class="icon-rss icon-2"></span></a>
</div>
<!-- indexer::continue -->
```

Die Einbindung von Icon-Fonts ist in Abschnitt 7.2 beschrieben. Wenn Sie diese bereits eingebunden haben, können Sie den Code wie in Listing 7.19 gezeigt direkt einbinden.

---

[13] *https://contao.org/de/manual/3.1/managing-content.html#inserttags*

HINWEIS: Inserttags – tippen statt kopieren!

Wann immer Sie in einer Contao-Dokumentation online Inserttags vorfinden: Tippen Sie diese ab und kopieren Sie diese nicht in eine Ihrer Vorlagen. In der Regel sind unsichtbare Steuerzeichen vorhanden, die Sie mitkopieren würden. Dies würde dann zum Fehlverhalten führen und die Funktionen der Inserttags würden nicht ausgeführt.

■ 7.6 Anpassen der Akkordeon-Elemente

Wenn Sie das Inhaltselement Akkordeon verwenden, können Sie mithilfe von CSS-Definitionen die Bedienbarkeit und Orientierung deutlich verbessern. Das Inhaltselement Akkordeon ist aus zwei Bereichen aufgebaut: Dem Toggler, der für das Auf- und Zuklappen des Akkordeons verantwortlich ist, sowie das Akkordeon selbst, in dem der Inhalt platziert wird.

Wird das Inhaltselement AKKORDEON – EINZELELEMENT eingefügt, dann steht unter dem Bereich AKKORDEON-EINSTELLUNGEN das Feld BEREICHSÜBERSCHRIFT zur Verfügung. Dieser Text erscheint dann im Frontend als Toggler. Im Bereich TEXT/HTML/CODE fügen Sie den Text ein, der dann ein- beziehungsweise ausgeblendet werden soll, wenn der Toggler geklickt wird.

Schauen Sie sich zunächst die Backend-Ansicht (Bild 7.16) an.

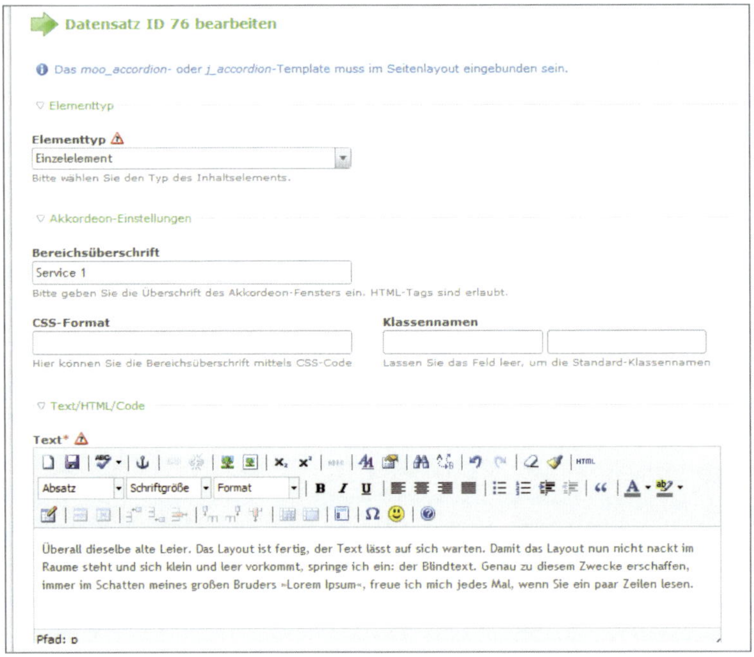

Bild 7.16
Inhaltselement Akkordeon im Backend – Einzelelement

Die Ausgabe des Quellcodes im Frontend sieht wie in Listing 7.20 aus.

Listing 7.20 Quellcode im Frontend für ein Akkordeon – Einzelelement

```
<section class="ce_accordionSingle grid12 ce_accordion ce_text block">
  <div class="toggler">Service 1</div>
  <div class="accordion"><div>
  <p>Überall dieselbe alte Leier. Das Layout ist fertig, der Text lässt auf sich
warten. Damit das Layout nun nicht nackt im Raume steht und sich klein und leer
vorkommt, springe ich ein: der Blindtext. Genau zu diesem Zwecke erschaffen, immer im
Schatten meines großen Bruders »Lorem Ipsum«, freue ich mich jedes Mal, wenn Sie ein
paar Zeilen lesen. Denn esse</p>
  </div>
  </div>
</section>
```

In Listing 7.20 sehen Sie die BEREICHSÜBERSCHRIFT *Service 1* umschlossen vom DIV mit der CSS-Klasse *toggler*. Der *Toggler* wie auch das *Akkordeon* sind von der *section* umschlossen.

 HINWEIS: Auch wenn das Inhaltselement Akkordeon heißt, für die CSS-Definition wird die englische Schreibweise mit i verwendet: accordion.

Für eine erste Verbesserung der Bedienbarkeit eines Akkordeons oder genauer eines Togglers ist dafür zu sorgen, dass man diesen Bereich auch als interaktives Element auf einer Website erkennt. Zwei Dinge helfen hierbei: Beim Hovern über den Toggler wird der Cursor verändert und ein Wechsel der Hintergrundfarbe sorgt für eine visuelle Rückmeldung an den Benutzer der Website.

Bild 7.17
Zwei Akkordeons –
Einzelelement:
oben geöffnet,
unten geschlossen

Zudem ist es ganz hilfreich, eine zusätzliche visuelle Unterstützung zu haben, so dass bei einem geschlossenen Akkordeon ein Plus-Zeichen und bei einem geöffneten Akkordeon ein Minus-Zeichen einen zusätzlichen Hinweis über den aktiven Zustand des Akkordeons geben. Erreichen lässt sich das durch die CSS-Definition einer Hintergrundgrafik für den Toggler, die je nach Zustand eine Grafik mit einem Plus-Zeichen oder einem Minus-Zeichen anzeigt.

Die in Listing 7.21 dargestellten CSS-Definitionen sind unter *http://www.think-contao.de/ das-contao-buch.html* zu finden.

Listing 7.21 Exemplarische CSS-Definitionen für Hintergrundgrafiken im Toggler

```
#main .toggler
{
    width:960px;
    margin:0;
```

```
    padding:0 0 0 80px;
    font-family:georgia,serif;
    font-style:italic;
    font-weight:normal;
    font-size:2em;
    color:#666;
    line-height:1.6em;
    letter-spacing:0.01em;
    background:#fbfbfa;
    cursor:pointer;
}

#main .toggler:hover
{
    color:#fff;
    background:#a8b5aa url("files/standard/accordion_plus.gif")
    no-repeat 50px 50%;
}

#main .toggler.active
{
    color:#fff;
    background:#a8b5aa url("files/standard/accordion_minus.gif")
    no-repeat 50px 50%;
}
```

Ebenso kann auch schon für den geschlossenen Zustand eine Hintergrundgrafik definiert werden.

Ein weiteres Beispiel finden Sie unter *http://www.contao-fuer-webdesigner.de/das-buch.html*. Dort habe ich das visuelle Feedback mit einer CSS3-Transition erstellt. Das Akkordeon wird hier mit jQuery als JavaScript-Framework verwendet.

Listing 7.22 CSS-Definitionen für eine CSS3-Transition eines Togglers

```
.toggler
{
    margin-bottom:1px;
    padding:10px;
    background-color:rgba(0,0,0,0.08);
    border-bottom:2px solid rgba(0,0,0,0.08);
    cursor:pointer;
}

.toggler:hover
{
    margin-bottom:1px;
    padding:10px;
    background-color:#E8780B;
    border-bottom:2px solid #777;
    color:#fff;
    -webkit-transition: background 350ms ease-in; /* Firefox */
    -moz-transition: background 350ms ease-in; /* WebKit */
    -o-transition: background 350ms ease-in; /* Opera */
    transition: background 350ms ease-in; /* Standard */
    cursor:pointer;
}
#main .toggler.ui-state-active
```

```
{
    margin-bottom:1px;
    padding:10px;
    background:#E8780B;
    color:#fff;
    cursor:pointer;
}
```

Die Funktion *transition* wird in ihren entsprechenden Browser-Präfixen auf die Eigenschaft *background* mit einem langsamen Einblenden von 350 ms oder 0,35 sec angewendet.

Mit der zusätzlichen Angabe der geänderten Hintergrundfarbe gegenüber dem Ausgangszustand des Togglers wirkt dann die Transition sichtbar auf die Hintergrundfarbe.

 Ein Beispiel, wie Sie anstatt Hintergrundgrafiken Icon-Fonts einsetzen können, zeige ich Ihnen in Abschnitt 8.1.13.

■ 7.7 Beispiele für den Einsatz von Inserttags, Mehrsprachigkeit iflng

Wie Sie bereits in Abschnitt 7.5 erfahren haben, lassen sich Inserttags in vielfältiger Form einsetzen und erleichtern einiges im Alltag mit Contao, ohne dass man immer gleich tief in die Template-Programmierung einsteigen muss.

Wenn Sie zum Beispiel mehrsprachige Websites realisieren und nicht für alle Bereiche die sprachabhängigen Module erstellen oder das ein oder andere Modul einsparen wollen, dann helfen speziell zwei Inserttags: {{iflng::*}} und {{ifnlng::*}}.

Die Beschreibung auf der Projekt-Website contao.org lautet:

{{iflng::*}} Dieses Tag wird komplett entfernt, wenn die Sprache der Seite *nicht* mit der Tag-Sprache übereinstimmt. Sie können so sprachspezifische Bezeichnungen erstellen: {{iflng::en}}Your name{{iflng}}

{{ifnlng::*}} Dieses Tag wird komplett entfernt, wenn die Sprache der Seite mit der Tag-Sprache übereinstimmt. Sie können so sprachspezifische Bezeichnungen erstellen: {{ifnlng::de}}Your name{{iflng}}.

Sprich: Das eine Inserttag zeigt etwas dann an, wenn die Seitensprache dem Länderkürzel entspricht, das andere zeigt es genau dann nicht an.

7.7.1 Praxisbeispiel

Sie fügen das Logo des Kunden, für den Sie gerade die Website umsetzen, meist als Modul in Form eines Inhaltstyps EIGENER HTML-CODE in das Seitenlayout ein, verlinken dann auf die Startseite und nutzen im Link das Attribut *title*.

Die sprachlich relevante Unterscheidung findet sich in den Linkzielen sowie im Text wieder. Genau hier kommt nun der Inserttag zum Einsatz.

Listing 7.23 Aufbau des Codes – einsprachig

```
<!-- indexer::stop -->
<div id="logo">
  <a href="{{env::path}}" title="Startseite">
  <img src="files/standard/logo.png" width="183" height="183" alt="Logo">
  </a>
  </div>
<!-- indexer::continue -->
```

Wenn Sie in den Einstellungen von Contao in der Rubrik FRONTEND-EINSTELLUNGEN die Checkbox bei DIE SPRACHE ZUR URL HINZUFÜGEN aktiviert haben, dann ist der in Listing 7.24 aufgeführte Code mit dem Link zur englischen Startseite "{{env::path}}en" korrekt und Sie werden zur englischsprachigen Startseite (Homepage) geleitet. Wenn Sie die Option nicht verwenden, dann schreiben Sie den Seitenalias sowie das URL-Suffix dazu (zum Beispiel homepage.html).

Listing 7.24 Aufbau des Codes – zweisprachig (deutsch und englisch)

```
<!-- indexer::stop -->
<div id="logo">
  {{iflng::de}}<a href="{{env::path}}" title="Startseite">
  <img src="files/standard/logo.png" width="183" height="183" alt="Logo">
  </a>
  {{iflng}}
  {{iflng::en}}<a href="{{env::path}}en" title="Homepage">
  <img src="files/standard/logo.png" width="183" height="183" alt="Logo">
  </a>
  {{iflng}}
  </div>
<!-- indexer::continue -->
```

Auch andere Inserttags lassen sich sprachabhängig einbinden, wie in Listing 7.25 zu sehen ist.

Listing 7.25 Einbinden eines Artikels anhand der Sprache

```
<!-- indexer::stop -->
  {{iflng::de}}{{insert_article::6}}{{iflng}}
  {{iflng::en}}{{insert_article::20}}{{iflng}}
<!-- indexer::continue -->
```

Wenn die Sprache der Seite deutsch (de) ist, dann zeige den Inhalt des Artikels mit der ID 6 an. Wenn die Sprache der Seite englisch (en) ist, zeige den Inhalt des Artikels mit der ID 20 an.

8

Beispielprojekt: Die Erstellung einer Website

In diesem Kapitel widmen wir uns dem Beispielprojekt des Buches, der Erstellung einer Website. Ich werde Ihnen den kompletten Aufbau der Beispiel-Website – von den ersten Schritten im Backend nach der Installation bis hin zur fertigen Website – zeigen.

Das Ergebnis dieses Kapitels (= die Beispiel-Website) können Sie sich unter folgendem Link live ansehen: *www.contao-fuer-webdesigner.de/site*

Bild 8.1
Die Beispiel-Website auf verschiedenen Geräten dargestellt

Die Beispiel-Website ist eine sogenannte OnePage-Website mit

- einem Bilderkarussell [dk_carouFredSel],
- der Verwendung des Contao-Grids,
- dem Einsatz von Akkordeons,
- dem Einbinden eines Icon-Fonts,
- dem Einsatz von responsiven Bildern [responsive_images],
- einem fixierten, feststehenden Kopfbereich
- und einem Sticky Footer.

Damit die Website auch auf einem Tablet oder Smartphone eine gute Figur macht, werden CSS-Definitionen erstellt, sodass sich die Website responsive verhält. Zum Schluss wird noch ein Homescreen-Icon für das Lesezeichen auf einem Tablett oder Smartphone erstellt und eingebunden.

Gleich live ansehen?

In diesem Kapitel können Sie den Aufbau der Website Schritt für Schritt durch-
lesen und nachvollziehen. Sie können sich auch in den Servicebereich der Buch-
Website einloggen, die gesamte Website herunterladen und die Schritte in Ihrer
Live-Installation nachvollziehen. Alle benötigten Erweiterungen sind in dieser
Website schon installiert.

Es handelt sich hierbei nicht um ein Theme, das Sie importieren können und bei
dem Sie noch die Seitenstruktur anlegen müssen. Sie erhalten vielmehr die gesamte Website mit der gesamten Contao-Installation inklusive einem Datenbank-
Dump. Auf diese Weise können Sie die Website nach wenigen Anpassungen
direkt in Betrieb nehmen, sie in Ruhe analysieren und auswerten. Welche Details
Sie berücksichtigen müssen, steht in der ReadMe-Datei, die im Download-
Material für die Beispiel-Website enthalten ist.

Für den Login verwenden Sie bitte folgende Zugangsdaten:

www.contao-fuer-webdesigner.de/service.html

Benutzername: contaowebdesigner

Passwort: BG7zg5CgSy4q

Im Service-Bereich der Buch-Website finden Sie darüber hinaus auch weiterführende Tipps. In unregelmäßiger Folge sind auch Tutorials geplant.

Am meisten würde es mich freuen, wenn Sie auf Basis der Beispiel-Website Ihre
eigene Website entwickeln würden.

■ 8.1 Aufbau der Website

Der Aufbau der Website wird Schritt für Schritt erklärt. Dabei werden nach den grundlegenden Arbeiten wie dem Erstellen der Seitenstruktur, dem Seitenlayout und den Frontend-
Modulen die Inhalte von oben nach unten – der Website entsprechend – erklärt.

8.1.1 Anlegen der Seitenstruktur

Für diese OnePage-Site benötigen Sie vier Seiten. Kein Widerspruch, denn als Erstes legen
Sie eine Seite vom Seitentyp STARTPUNKT EINER WEBSEITE an (Bild 8.2). Dieser Seitentyp als
erste anzulegende Seite ist zwingend. Hier wird der *Sprachen-Fallback*, das *globale Datums-
und Zeitformat* und auch das *Seitenlayout* bestimmt.

Danach erstellen Sie drei Seiten vom Seitentyp REGULÄRE SEITE. Die erste Seite ist die eigentliche OnePage, in der alle Inhalte eingepflegt werden. Die zweite Seite dient als Bestäti-
gungsseite für das Kontaktformular und die dritte enthält den Artikel für den editierbaren
Inhalt des Fußbereichs. Doch gehen wir der Reihe nach vor.

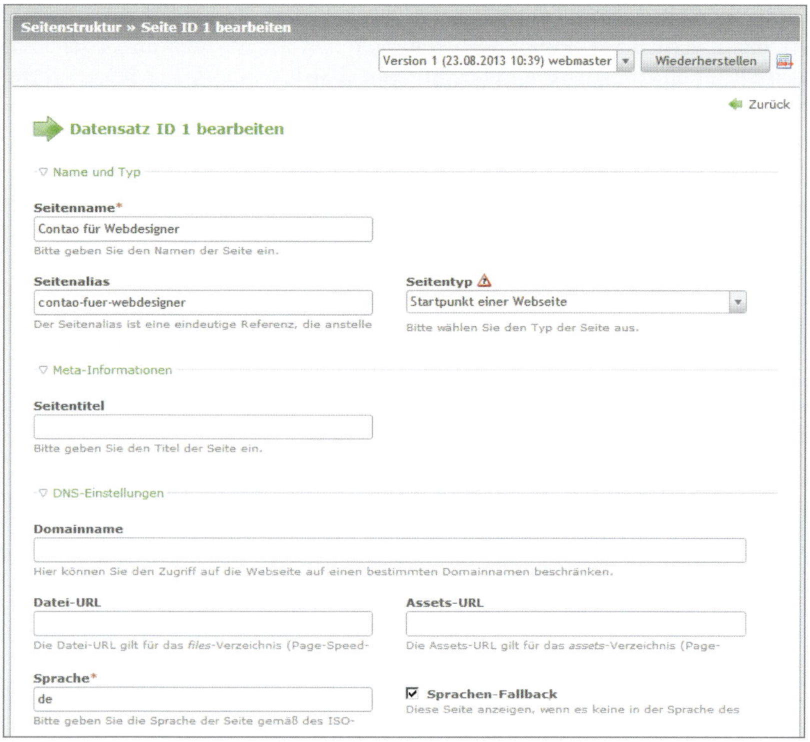

Bild 8.2 Einstellungen des Seitentyps Startpunkt einer Webseite

In der Rubrik *Name und Typ* tragen Sie im Feld Seitenname den *Seitennamen* ein (Bild 8.2). Den *Seitenalias* generiert Contao beim Speichern automatisch; es sei denn, Sie haben hier manuell etwas anderes eingetragen. Der Seitentyp ist bei der ersten Seite, die Sie in Contao anlegen, immer vom Typ Startpunkt einer Webseite.

In der Rubrik *DNS-Einstellungen* tragen Sie im Feld Sprache das Länderkürzel ein (de für Deutschland) und aktivieren die Option *Sprachen-Fallback* (Bild 8.2).

Bild 8.3 Globale Einstellungen und XML-Sitemap definieren

Wenn Sie in der Rubrik *Layout-Einstellungen* die Checkbox EIN LAYOUT ZUWEISEN aktivieren (Bild 8.4), dann werden Sie aktuell noch kein Seitenlayout zur Auswahl angeboten bekommen. Dieses legen Sie im nächsten Abschnitt gleich an.

 PRAXISTIPP: Reihenfolge des Website-Aufbaus

Mit steigender Erfahrung und einer größeren Anzahl realisierter Contao-Installationen werden Sie hier Ihren Workflow anpassen und die Reihenfolge beim Aufbau einer Website anders gestalten. Wenn Sie keine oder wenig Erfahrung mit dem Website-Aufbau in Contao haben, sind die beschriebenen Schritte zum Kennenlernen einfacher.

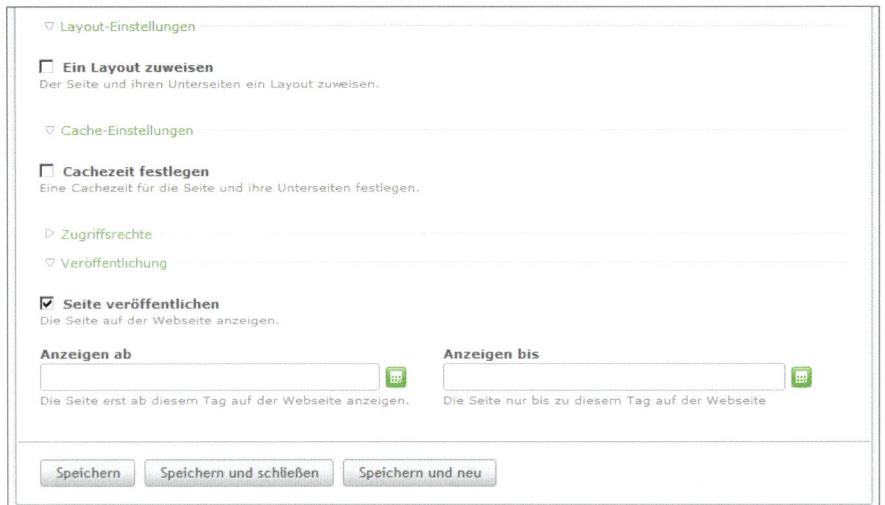

Bild 8.4 Optionen für Seitenlayout festlegen und Seite veröffentlichen

Nachdem Sie die Seiten angelegt haben, rufen Sie die Startseite im Frontend auf.

Klicken Sie dazu am besten in der Ansicht der *Seitenstruktur* auf die Bezeichnung der Webseite, hier Startseite (Bild 8.5).

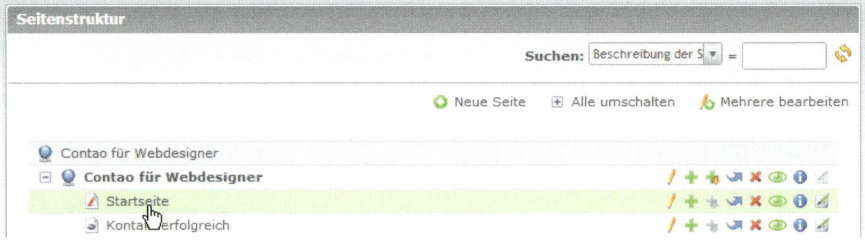

Bild 8.5 Aufruf der Seite im Frontend

Contao gibt Ihnen den schlichten Hinweis: *No layout specified* (Bild 8.6). Das erstellen Sie nun im nächsten Schritt.

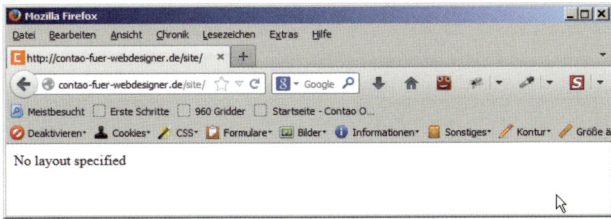

8.1.2 Seitenlayout anlegen

Bevor Sie ein Seitenlayout anlegen können, müssen Sie zunächst ein Theme erstellen. Innerhalb des Themes werden die *Frontend-Module*, die *CSS-Dateien* und die *Seitenlayouts* verwaltet. Die Themes können Sie später auch exportieren und in eine andere Installation importieren.

8.1.2.1 Theme erstellen

Öffnen Sie dazu im Backend Layout > Themes und klicken dann auf den Link Neues Theme (Bild 8.7).

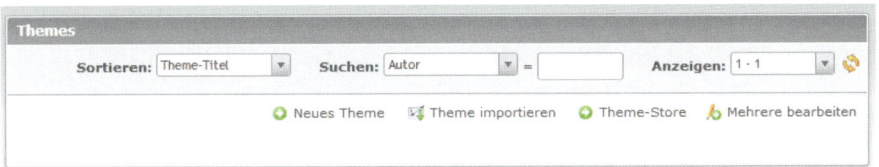

Bild 8.7 Neues Theme erstellen

Definieren Sie hier den Namen des *Themes* und den Autor. Beides sind Pflichtfelder. Alle weiteren Einstellungen, die in Bild 8.8 gezeigt werden, sind optional. In der Rubrik *Konfiguration* können Sie den *Ordner* definieren, in dem Sie dann alle Dateien speichern, die zum *Design* und *Layout* gehören. Dazu zählen auch die extern eingebundenen *CSS-Dateien*. Sie können ein Screenshot Ihres Designs hinterlegen, indem Sie auf die Schaltfläche Auswahl ändern unterhalb von dem Bildschirmfoto klicken und aus der *Dateiverwaltung* ein zuvor hochgeladenes Bild aussuchen. Wählen Sie einen Ordner für die *Templates* aus, die Sie bei einem *Theme-Export* berücksichtigen wollen. Diesen Ordner müssen Sie gegebenenfalls vorher in der *Dateiverwaltung* anlegen.

In der Rubrik *Globale Variablen* können Sie Globale Variablen anlegen. Diese definieren Sie hier einmal und können dann die Variablen innerhalb der CSS verwenden.

Vorteil: Sie ändern einmal den Wert der Variablen und alle Stellen, an denen der Variablenname verwendet wird, und geben diesen neuen Wert aus.

Wenn Sie im Seitenlayout Zusätzliche Stylesheets einbinden und damit arbeiten, dann ist gegebenenfalls das Gleiche mit Suchen und Ersetzen schneller erreicht.

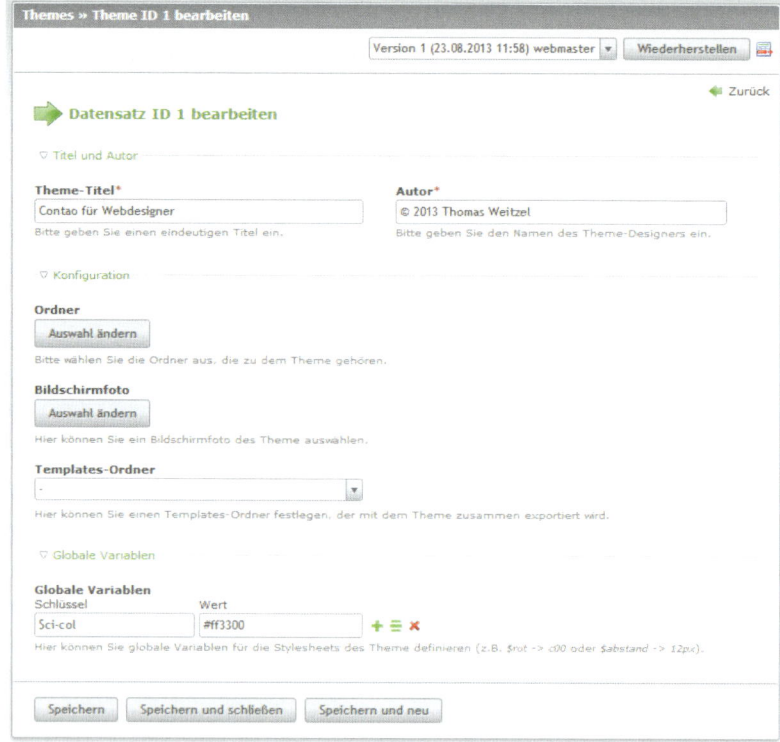

Bild 8.8 Theme erstellen

Beispiel: Die Farbe des Kundendesigns – Corporate Design beziehungsweise Hausfarbe – wird hier als Variable hinterlegt. Der Farbwert als Hexadezimalwert lautet: *#ff3300*. Legen Sie diese Farbe als Variable *$ci-col* an.

Tragen Sie dazu in das Feld SCHLÜSSEL *$ci-col* und in das Feld WERT *#ff3300* ein.

 HINWEIS: Für den Variablennamen stehen insgesamt sechs Zeichen zur Verfügung, inklusive dem $-Zeichen am Anfang der Variablen, auch wenn Sie hier im Feld mehr Zeichen eingeben können. Wenn Sie Farbwerte mit hexadezimalen Werten (#Farbwert) innerhalb des internen CSS-Editors schreiben, können Sie das #-Zeichen bei der Eingabe weglassen. Nur im Feld EIGENER CODE muss den hexadezimalen Farbwerten das #-Zeichen vorangestellt werden (#$ci-col).

Wenn Sie mit eingebundenen CSS-Dateien arbeiten und diese in einem externen Editor bearbeiten, dann können Sie diese – zumindest bei Farbwerten – auch sehr schnell durch Suchen und Ersetzen ändern. In extern eingebundenen Stylesheets gibt eine keine Möglichkeiten, Variablen einzubinden. Was es mit dem Einbinden von CSS-Dateien auf sich hat, erfahren Sie in Abschnitt 8.1.6.

Wenn Sie das Theme erstellt haben und SPEICHERN UND SCHLIESSEN, dann sieht die Übersichtsseite so wie in Bild 8.9 aus.

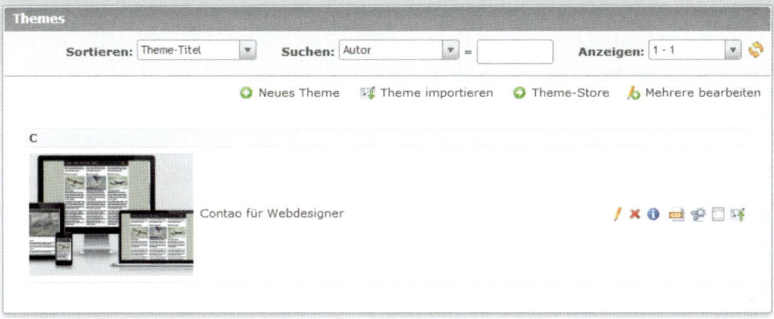

Bild 8.9 Übersichtsseite der Themes

Erstellen Sie nun ein *Seitenlayout*, indem Sie auf das zweite Icon von rechts klicken (Bild 8.9).

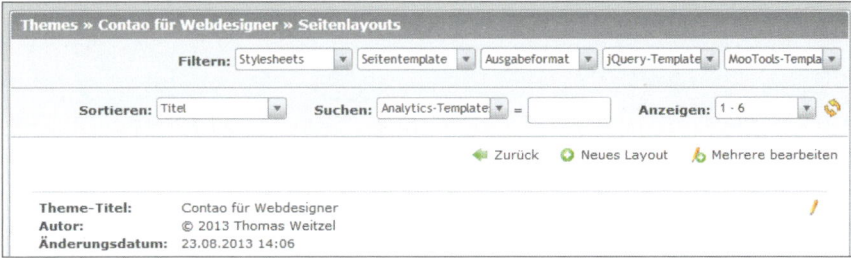

Bild 8.10 Neues Seitenlayout erstellen

Klicken Sie auf den Link NEUES LAYOUT. In der Rubrik *Titel* vergeben Sie im Feld TITEL einen Namen für das *Seitenlayout* (Standardlayout siehe Bild 8.11).

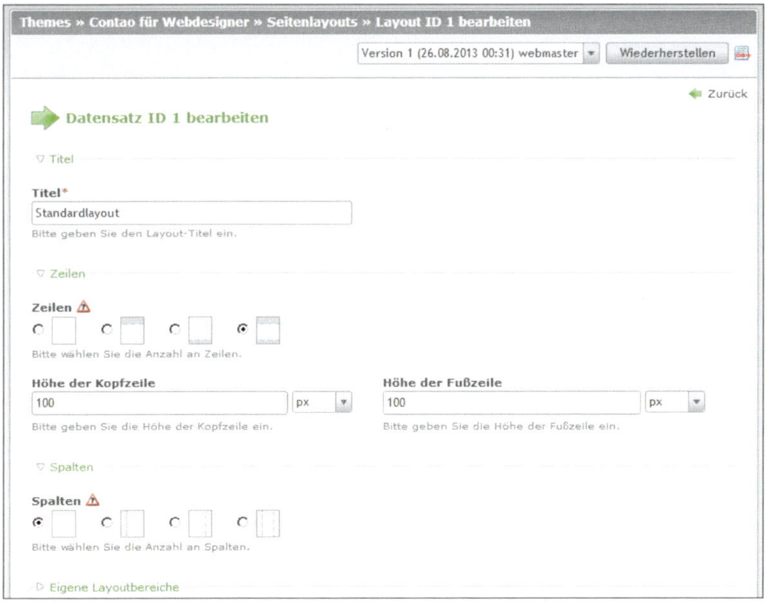

Bild 8.11
Seitenlayout
anlegen – Teil 1

In der Rubrik *Zeilen* wählen Sie die Option ganz rechts aus: Verwendung von Kopf- und Fußzeile. Geben Sie in das Feld HÖHE DER KOPFZEILE *100* ein und wählen *px* als Einheit aus. Die gleichen Einstellungen vergeben Sie auch für die Fußzeile (Bild 8.11).

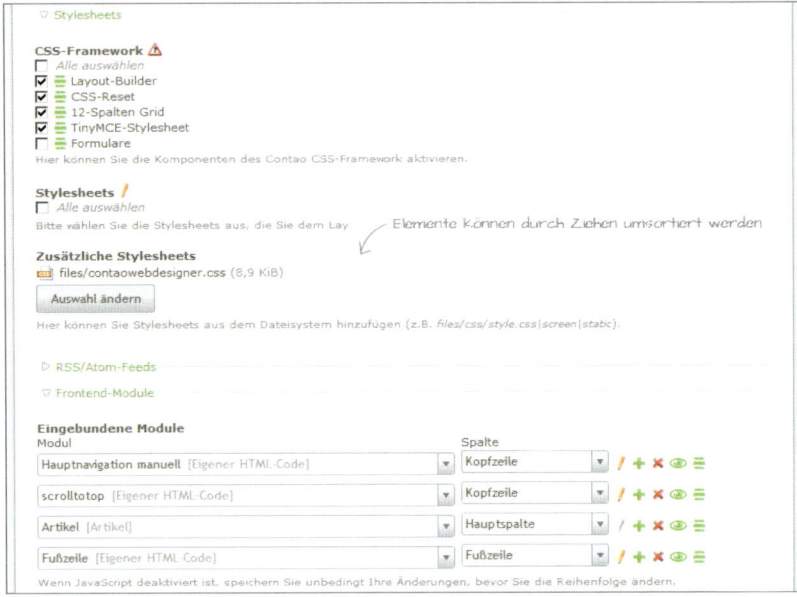

Bild 8.12 Seitenlayout anlegen – Teil 2

In der Rubrik *Experten-Einstellungen* lassen Sie die Auswahl des *Seitentemplates* auf FE_PAGE und das *Ausgabeformat* auf HTML (Bild 8.17).

Im nächsten Abschnitt werden wir im Feld *Google-Webfonts* einen oder auch mehrere Google-Webfonts einbinden.

8.1.2.2 Google-Webfonts einbinden

Im Folgenden möchte ich Ihnen zeigen, wie Sie einen Google-Webfont einbinden. Öffnen Sie dazu zuerst die Website der Google-Webfonts unter *www.google.com/fonts* (Bild 8.13).

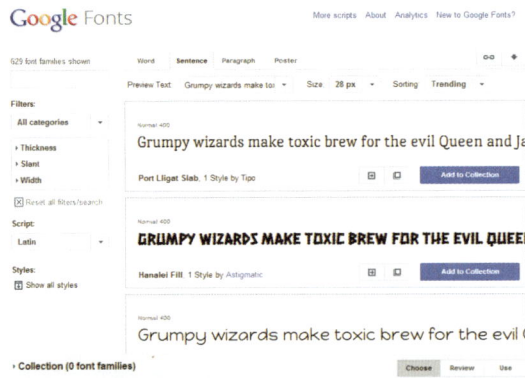

Bild 8.13
Die Website Google-Webfonts

Im Suchfeld können Sie nun eine Schrift suchen, deren Namen Sie kennen oder die Filter nutzen (Bild 8.13). Hier wurde die Schrift *Source Code Pro* ausgewählt (Bild 8.14).

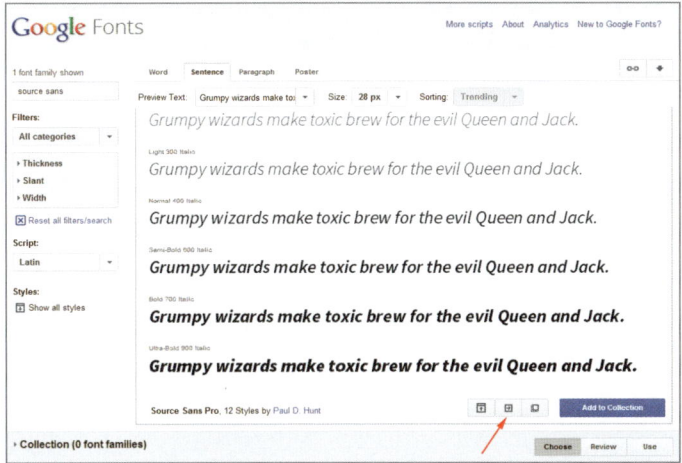

Bild 8.14 Schriftauswahl

Klicken Sie auf das Symbol (roter Pfeil in Bild 8.14) *Quick-use* und wählen dann die jeweiligen Schriftschnitte aus (Bild 8.15).

Bild 8.15 Auswahl der Schriftschnitte

Neben dem Schriftschnitt sehen Sie auch eine nachgestellte Zahl (200, 300, 400, 500, 600, 700 und 900), welche die Stärke angibt. Dies entspricht der CSS-Eigenschaft *font-weight*. Sie schreiben später für den Schriftschnitt *font-weight:700* anstatt *font-weight:bold*.

Da Contao schon für den Einsatz der Google-Webfonts vorbereitet ist, müssen Sie hier nur den Textabschnitt `Source+Sans+Pro:400,600,700,400italic,600italic` in das Feld Google-Webfonts eintragen, wie es Bild 8.16 zeigt.

Innerhalb der CSS-Definitionen schreiben Sie dann – wie es ebenfalls in Bild 8.16 zu sehen ist – für die Definition der Schriftfamilie `font-family:'Source Sans Pro', sans-serif`.

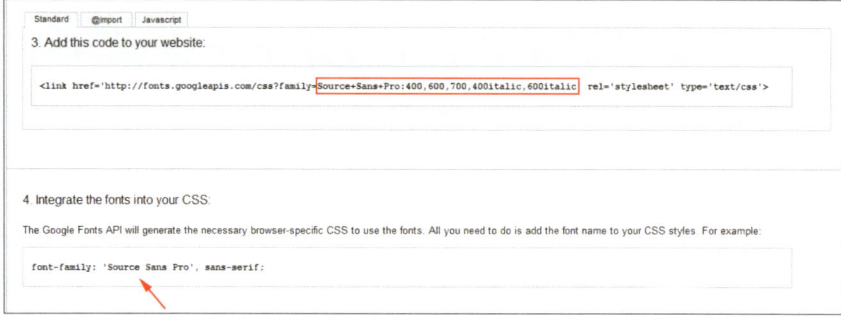

Bild 8.16   Code auswählen für die Übernahme in Contao

 HINWEIS: Schriftnamen, die aus mehr als einem Wort bestehen, werden immer in Hochkommata geschrieben. Wenn Sie mehr als einen Google-Webfont verwenden möchten, dann schreiben Sie den weiteren Google-Webfont durch einen Pipe | getrennt dahinter.

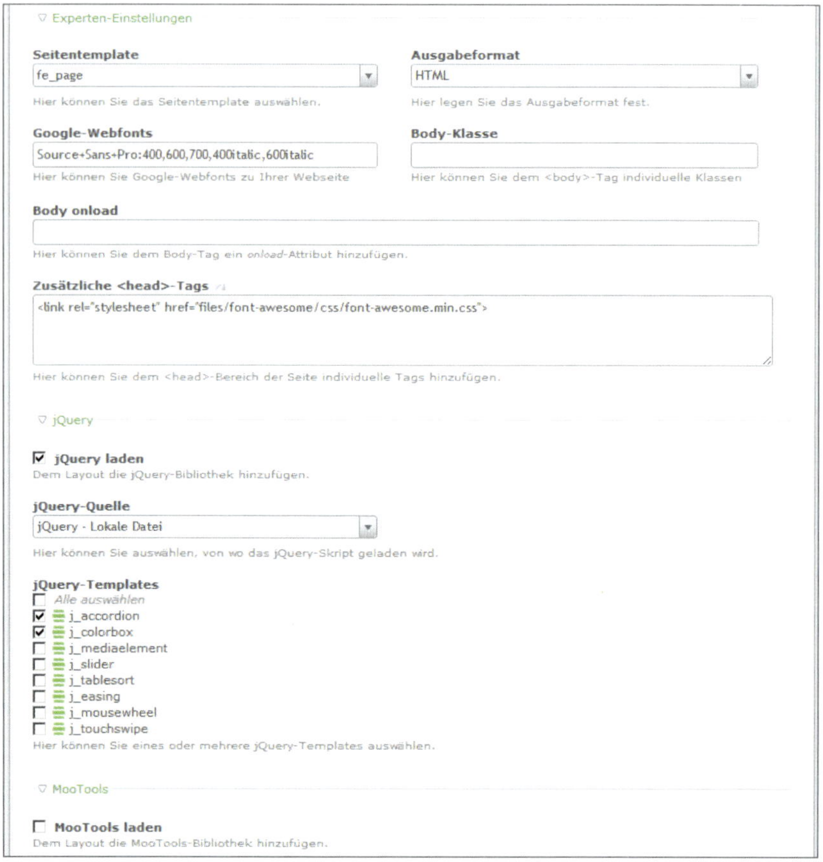

Bild 8.17   Seitenlayout anlegen – Teil 3

Im Feld ZUSÄTZLICHE <HEAD>-TAGS wird der Pfad zur CSS-Datei für die Einbindung des *Icon-Fonts FontAwesome* eingetragen (Bild 8.17). In Abschnitt 8.1.4 erfahren Sie mehr zur Einbindung des Icon-Fonts.

In der Rubrik *jQuery* aktivieren Sie die Checkbox JQUERY LADEN und bestimmen die JQUERY-QUELLE. Damit später die Akkordeons sowie die Bilder bei Klick vergrößert dargestellt werden, aktivieren Sie unter JQUERY-TEMPLATES die Templates *j_accordion* und *j_colorbox* (Bild 8.17).

 HINWEIS: Aktivieren Sie am besten immer nur eines der beiden JavaScript-Frameworks: also jQuery oder MooTools. In gewissen Konstellationen funktionieren manche Skripte nicht einwandfrei, wenn beide Frameworks geladen und aktiviert werden.

In der Rubrik *Skript-Einstellungen* aktivieren Sie eines der beiden Analytics-Templates (Bild 8.18). Mehr dazu erfahren Sie in Abschnitt 9.7. Im Feld *Eigener JavaScript-Code* wird später der Code eingebunden, der für das weiche Scrollen zu den Sprungmarken und nach oben verantwortlich ist.

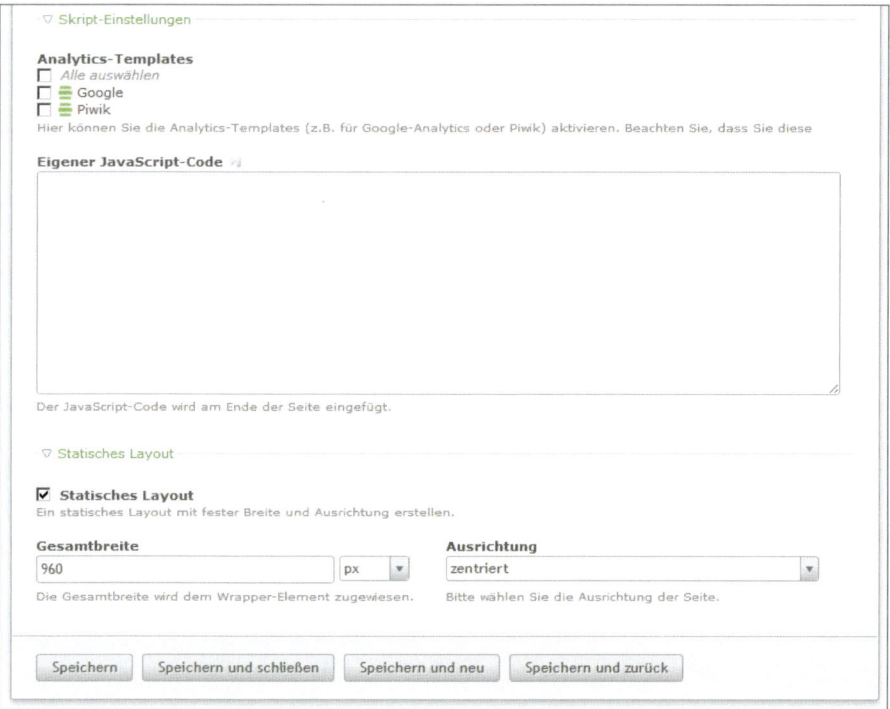

Bild 8.18 Seitenlayout anlegen – Teil 4

Zum Schluss tragen Sie in der Rubrik *Statisches Layout* in das Feld GESAMTBREITE *960* ein und wählen als EINHEIT *px* aus. Die AUSRICHTUNG setzen Sie auf *zentriert* (Bild 8.18). Speichern Sie nun das Seitenlayout ab.

8.1.3 Weitere Vorbereitungen treffen

Legen Sie in der *Dateiverwaltung* den Ordner *standard* an. Hier werden alle Dateien gespeichert, die für das Design und Layout der Website verwendet werden. Klicken Sie dazu im Backend auf SYSTEM > DATEIVERWALTUNG und dann auf den Link NEUER ORDNER. Legen Sie die Position für den Ordner durch Klick auf das orange Icon fest.

Für die Bilder, die dann im Slider verwendet werden, legen Sie einen weiteren Ordner *slider* an.

8.1.4 Icon-Fonts einbinden

Welche Möglichkeiten und Vorteile die Verwendung von Icon-Fonts bieten, haben Sie bereits in Abschnitt 7.2 erfahren.

Laden Sie sich zunächst das Archiv von der Website[1] und entpacken es lokal auf Ihrem Rechner. Erstellen Sie sich den neuen Ordner *font-awesome* in der DATEIVERWALTUNG und laden die Ordner *css* und *font* mit den Inhalten hoch. Die Ordnerstruktur und die darin enthaltenen Dateien sollten nun so wie in Bild 8.19 aussehen.

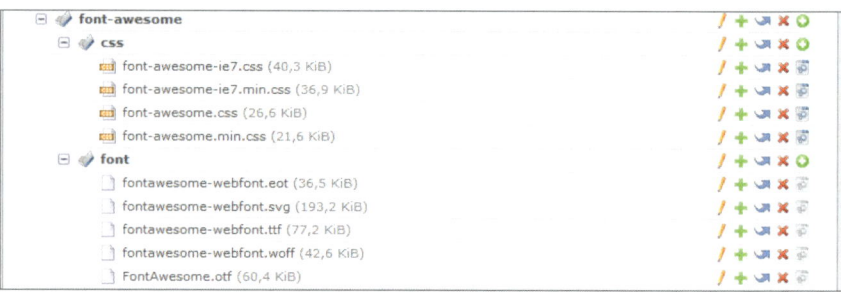

Bild 8.19 Der Ordner font-awesome mit den Unterordnern css und font

Im Ordner *css* befinden sich die Dateien *font-awesome.css* und *font-awesome-ie7.css* sowie dieselben Dateien in komprimierter Version mit dem Zusatz *.min*.

Für die Nutzung innerhalb von Contao binden Sie die CSS-Datei jetzt ein. Öffnen Sie dazu LAYOUT > THEMES > SEITENLAYOUTS und durch Klick auf das Bleistift-Icon das Seitenlayout *Standardlayout* zum Bearbeiten. Fügen Sie den Code (Listing 8.1) für die Einbindung der CSS in der Rubrik *Experten-Einstellungen* in das Feld ZUSÄTZLICHE <HEAD>-TAGS ein.

Listing 8.1 CSS-Datei font-awesome.min.css einbinden

```
<link rel="stylesheet" href="files/font-awesome/css/font-awesome.min.css">
```

Binden Sie gleich die minimierte Version ein; so sparen Sie einige Kilobytes an Traffic ein. Wenn Sie Unterstützung auch für den IE 7[2] benötigen, fügen Sie noch die entsprechende CSS-Datei hinzu. Speichern Sie das Seitenlayout ab.

---

[1] *http://fortawesome.github.io/Font-Awesome/*
[2] *http://fortawesome.github.io/Font-Awesome/get-started/*

Nun stehen Ihnen die Icon-Fonts von Font Awesome zur Verfügung. Wie man sie einbaut und anwendet, erfahren Sie in den nachfolgenden Abschnitten.

8.1.5 Frontend-Module anlegen

Für eine OnePage-Website benötigen Sie kein normales Navigationsmodul von Contao, sondern eine Navigation, mit der Sie zu den jeweiligen Seitenbereichen springen können. Diese Navigation beziehungsweise deren Linkziele basieren auf Ankern.

Zudem benötigen Sie ein weiteres Modul, das mithilfe eines Inserttags den Inhalt eines Artikels im Fußbereich ausgibt und im Seitenlayout eingebunden wird.

Ein drittes Modul integriert einen weichen Scroll-Effekt, wenn man in der Navigation einen Link auswählt. Damit wird zu den einzelnen Bereichen weich gescrollt. Dieser Effekt wird dann auch für den Effekt in die Gegenrichtung verwendet: das sanfte Scrollen nach oben.

8.1.5.1 Navigation anlegen

Die Navigation einer OnePage-Website besteht in der Regel aus Sprungmarken – erzeugt durch den Einsatz von Ankern[3]. Damit kann der Benutzer den jeweiligen Link im Navigationsmenü anklicken und der Seiteninhalt wird bis zum Anker nach oben verschoben.

Einen einfachen Aufbau einer listenbasierten Navigation sehen Sie in Listing 8.2.

Listing 8.2 HTML-Code einer listenbasierten Navigation

```html
<nav id="mainnav">
  <ul>
    <li><a title="Startseite" href="#top">Startseite</a></li>
    <li><a title="Produkte" href="#produkte">Produkte</a></li>
    <li><a title="Service" href="#service">Service</a></li>
    <li><a title="Kontakt" href="#kontakt">Kontakt</a></li>
    <li><a title="Impressum" href="#impressum">Impressum</a></li>
  </ul>
</nav>
```

 PRAXISTIPP: Die HTML-Struktur können Sie auch so erzeugen: Erstellen Sie die Seiten, die Sie als Menüpunkte benötigen. Legen Sie dann ein Modul vom Typ Navigationsmenü an und binden es in das Seitenlayout ein. Rufen Sie anschließend die Seite im Frontend auf und kopieren den erzeugten Quellcode der Navigation. Vorteil ist, dass Sie die Bezeichnungen für die Skip-Navigation gleich mit verwenden können.

In Listing 8.3 sehen Sie den angepassten Code für die Navigation und in Listing 8.4 die dazugehörigen CSS-Definitionen.

---

[3] http://de.selfhtml.org/html/verweise/projektintern.htm

Listing 8.3 HTML-Code für die Erzeugung einer listenbasierten Navigation

```html
<!-- indexer::stop -->
<nav class="mod_navigation block" id="mainnav">

  <a href="de/#skipNavigation12" class="invisible">Navigation überspringen</a>

  <ul class="level_1">
    <li><a href="#top" title="Startseite"></a></li>
    <li><a href="#produkte" title="Produkte">Produkte</a></li>
    <li><a href="#service" title="Service">Service</a></li>
    <li><a href="#kontakt" title="Kontakt">Kontakt</a></li>
    <li><a href="#impressum" title="Impressum">Impressum</a></li>
  </ul>

  <a id="skipNavigation12" class="invisible"> </a>

</nav>
<!-- indexer::continue -->
```

Listing 8.4 CSS-Definitionen für die Navigation

```css
/* Navigation */
#mainnav {
    background:#333;
    height:60px;
}
#mainnav ul {
    margin:30px 0 0 30px;
    padding:0;
    list-style-type:none;
}
#mainnav li {
    margin:0;
    padding:0;
    float:left;
}
#mainnav a {
    margin:0;
    padding:3px 16px 3px 0;
    text-decoration:none;
    background:#313131;
    color:#fff;
    letter-spacing:.024em;
    -webkit-transition:background .3s ease-in-out;
    -moz-transition:background .3s ease-in-out;
    -ms-transition:background .3s ease-in-out;
    -o-transition:background .3s ease-in-out;
    transition:background .3s ease-in-out;
}
#mainnav a:hover {
    border-bottom:3px solid #f30;
    background:#ad5758;
}
```

Wie Sie die Anker, also die Sprungmarken, definieren, erfahren Sie im Abschnitt 8.1.9. Als nächsten Schritt legen Sie das Modul für das dynamische Einbinden von Artikelinhalten an.

8.1.5.2 Modul für das Einbinden des Fußbereichs erstellen

Damit Ihre Kunden und die Redakteure später die Bereiche einfacher pflegen können, legen Sie die Inhalte des Fußbereichs nicht auf HTML-Basis an, sondern ermöglichen den Redakteuren auch hier den Zugriff auf bekannte Methoden und Werkzeuge: den WYSIWYG[4]-Editor TinyMCE.

Hier helfen die *InserttTags*[5] weiter. Mit dem *Inserttag* {{include_article::ID}} lässt sich ein Modul erstellen, das im Seitenlayout eingebunden, die Inhalte eines Artikels ausgibt. Dazu öffnen Sie im Backend Inhalte > Artikel und navigieren Sie mit dem Mauszeiger über das blaue i-Icon (Bild 8.20). Dort wird Ihnen die Artikel-ID angezeigt. Merken oder notieren Sie sich diese ID.

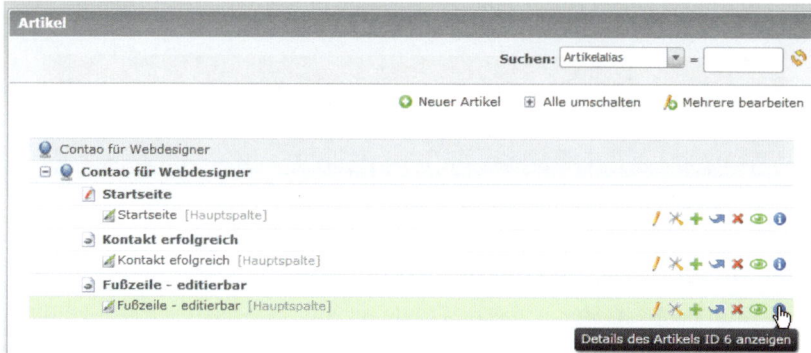

Bild 8.20 Artikel-ID anzeigen in der Artikelübersicht

Erstellen Sie jetzt das Modul, das diesen Artikelinhalt in das Seitenlayout einbindet. Öffnen Sie dazu im Backend Layout > Themes > Frontend-Module und klicken auf den Link Neues Modul. Wählen Sie dann in der angezeigten Eingabemaske in der Rubrik *Titel und Typ* den Modultyp Eigener HTML-Code aus. Nachdem die Eingabemaske neu geladen wurde und nun die Optionen für diesen Modultyp angezeigt werden, geben Sie im Feld Titel *Fußzeile* als Titel ein. Im Feld Text/HTML tragen Sie den Insert-Tag {{include_article::ID}} ein.

Tauschen Sie den Platzhalter *ID* durch die notierte oder gemerkte Zahl aus. Die in Bild 8.20 sichtbare *Artikel-ID* ist sechs. Schreiben Sie daher nun die Ziffer 6 in den Insert-Tag: {{include_article::6}}.

 HINWEIS: Denken Sie daran, später die ID des Artikels **Ihrer** Installation einzusetzen. Zu gerne vergisst man solche Kleinigkeiten und sucht viel zu lange nach Fehlern an anderen Stellen.

Im nächsten Schritt binden Sie das eben erstellte Modul in das Seitenlayout ein. Klicken Sie hierzu Layout > Themes > Seitenlayouts und öffnen das Bleistift-Icon zum Bearbeiten des Seitenlayouts *Standardlayout*. Scrollen Sie bis zur Rubrik Frontend-Module und weisen Sie das Modul Fußzeile der Spalte Fußzeile zu (Bild 8.21).

---

[4] WYSIWYG = What you see is what you get
[5] *https://contao.org/de/manual/3.1/managing-content.html#inserttags*

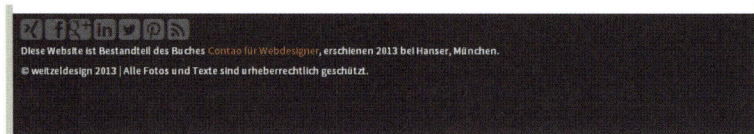

Bild 8.21 Einbinden des Moduls Fußzeile in die Spalte Fußzeile

Speichern Sie das Seitenlayout ab und schauen Sie sich die Ausgabe im Frontend an. Hier wird nun in der Fußzeile der im Artikel eingegebene Inhalt dargestellt (Bild 8.22).

Bild 8.22 Fußzeile mit den Inhalten aus einem Artikel

8.1.5.3 Modul für die Scroll-Funktion erstellen

Erstellen Sie nun noch ein Modul, das den Code für die Nach-oben-Scrollen-Funktion beinhaltet. Dieses Modul wird dann im Seitenlayout in der Kopfzeile eingebunden. Wechseln Sie dazu im Backend auf LAYOUT > THEMES > FRONTEND-MODULE und klicken Sie auf den Link *Neues Modul*. Wechseln Sie dann auf den Modultyp EIGENER HTML-CODE.

Geben Sie diesem Modul im Feld TITEL den Titel *scrolltotop* und fügen Sie den Code aus Listing 8.5 in der Rubrik TEXT/HTML in das Feld *HTML-Code* ein (Bild 8.23).

Listing 8.5 HTML-Code zum Ansteuern der Scroll-Funktion

```
<a href="#startseite" class="scrollup" title="nach oben scrollen">[nbsp]</a>
```

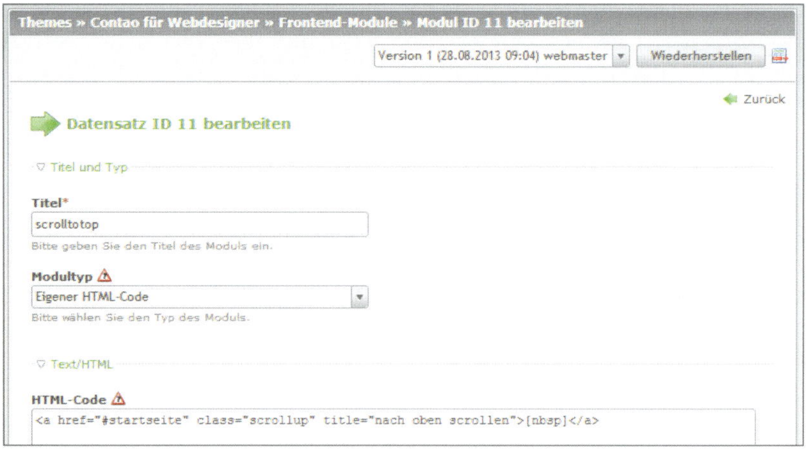

Bild 8.23 Das Modul Eigener HTML-Code für die Scroll-Funktion

Speichern Sie das Modul ab. Wechseln Sie dann in Layout > Themes > Seitenlayouts und öffnen mit einem Klick auf das Bleistift-Icon das Seitenlayout *Standardlayout*. Scrollen Sie bis zur Rubrik *Script-Einstellungen* und fügen im Feld Eigener JavaScript-Code den Code aus Listing 8.6 ein.

Listing 8.6 JavaScript-Code für den Scroll-Effekt

```
<script type="text/javascript" src="files/smoothscroll.js"></script>
<script type="text/javascript">
$(window).scroll(function(){
    if ($(this).scrollTop() > 80) {
        $('.scrollup').fadeIn();
    } else {
        $('.scrollup').fadeOut();
    }
});
</script>
```

Relevant ist der Wert 80. Dieser Wert ist in Pixel angegeben und bestimmt, ab welchem Abstand von oben in Pixel die Schaltfläche für die Scroll-Funktion einblendet. Schauen Sie sich das einfach mal auf der fertigen Seite an. Je nach Design und Anforderungen für Ihre Layouts variieren Sie diesen Wert, wenn Sie die Scroll-Funktion später verwenden möchten.

Wie Sie in Listing 8.6 sehen, wird die JavaScript-Datei *smoothscroll.js* aus der Dateiverwaltung eingebunden. Der JavaScript-Code (Listing 8.7) wird via Link eingebunden, damit die Übersichtlichkeit im Feld Eigener JavaScript-Code erhalten bleibt (Bild 8.24).

```
Eigener JavaScript-Code
<script type="text/javascript" src="files/smoothscroll.js"></script>
<script type="text/javascript">
$(window).scroll(function(){
    if ($(this).scrollTop() > 80) {
        $('.scrollup').fadeIn();
    } else {
        $('.scrollup').fadeOut();
    }
});
</script>
Der JavaScript-Code wird am Ende der Seite eingefügt.
```

Bild 8.24 JavaScript-Code für die Scroll-Funktion

Listing 8.7 JavaScript-Code smoothscroll.js

```
$(document).ready(function() {
  //
  // jQuery SmoothScroll | Version 18-04-2013
  //

    $('a[href*=#]').click(function() {

  // skip SmoothScroll on links inside sliders or scroll boxes also using anchors or
  if there is a javascript call
  if($(this).parent().hasClass('scrollable_navigation') || $(this).attr('href').
  indexOf('javascript')>-1) return;
```

```
// duration in ms
   var duration=1000;

// easing values: swing | linear
   var easing='swing';

// get / set parameters
   var newHash=this.hash;
   var oldLocation=window.location.href.replace(window.location.hash, '');
   var newLocation=this;

// make sure it's the same location
   if(oldLocation+newHash==newLocation)
   {
// get target
   var target=$(this.hash+', a[name='+this.hash.slice(1)+']').offset().top;

// adjust target for anchors near the bottom of the page
   if(target > $(document).height()-$(window).height())
   target=$(document).height()-$(window).height();

// animate to target and set the hash to the window.location after the animation
   $('html, body').animate({ scrollTop: target }, duration, easing, function() {

// add new hash to the browser location
   window.location.href=newLocation;
});

// cancel default click action
   return false;
   }
});

});
```

Nachdem Sie diese Vorbereitungen getroffen haben, binden Sie das Modul für die Scroll-Funktion in das Seitenlayout ein. Wechseln Sie dazu im Backend in LAYOUT > THEMES > SEITENLAYOUTS und klicken auf das Bleistift-Icon des Seitenlayouts *Standardlayout*. In der Rubrik *Frondend-Module* binden Sie das Modul *scrolltotop* ein und weisen es der Spalte *Kopfzeile* zu (Bild 8.25).

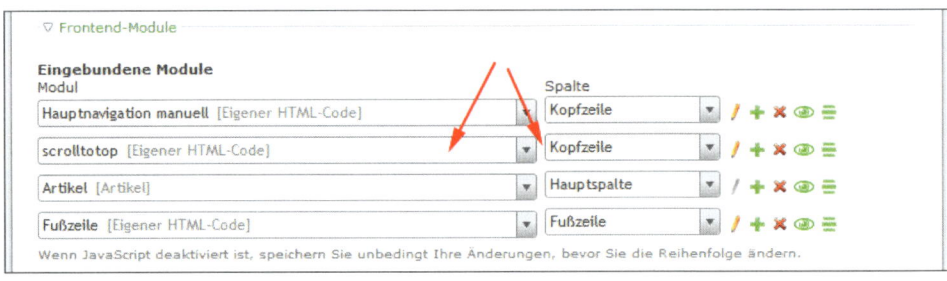

Bild 8.25 Einbinden des Moduls in das Seitenlayout

8.1.6 CSS anlegen und einsetzen

Contao bietet verschiedene Herangehensweisen, wie Sie CSS-Dateien anlegen und mit ihnen arbeiten können. Zum einen gibt es den internen CSS-Editor, mit dem Sie die Stylesheets erstellen können. Die Daten werden in der Datenbank gespeichert und aus ihr als temporäre CSS-Datei generiert. Diese Stylesheets stehen Ihnen dann im Seitenlayout zur Verfügung und können dort direkt eingebunden werden. Zum anderen finden Sie im Seitenlayout auch die Möglichkeit, externe CSS-Dateien einzubinden. Beide Methoden lassen sich auch kombiniert einsetzen.

Contao lässt sich auf diese Weise einfach auf Ihren Workflow anpassen.

PRAXISTIPP: Mögliche Workflows bei der Arbeit mit CSS

Während der Entwicklung und wenn Sie CSS lieber in einem Editor von Hand schreiben gibt es die Option, mit externen CSS-Dateien zu arbeiten. Wenn Sie später die Website Ihrem Kunden übergeben und er auch den Bereich der Stylesheets bearbeiten will, können Sie die externen CSS-Dateien importieren. Dann kann Ihr Kunde CSS einfach mit dem internen CSS-Editor von Contao bearbeiten.

Ab dem Zeitpunkt des Imports sollten Sie künftige Änderungen aus Gründen der Übersichtlichkeit auch nur noch im internen CSS-Editor vornehmen.

Ein denkbarer Ansatz ist auch, nur einzelne CSS-Eigenschaften für Redakteure mit dem internen CSS-Editor bearbeitbar zu lassen und die großen Teile des Layouts und alle Basisdefinitionen in eine extern eingebundene CSS-Datei zu speichern.

Wichtig: Sorgen Sie für Eindeutigkeit. Nichts ist verwirrender, als wenn nicht klar ersichtlich ist, wo welche Daten angepasst werden müssen.

8.1.6.1 Den internen CSS-Editor nutzen

In diesem Abschnitt erfahren Sie, wie Sie mit dem internen CSS-Editor von Contao arbeiten und die CSS-Dateien ins Seitenlayout einbinden.

Sie finden den internen CSS-Editor im Backend, wenn Sie auf LAYOUT > THEMES > STYLESHEETS klicken. Legen Sie ein neues Stylesheet an, indem Sie auf den Link NEUES STYLESHEET klicken (Bild 8.26).

Bild 8.26 Interner CSS-Editor von Contao

Vergeben Sie in der Rubrik *Name* (Bild 8.27) einen Namen für das Stylesheet. In der Rubrik *Konfiguration* können Sie die Option CSS3PIE DEAKTIVIEREN aktivieren, wenn Sie keine Unterstützung von CSS3-Eigenschaften in älteren Internet Explorern benötigen.

Im Feld *Bilder einbetten bis zu* können Sie eine Dateigröße in Bytes angeben, bis zu der Bilder nicht als Pfad, sondern als Data-String[6] in den HTML-Code eingebettet werden.

Im Feld *Conditional Comment* können Sie Internet-Explorer-spezifische Stylesheets anlegen. In der Rubrik *Medieneinstellungen* legen Sie fest, für welchen MEDIENTYP CSS gilt. Für die Darstellung am Bildschirm nutzen Sie die Option *screen*, für CSS für den Ausdruck dann *print*.

Im Feld *Media-Query* können Sie Anweisungen für Media-Queries schreiben. Sie sind elementare Bestandteile des responsiven Webdesigns.

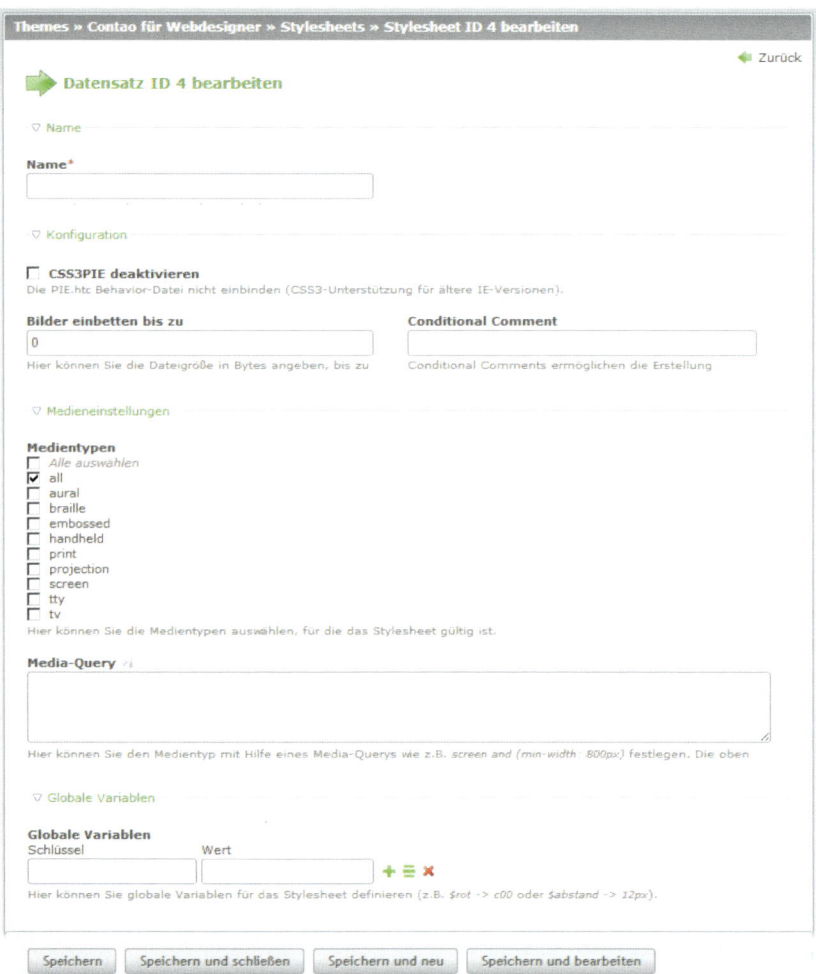

Bild 8.27 Eingabemaske einer neuen CSS-Datei

---

[6] *http://de.wikipedia.org/wiki/Data-URL*

In der Rubrik *Globale Variablen* können Sie jeweils pro Stylesheet globale Variablen definieren. Die Option *Globale Variablen* anzulegen, haben Sie für Themes schon in Abschnitt 8.1.2.1 kennengelernt.

Speichern Sie das CSS-Dokument ab. Nun können Sie CSS-Definitionen anlegen, indem Sie auf den Link *Neue Formatdefinition* klicken.

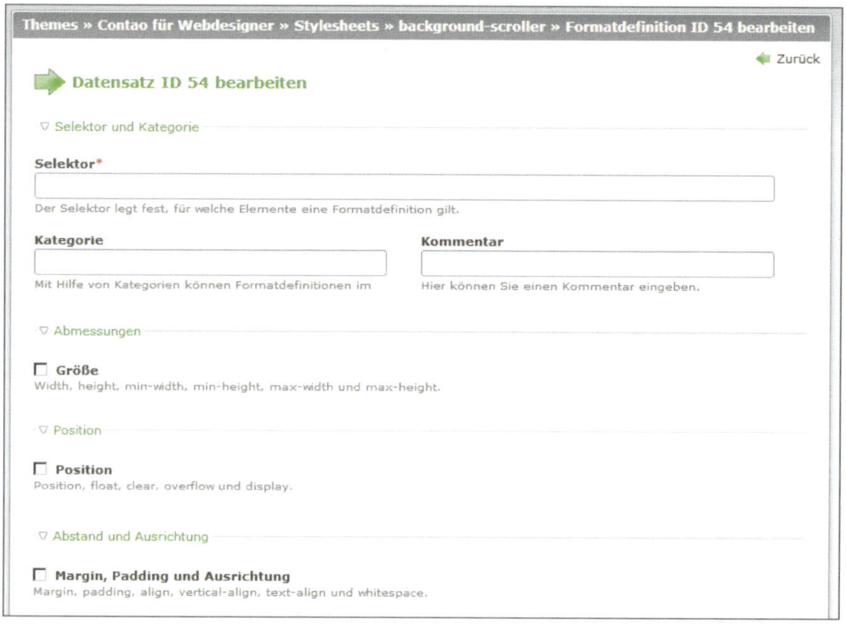

Bild 8.28 Eingabemaske für eine Formatdefinition

Wenn Sie eine Formatdefinition erstellt haben, wird Ihnen diese in der Übersicht des CSS-Dokuments wie in Bild 8.29 dargestellt.

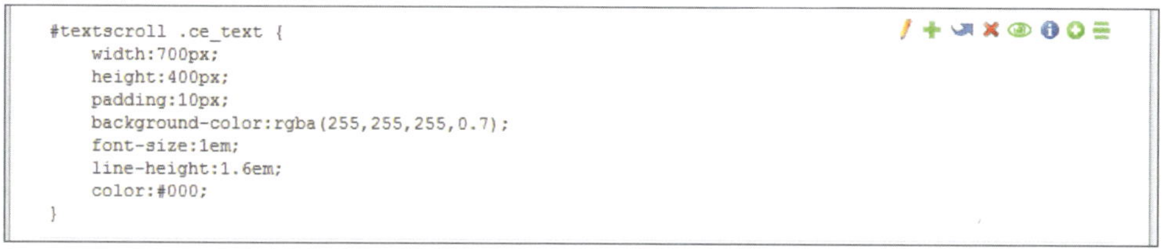

```
#textscroll .ce_text {
    width:700px;
    height:400px;
    padding:10px;
    background-color:rgba(255,255,255,0.7);
    font-size:1em;
    line-height:1.6em;
    color:#000;
}
```

Bild 8.29 Darstellung einer Formatdefinition

Wenn Sie nun die Formatdefinitionen erstellt und somit das Design umgesetzt haben, denken Sie daran, dass Sie das Stylesheet auch im Seitenlayout einbinden müssen. Öffnen Sie dazu im Backend Layout > Themes > Seitenlayouts und klicken zum Bearbeiten das Bleistift-Icon des Seitenlayouts *Standardlayout* an. Scrollen Sie bis zur Rubrik *Stylesheets* und aktivieren Sie die CSS-Dateien (Bild 8.30).

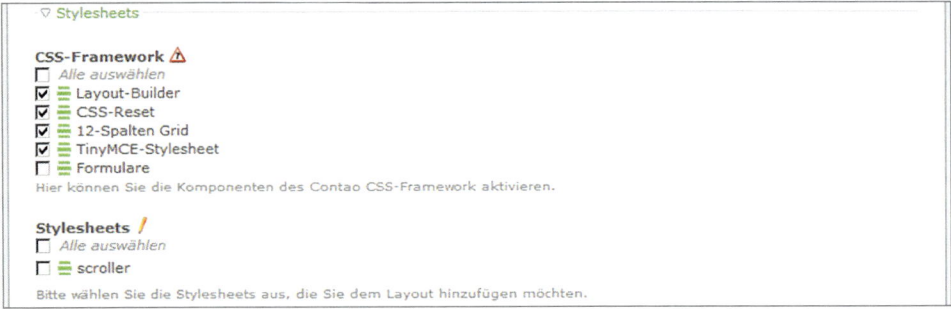

Bild 8.30 Einbinden der CSS-Dateien in das Seitenlayout

Der Vorteil, den internen CSS-Editor zu nutzen, besteht zum einen in der Versionierung. Sie können zu einem früheren Zeitpunkt einer oder mehrere CSS-Definitionen zurückkehren. Präfixe für ältere Browser werden auch durch den internen CSS-Editor erzeugt. Ein möglicher Tippfehler, nach dem man unter Umständen sehr lange sucht, wird ausgeschlossen.

8.1.6.2 CSS-Dateien extern einbinden

Alternativ zum internen CSS-Editor von Contao können Sie CSS-Dateien auch extern einbinden. Das ist für alle erfahrenen Webdesigner hilfreich, da sie meist einen eigenen Editor für das Schreiben von CSS bevorzugen und der Workflow flexibler bleibt.

Legen Sie dazu eine CSS-Datei in der Dateiverwaltung ab (Bild 8.31) und binden sie dann im Seitenlayout in der Rubrik *Stylesheets* ein (Bild 8.35). Die CSS-Datei laden Sie lokal von Ihrem Rechner in die Dateiverwaltung hoch.

 HINWEIS: Alternative zum Hochladen einer externen CSS-Datei
Die Datei *tinymce.css* wird mit der Installation von Contao erstellt. Duplizieren Sie diese Datei, benennen sie um und löschen den bestehenden Inhalt durch den neuen Inhalt. Fertig!

Bild 8.31 Externe CSS-Datei einbinden

Schauen Sie sich einmal die Icons in Bild 8.31 genauer an. Das Icon ganz rechts erlaubt es Ihnen, die Inhalte direkt im Backend von Contao zu bearbeiten.

In den Persönlichen Daten können Sie den *Code-Editor* ein- beziehungsweise ausschalten. Klicken Sie dazu ganz oben im Backend auf den Link Benutzer Benutzername (Bild 8.32).

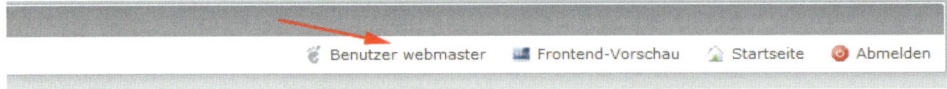

Bild 8.32 Einstellung für persönlichen Daten

Bei aktiviertem Code-Editor (Bild 8.33) wird der Code mit Syntax highlighting angezeigt: Sprich der Code ist einfacher zu lesen. Nachteil ist, dass sich das Editor-Fenster in seiner Größe nicht anpassen lässt. Das lässt sich nur umgehen, wenn Sie den Code-Editor in den Benutzereinstellungen nicht aktivieren (Bild 8.34).

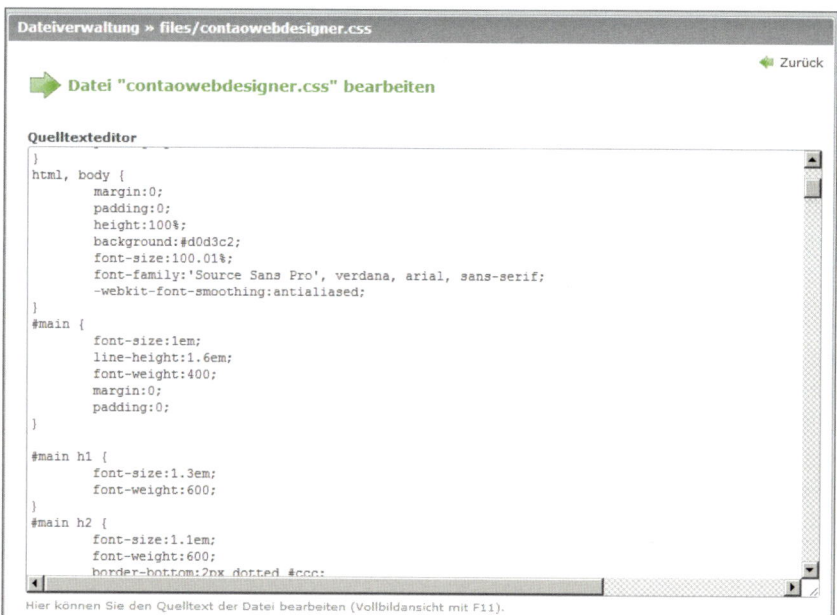

Bild 8.33 CSS-Datei in der Dateiverwaltung bearbeiten – mit Code-Editor

Bild 8.34 CSS-Datei in der Dateiverwaltung bearbeiten – ohne Code-Editor

Nachdem Sie die externe CSS-Datei in die Dateiverwaltung geladen haben, können Sie diese im Seitenlayout einbinden. Im Backend klicken Sie auf LAYOUT > THEMES > SEITENLAYOUTS und dann in der Rubrik *Stylesheets* unter ZUSÄTZLICHE STYLESHEETS auf AUSWAHL ÄNDERN und aktivieren die einzubindende CSS-Datei (Bild 8.35).

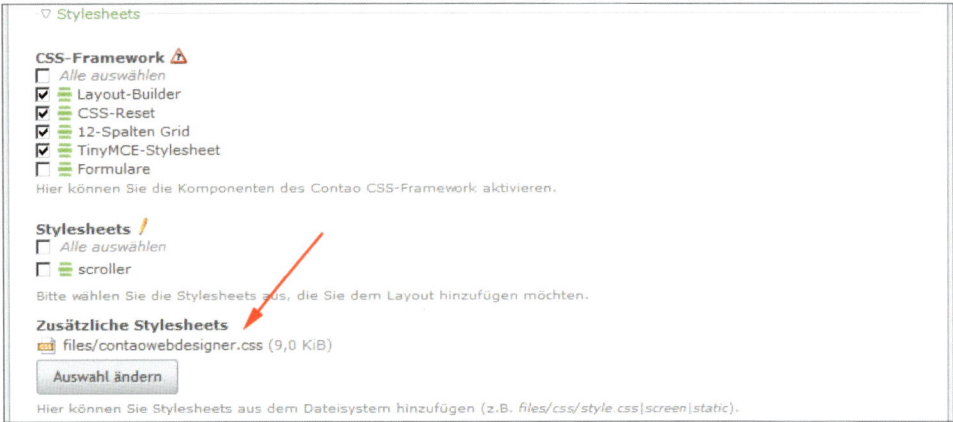

Bild 8.35 Zusätzliche Stylesheets einbinden

Wie Sie in Bild 8.35 sehen, sind unter CSS-Framework die vier CSS-Dateien aktiviert:

- Layout-Builder

- CSS-Reset

- 12-Spalten-Grid

- TinyMCE-Stylesheet

Diese vier CSS-Dokumente haben verschiedene Funktionen.

Die CSS-Datei *Formulare* wird für die Beispiel-Website nicht eingebunden. Stattdessen werden eigene CSS-Definitionen erstellt.

Der *Layout-Builder* enthält unter anderem die CSS-Anweisungen für den Einsatz des *Holy Grail*, bindet die Angaben Ihrer Seitenlayout-Definitionen wie Spalten und deren Werte ein. Dies ist sehr gut nachvollziehbar in der Online-Dokumentation von Peter Müller[7] zur Contao-Konferenz 2013.

In der Datei *CSS-Reset* werden Basiselemente definiert, zum Beispiel Randabstände auf null setzen.

Die Datei *12-Spalten-Grid* liefert uns als Anwender ein fertig vorbereitetes *12-Spalten-Grid* mit den entsprechenden CSS-Klassen. Den Einsatz dieser *Gridklassen* lernen Sie in Abschnitt 8.1.9 noch kennen.

Zum Schluss wird das *TinyMCE-Stylesheet* eingebunden. Ist es eingebunden, stehen die dort enthaltenen CSS-Definitionen direkt im TinyMCE-Editor unter dem Auswahlmenü *Format* zur Verfügung (Bild 8.36).

---

[7] *http://www.ck2013.think-contao.de/layout-builder-holy-grail.html*

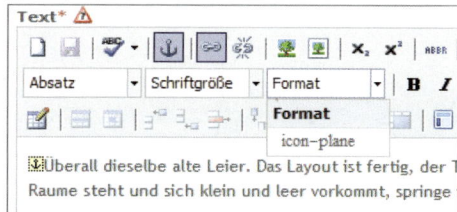

Bild 8.36
CSS-Formate im TinyMCE auswählen

Speichern Sie das Seitenlayout. Ab sofort werden die CSS-Definitionen der eingebundenen Datei auch im Frontend aktiv angezeigt.

Damit ist die meiste Arbeit für das Grundgerüst erledigt. Nun geht es mit den Erweiterungen und Inhaltselementen weiter.

8.1.7 Fixierter Header

Für diese Website wurde ein feststehender Kopfbereich – auch Fixed Header genannt – verwendet. Diese Eigenschaft wird durch CSS-Definitionen erreicht (Listing 8.8).

Listing 8.8 CSS-Definitionen für feststehenden Kopfbereich

```
#header {
    position:fixed;
    background:#333;
    width:100%;
    max-width:960px;
    height:80px;
    z-index:1000;
}
```

Damit der Header später auch auf anderen Geräten als einem Desktop-Browser gut aussieht und funktioniert – einzelne Bereiche sind eventuell nicht erreich- oder bedienbar – werden dafür in Abschnitt 8.1.15 noch Angaben ergänzt.

Wichtig ist hier die CSS-Anweisung *position:fixed* sowie die Eigenschaft *z-index:1000*. Die erste Eigenschaft sorgt dafür, dass der Kopfbereich nicht mit dem Seiteninhalt verschoben/gescrollt wird. Die zweite Eigenschaft sorgt dafür, dass der Kopfbereich weiter oben und die Seiteninhalte darunter liegen und unter dem Kopfbereich vorbeiscrollen.

8.1.8 Die Erweiterung dk_carouFredSel

Im oberen Seitenbereich werden großflächige Bilder in Form eines Bildersliders beziehungsweise eines Bilderkarussells dargestellt. Um diese Darstellung zu erzielen, installieren Sie die Erweiterung *dk_carouFredSel*. Diese Erweiterung mit ihren Einsatzmöglichkeiten wird auch in Abschnitt 6.2 beschrieben.

Öffnen Sie SYSTEM > ERWEITERUNGSKATALOG im Backend und geben Sie in das Feld SUCHEN *dk_caroufredsel* ein (Bild 8.37).

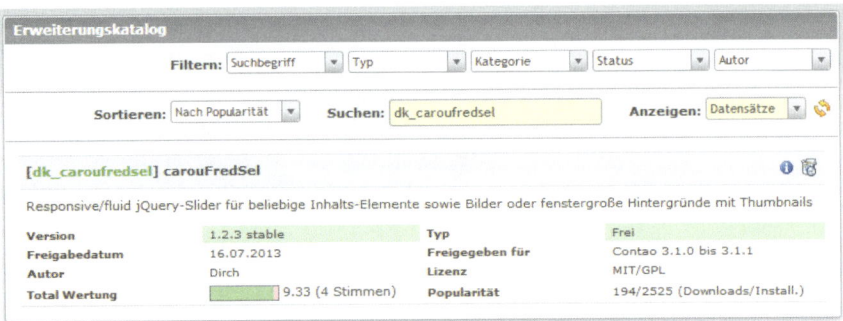

Bild 8.37 Installation der Erweiterung dk_caroufredsel

Nach der Installation finden Sie *carouFredSel* in der linken Spalte unter INHALTE > CAROU-FREDSEL (Bild 8.38).

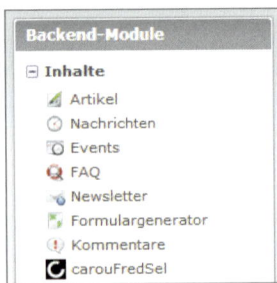

Bild 8.38
carouFredSel im Backend nach der Installation

Wechseln Sie in SYSTEM > EINSTELLUNGEN in die Rubrik *carouFredSel-Einstellungen* und stellen den KONFIGURATIONS-MODUS von *einfach* auf *erweitert* ein (Bild 8.39).

Bild 8.39 carouFredSel-Einstellungen in den Contao-Einstellungen

Damit stehen Ihnen mehr Einstellungsmöglichkeiten zur Verfügung. Wenn Sie mit der einfachen Konfigurations-Methode starten möchten, können Sie später immer noch in den erweiterten Modus wechseln. In der umgekehrten Reihenfolge empfiehlt sich das nicht, da Sie so Einstellungen ausblenden, die gegebenenfalls noch aktiv sind und sich somit auf das Verhalten auswirken können.

Nachdem Sie nun die Umstellung des Konfigurations-Modus in den Einstellungen von Contao vorgenommen haben, erstellen Sie eine *carouFredSel-Konfiguration*. Klicken Sie dazu in INHALTE > CAROUFREDSEL und auf den Link NEUES KARUSSELL (Bild 8.40).

Bild 8.40 Neues Karussell anlegen

Folgende Einstellungen übernehmen Sie für die Konfiguration von carouFredSel (Bild 8.41).

Vergeben Sie einen Namen für das Karussell im Feld NAME DES KARUSSELS. In der Rubrik *Abspielverhalten* aktivieren Sie die Checkbox ABSPIELVERHALTEN und wählen für die LAUFRICHTUNG *links* und für die ART *kreisförmig*.

Aktivieren Sie die Checkbox AUTOMATISCHES ABSPIELEN und tragen im Feld ANZEIGEDAUER den Wert *6000* ein. Dieser Wert ist in Millisekunden anzugeben. Im Feld VERZÖGERUNG tragen Sie den Wert *0* (Null) ein. Beim Auswahlmenü PAUSE BEI MAUS-HOVER wählen Sie *keine* und im Auswahlmenü FORTSCHRITTS-BALKEN EINBLENDEN *kein*.

![Screenshot der carouFredSel-Konfiguration]

carouFredSel » Inhalt zu Karussell (ID 3) bearbeiten

Version 1 (25.08.2013 13:51) webmaster ▼   [Wiederherstellen]

← Zurück

➡ **Datensatz ID 3 bearbeiten**

Name des Karussells*
Slider
Bestimmen Sie hier den Namen der Karussell-Konfiguration über den Sie sie an anderer Stelle auswählen können.

▽ Abspielverhalten

☑ **Abspielverhalten**
Hier können Einstellungen bzgl. des Abspielverhaltens wie z.B. der Laufrichtung oder der Anzeigedauer vorgenommen

Laufrichtung   **Art** ⚠
links   ▼   kreisförmig   ▼
Die Bewegungsrichtung des Karussells.   Die Art wie die Elemente abgespielt werden.
Elemente
0
Anzahl der gleichzeitig zu scrollenden Elemente. Geben Sie 0 ein um die Anzahl der sichtbaren Elemente zu scrollen.

Warteschlange ⚠
keine   ▼
Bestimmt wie mit weiteren eintreffenden Scroll-Ereignissen verfahren wird, während das Karussell scrollt.

☑ **automatisches Abspielen**
Bestimmt, ob das Karussell automatisch scrollen soll oder nicht.

Anzeigedauer   **Verzögerung**
6000   0
Bestimmt die Dauer der Anzeige der Elemente bevor   Bestimmt die Dauer der Scroll-Verzögerung beim ersten

Pause bei Maus-Hover ⚠
keine   ▼
Bestimmt, ob das Karussell bei Maus-Hover pausiert und wie die Anzeigedauer im Anschluß gehandhabt wird.

Fortschritts-Balken einblenden ⚠
kein   ▼
Bestimmt, ob ein visuelles Element eingeblendet wird.

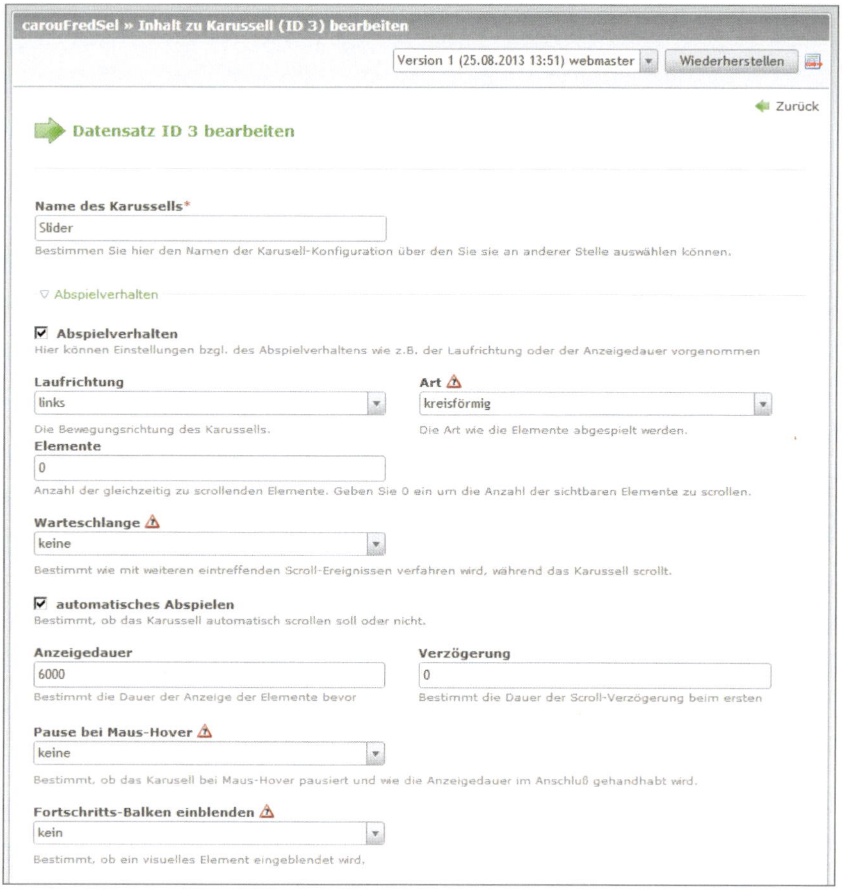

Bild 8.41 Konfiguration Teil 1 von carouFredSel

In der Rubrik *Übergangs-Effekte* aktivieren Sie die Checkbox Übergangs-Effekte und wählen dann im Auswahlmenü Übergangs-Effekt *crossfade* aus, im Auswahlmenü Abschwächungs-Funktion (engl. easing) den Wert *swing*. Im Feld Übergangs-Dauer tragen Sie den Wert *1500* ein auch hier wieder in Millisekunden (Bild 8.42).

In der Rubrik *Abmessung/Ausrichtung des Karussells* aktivieren Sie die Checkbox Grösse des Karussells und wählen im Auswahlmenü Art der Breite die Option *fest* aus. Im Feld Karussell-Breite tragen Sie den Wert *960* ein und wählen die Einheit *px* aus. Im Auswahlmenü Art der Höhe wird keine Auswahl gewählt. Die Felder für Padding bleiben leer. Im Auswahlmenü Ausrichtung der Elemente wählen Sie die Option *zentriert* aus (Bild 8.42).

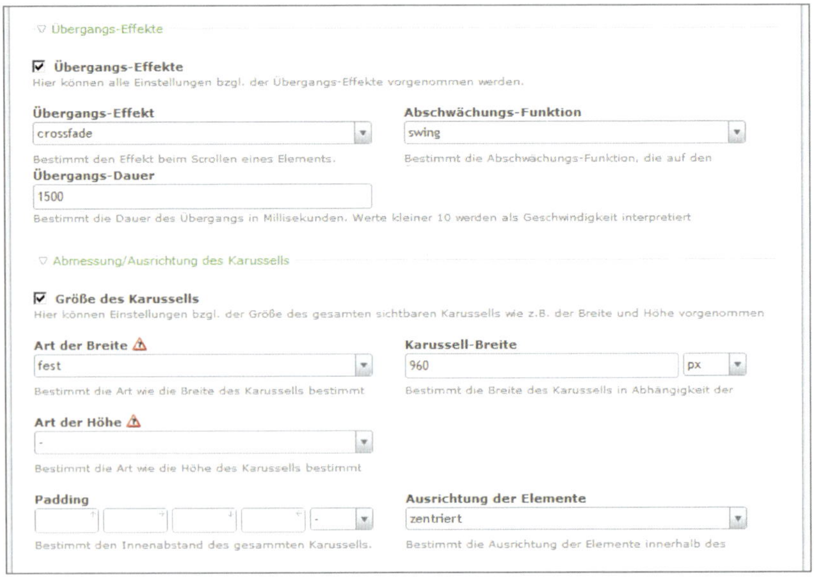

Bild 8.42 Konfiguration Teil 2 von carouFredSel

In der Rubrik *Abmessung der Elemente* (Bild 8.43) aktivieren Sie die Checkbox Grösse der Elemente. Im Auswahlmenü Art der Breite wählen Sie keine Option aus, im Auswahlmenü Art der Höhe die Option *variabel*.

In der Rubrik *Darstellung der Elemente* (Bild 8.43) aktivieren Sie die Checkbox Darstellung der Elemente. Aktivieren Sie die Checkbox Responsive. Im Auswahlmenü Anzahl sichtbarer Elemente wählen Sie die Option *fest* aus. Im Feld gleichzeitig sichtbare Elemente tragen Sie den Wert *1* ein und im Feld Nummer des Start-Elements eine *0* (Null).

In der Rubrik *Navigation* (Bild 8.43) aktivieren Sie die Checkbox Navigation. Wählen Sie im Auswahlmenü Taste für vorherige(s) Element(e) die Option *Cursor links* aus, im Auswahlmenü Taste für nächste(s) Element(e) die Option *Cursor rechts*. Aktivieren Sie zum Schluss noch die Checkbox Navigation einblenden und speichern Sie die Konfiguration.

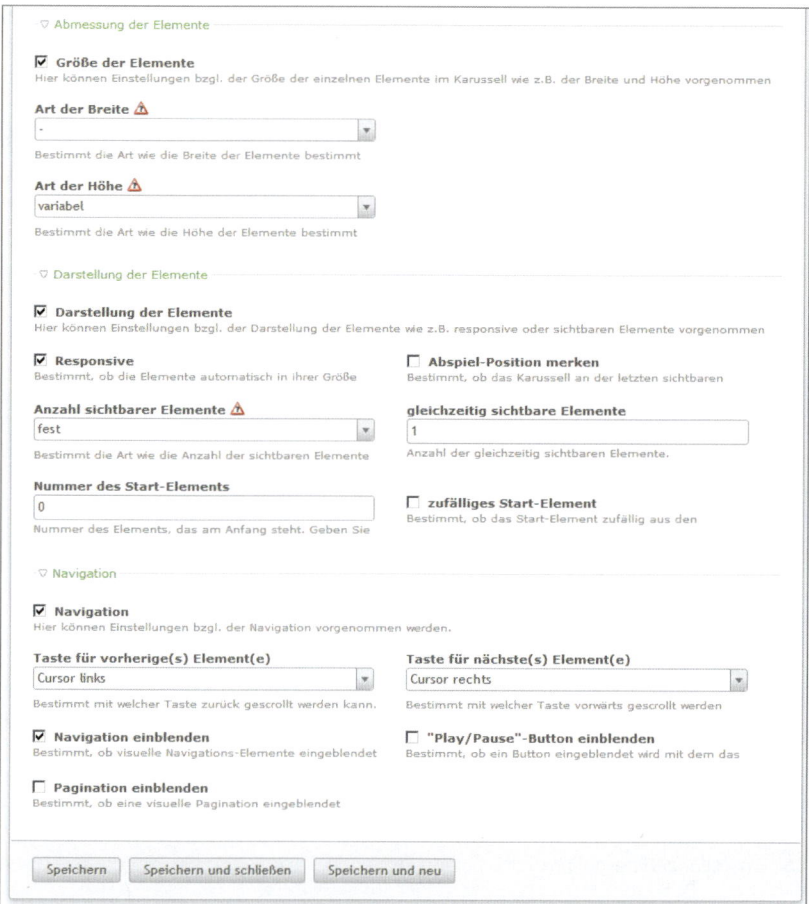

Bild 8.43 Konfiguration Teil 3 von carouFredSel

Nach der Konfiguration von *carouFredSel* wechseln Sie in die Artikelübersicht und legen ein neues Inhaltselement vom Typ CAROUFREDSEL – GALERIE an. Wechseln Sie dazu im Backend in INHALTE > ARTIKEL und klicken auf das Bleistift-Symbol des Artikels *Startseite*.

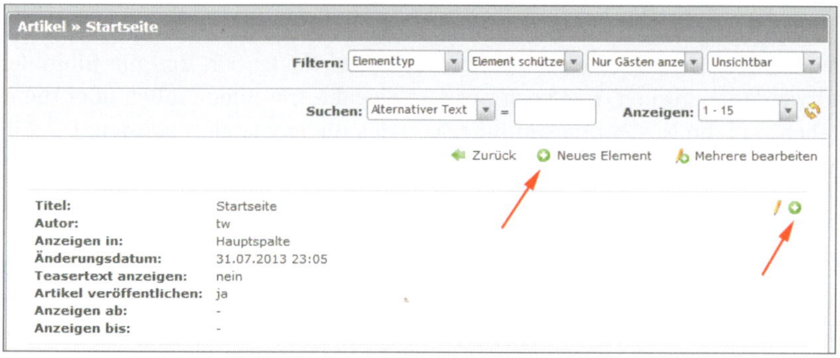

Bild 8.44 Anlegen eines neuen Inhaltselements

Klicken Sie dann auf den Link Neues Element oder auf das grüne Plus-Icon nach dem Artikelkopf, um ein neues Inhaltselement anzulegen (Bild 8.44). Wählen Sie als Elementtyp carouFredSel – Galerie aus (Bild 8.45).

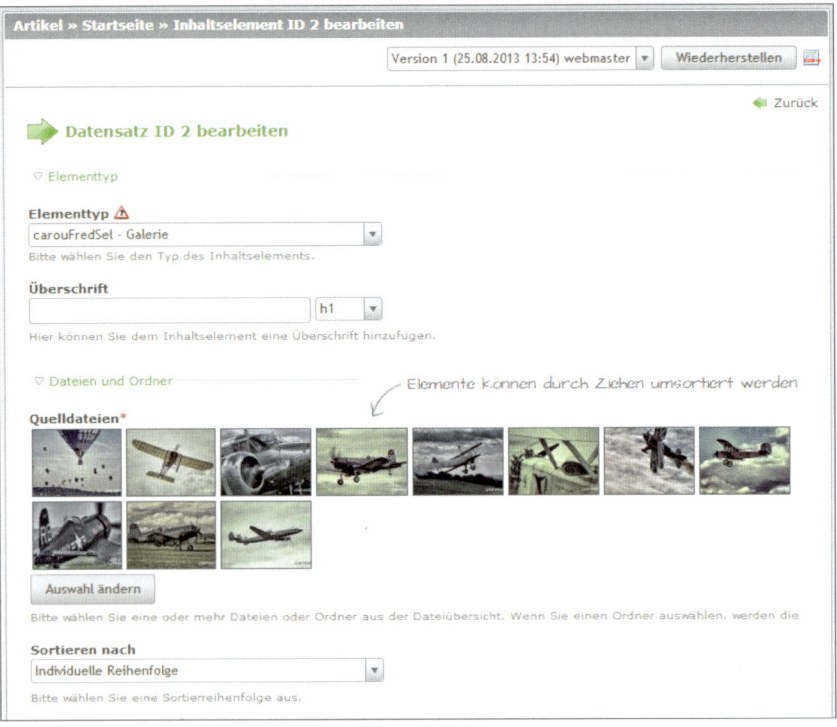

Bild 8.45 Einstellungen carouFredSel – Galerie Teil 1

Wählen Sie in der Rubrik *Dateien und Ordner* das Verzeichnis *slider* aus. Die Sortierung wählen Sie nach Ihren Vorstellungen. In Bild 8.46 wird nach der Option Individuelle Reihenfolge sortiert.

In der Rubrik *carouFredSel-Einstellungen* wählen Sie unter carouFredSel-Konfiguration die vorher erstellte Konfiguration *Slider* aus (Bild 8.46). Alle anderen Optionen bleiben unverändert. Speichern Sie das Inhaltselement und schauen Sie sich den Slider im Frontend an (Bild 8.47).

Die Bilder blenden schon weich ineinander über, die Navigation und die Bildunterschrift (Caption) werden angezeigt, nur noch nicht so elegant. Die Bilder sollen über die gesamte Breite gehen und die Navigation soll innerhalb des Bildes platziert werden. Die Bildunterschrift wird innerhalb eines festen Blocks mit einer dunklen Hintergrundfarbe eingebunden.

Bild 8.46 Einstellungen carouFredSel – Galerie Teil 2

Bild 8.47 carouFredSel im Frontend ohne CSS-Definitionen

HINWEIS: Die Bildunterschriften werden direkt beim jeweiligen Bild in der Dateiverwaltung eingegeben. Bildunterschriften können auch mehrsprachig angelegt werden.

Für die gewünschte Darstellung von carouFredSel werden noch die folgenden CSS-Definitionen erstellt (Listing 8.9).

Listing 8.9 CSS-Definitionen für carouFredSel

```
/* carouFredSel */
.ce_caroufredsel_gallery {
    width:100%;
    position:relative;
    background-color:#FFF;
    margin:0 10px 0 0 !important;
    padding:0;
}
.caroufredsel_skin {
    width:100%;
}


/* carouFredSel captions */
.caroufredsel .ce_image figcaption {
    display:none;
}
.caroufredsel .ce_image.visible figcaption {
    display:block;
    color:#FFF;
    height:58px;
    line-height:58px;
    font-size:20px;
    padding-left:67px;
    position:absolute;
    left:58px;
    bottom:0;
    z-index:1;
}


/* Keine Aussenabstaende um den Slider */
/* Fuer OnePage ist die Schreibweise ohne body-Klasse ausreichend*/
/* .mod_article*/
body.startseite .mod_article {
    margin:0;
    padding:0;
}


/* carouFredSel Navigation */
.caroufredsel_controls {
    height:100%;
    width:100%;
    position:absolute;
    top:0;
    padding-right:5px;
}
.caroufredsel_navi a {
```

```
        text-indent:-9999em;
        width:85px;
        height:85px;
        position:absolute;
}

/* prev - zurueck-Link */
a.caroufredsel_prev {
        left:10px;
        top:20px;
        background:url("../files/standard/btn-prev.png") center left no-repeat;
        height:100%;
        width:100px;
}
/* next - vorwaerts-Link */
a.caroufredsel_next {
        right:20px;
        top:20px;
        background:url("../files/standard/btn-next.png") center right no-repeat;
        height:100%;
        width:100px;
}
.caroufredsel_prev, .caroufredsel_next {
        opacity:0;
        -webkit-transition:all .3s ease-in-out;
        -moz-transition:all .3s ease-in-out;
        -ms-transition:all .3s ease-in-out;
        -o-transition:all .3s ease-in-out;
        transition:all .3s ease-in-out;
}
.caroufredsel_prev:hover, .caroufredsel_next:hover {
        opacity:.6;
}

/* carouFredSel Pagination */
.caroufredsel_pagi {
        position:absolute;
        top:0;
        right:200px;
        height:0;
}
.caroufredsel_pagi a {
        text-indent:-9999em;
        width:16px;
        height:58px;
        display:inline-block;
        padding:0 3px;
}
.caroufredsel figcaption.caption {
        background:#333;
        color:#fff;
        font-size:.85em;
        line-height:1.4em;
        padding:5px 0 5px 10px;
}
```

Die Grafiken für den Vor- und Zurück-Button werden in der Dateiverwaltung hochgeladen und sind im Stylesheet eingebunden. Diese Grafiken werden für das manuelle Navigieren (vor/zurück) in der Normalansicht ausgeblendet und nur beim Hovern über dem linken und rechten Bereich eingeblendet.

Bild 8.48
carouFredSel im Frontend mit CSS-Definitionen

Die Navigation ist nun als Grafik sichtbar und erscheint nur dann, wenn man den Mauszeiger jeweils rechts oder links über dem Bild bewegt. In die Bildunterschrift wurde auch ein Link eingefügt. Wie das geht, erfahren Sie jetzt.

Öffnen Sie im Backend SYSTEM > DATEIVERWALTUNG und klicken auf das Plus-Zeichen vor dem Ordner *slider*, um diesen zu öffnen (Bild 8.49).

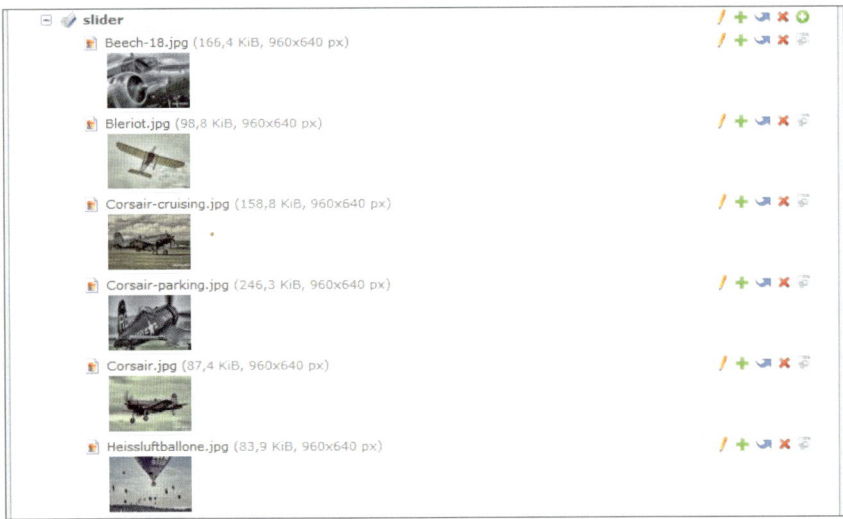

Bild 8.49 Ordner slider in der Dateiverwaltung

Der Link in der Bildunterschrift ist exemplarisch beim Bild *Heissluftballone.jpg* angelegt. Klicken Sie bei diesem Bild auf das Bleistift-Icon, um die Daten zu editieren (Bild 8.49 und Bild 8.50).

Bild 8.50 Die Datei Heissluftballone.jpg in der Dateiverwaltung bearbeiten

Wenn Sie das gesamte Bild verlinken wollen, dann müssen Sie im Feld Link eine Webadresse in dieser Schreibweise eintragen: http://www.planepix.de.

Auch im Feld *Bildunterschrift* können Sie einen Link eintragen (Listing 8.10).

Listing 8.10 Bildunterschrift mit Link

```
Heissluftballone am frühen Morgenhimmel © <a
href="http://www.planepix.de">planepix</a>
```

Auch die Angabe eines umschließenden span-Elements ist hier möglich, wodurch sich einzelne Bereiche der Bildunterschrift mit CSS gesondert ansteuern lassen. Ein Beispiel wäre ein Firmen-/Eigenname in Versalien (Listing 8.11).

Listing 8.11 Bildunterschrift mit span-Klasse

```
Heissluftballone am frühen Morgenhimmel über <span class="company">Arizona</span>
```

Mit der CSS-Eigenschaft *text-transform:uppercase* erscheint der Text innerhalb des span-Elements mit der CSS-Klasse *company* in Versalien.

Die Ausgabe sieht dann so aus: Heissluftballone am frühen Morgenhimmel über ARIZONA.

Wenn ein Link innerhalb einer Bildunterschrift in einem neuen Fenster geöffnet werden soll, dann können Sie dies, wie in Listing 8.12 dargestellt, erreichen.

Listing 8.12 Bildunterschrift mit Link im neuen Fenster/Tab für XHTML

```
Heissluftballone am frühen Morgenhimmel © <a href="http://www.planepix.de"
onclick="window.open(this.href); return false;">planepix</a>
```

Wenn Sie im Seitenlayout HTML (und damit HTML5 als Ausgabeformat) gewählt haben, können Sie den Code zum Öffnen eines neuen Fensters/Tabs aus Listing 8.13 verwenden.

Listing 8.13 Bildunterschrift mit Link im neuen Fenster/Tab für HTML5

```
Heissluftballone am frühen Morgenhimmel © <a href="http://www.planepix.de" target="_
blank">planepix</a>
```

8.1.9 Weitere Inhaltselemente anlegen

Im Folgenden legen Sie nun die weiteren Inhaltselemente an. Als Erstes legen Sie das Inhaltselement ÜBERSCHRIFT *h1* an. Im Anschluss legen Sie zunächst sieben *Inhaltselemente* vom Typ TEXT an. Hier ist das Besondere die Vergabe einer *CSS-Klasse* in der Rubrik *Experten-Einstellungen* in jedem Inhaltselement. Hier werden CSS-Klassen eingetragen, die das *Contao-Grid* durch das Einbinden der CSS-Datei *12-SPALTEN-GRID* im Seitenlayout zur Verfügung stellt.

Dadurch werden spezielle Formatierungen eingebunden, allem voran das Floaten der einzelnen Inhaltselemente. Wie der Name schon erkennen lässt, wird hier für eine Breite von 960 px ein zwölfspaltiges Raster angewendet. Es sind zwölf Spalten definiert, die in der Summe in einer Zeile zwölf ergeben müssen. Somit stehen viele Kombinationen zur Verfügung.

Dem ersten Inhaltselement nach der Überschrift wird die CSS-Klasse *grid12* zugewiesen, den nachfolgenden drei Inhaltselementen vom Typ *Text* jeweils die Klasse *grid4*. Damit wird eine dreispaltige Darstellung der Inhalte erreicht (3 x grid4 = grid12). Grid4 nimmt somit eine Breite von vier Spalten ein.

Responsive Grid für Contao

Eine gute Dokumentation des Contao-Grids hat Peter Müller auf der Contao-Konferenz 2013 in Halle im Rahmen des Workshops „Responsive Contao" gezeigt. Sie finden diese unter *http://www.ck2013.think-contao.de/das-responsive-grid.html*.

Neben den Textinhalten wird für alle Inhaltselemente die Überschrift *h2* definiert. Für das Inhaltselement Text mit der Überschrift Service wird wieder die volle Breite des Grids verwendet und die CSS-Klasse *grid12* eingetragen.

Ebenso erstellen Sie im Feld TEXT ganz am Anfang des Textes einen *Anker*. Damit springt später im Frontend der Inhalt an diese Stelle, wenn der entsprechende Link in der Navigation geklickt wurde.

Exemplarisch zeige ich Ihnen dies am ersten Inhaltselement *Text* (Bild 8.51).

Klicken Sie dazu im Backend auf INHALTE > ARTIKEL und dann auf das Bleistift-Icon zum Bearbeiten des Artikels *Startseite*. Dort klicken Sie wieder auf das Bleistift-Icon zum Bearbeiten des Inhaltselements Text, wie es in Bild 8.51 zu sehen ist.

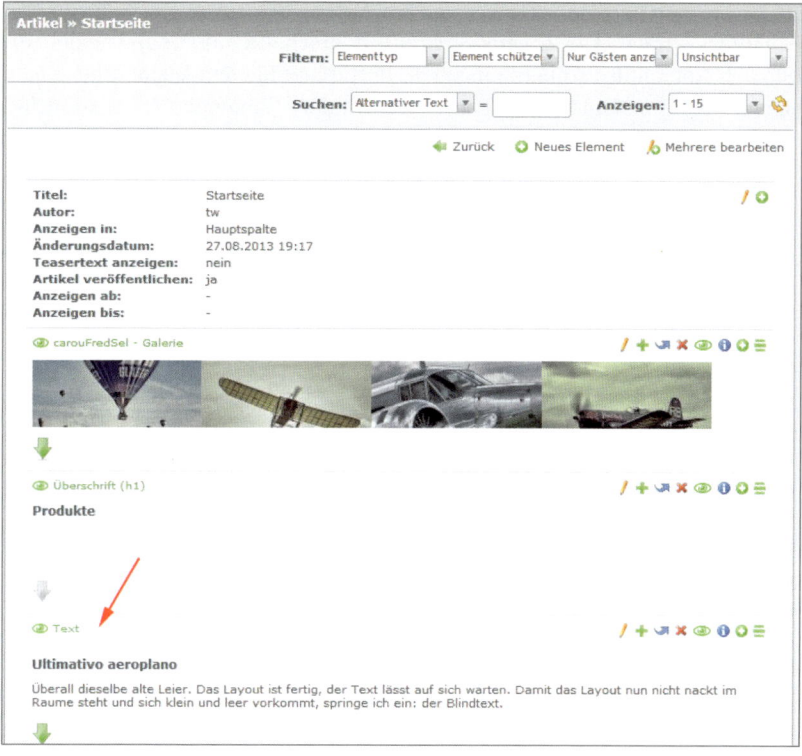

Bild 8.51 Anker in die Texte einfügen

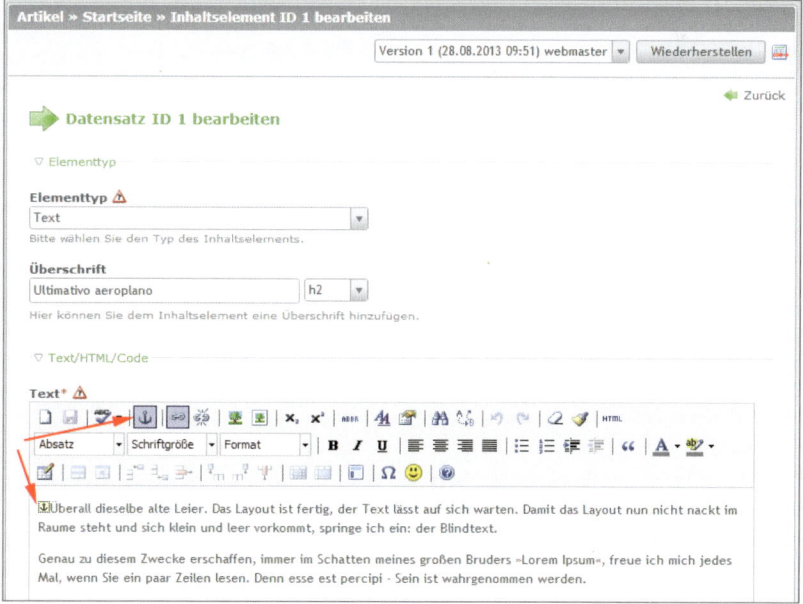

Bild 8.52 Einfügen eines Ankers in den Text

Positionieren Sie nun den Mauszeiger ganz am Anfang des Textes und klicken in der Icon-leiste des Editors auf das *Anker-Symbol*. Daraufhin erscheint ein Popup-Fenster (Bild 8.53), in dem Sie den Namen des Ankers eingeben. Bestätigen Sie den Dialog und speichern das Inhaltselement ab. Der Name des Ankers muss mit dem Namen der Navigationslinks über-einstimmen. Achten Sie deshalb auch auf die richtige und gleiche Schreibweise.

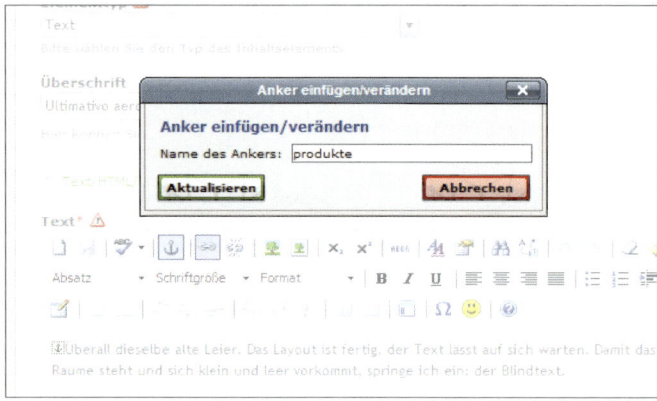

Bild 8.53 Benennung des Ankers

Dies wiederholen Sie bei den Inhaltselementen vom Typ *Text*, bei denen Sie durch Klick auf die Navigationslinks springen wollen.

Damit sind alle Navigationspunkte mit ihren entsprechend lautenden Ankern versehen und jeder Klick führt zum Ziel: sprich zum jeweils gewählten Seitenabschnitt.

Für die drei Inhaltselemente mit den Überschriften *Aeroplano 1 Detail*, *Aeroplano 2 Detail* und *Aeroplano 3 Detail* wird jeweils noch ein Bild eingebunden (Bild 8.54).

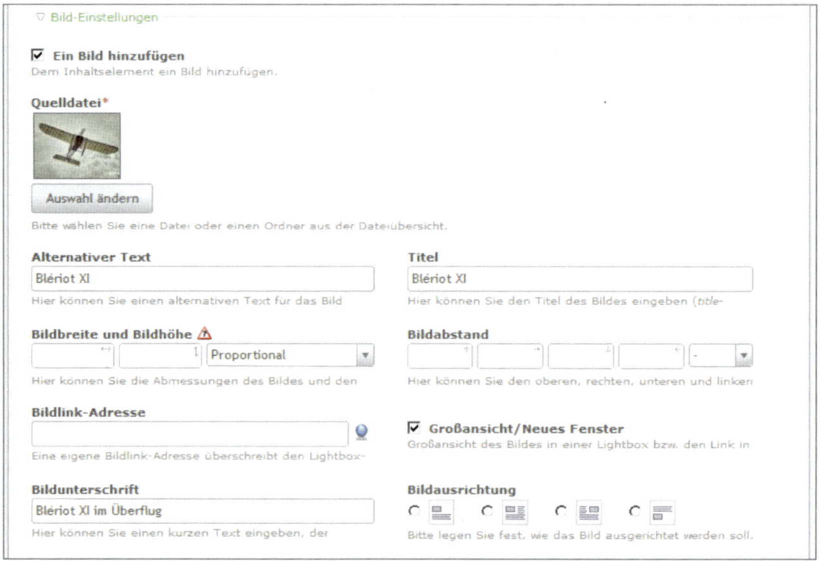

Bild 8.54 Ein Bild dem Inhaltselement Text hinzufügen

Hierbei wird keine Bildbreite oder Bildhöhe vergeben. Das Originalbild ist 960 px breit, wird aber durch die Klasse grid4 auf die maximale Breite der Gridklasse (grid4 = 300 px) verkleinert. Damit wird das Bild im Viewport verkleinert dargestellt, aber immer noch die Originaldatei geladen. Entsprechend hoch ist die übertragende Datenmenge. Wenn Sie hier eine Bildbreite vergeben, wird das Bild unabhängig von den Media-Queries – und damit nicht mehr responsiv – in der eingegebenen Pixelbreite im Frontend ausgegeben. Wie auch dieses Problem gelöst werden kann, erfahren Sie in Abschnitt 8.1.14.

Das Inhaltselement mit der Überschrift *Service* erhält wieder die CSS-Klasse *grid12*, um sich über die gesamte Breite zu erstrecken.

Als nächsten Schritt legen Sie nun zwei Inhaltselemente vom Typ AKKORDEON – EINZELELEMENT an.

8.1.10 Akkordeon anlegen

Geben Sie hier in der Rubrik *Akkordeon-Einstellungen* im Feld BEREICHSÜBERSCHRIFT die Überschrift *Service 1* ein. Diese Bereichsüberschrift ist später im Frontend der Bereich, der klickbar ist und die Inhalte des Akkordeons nach unten öffnet (Bild 8.55).

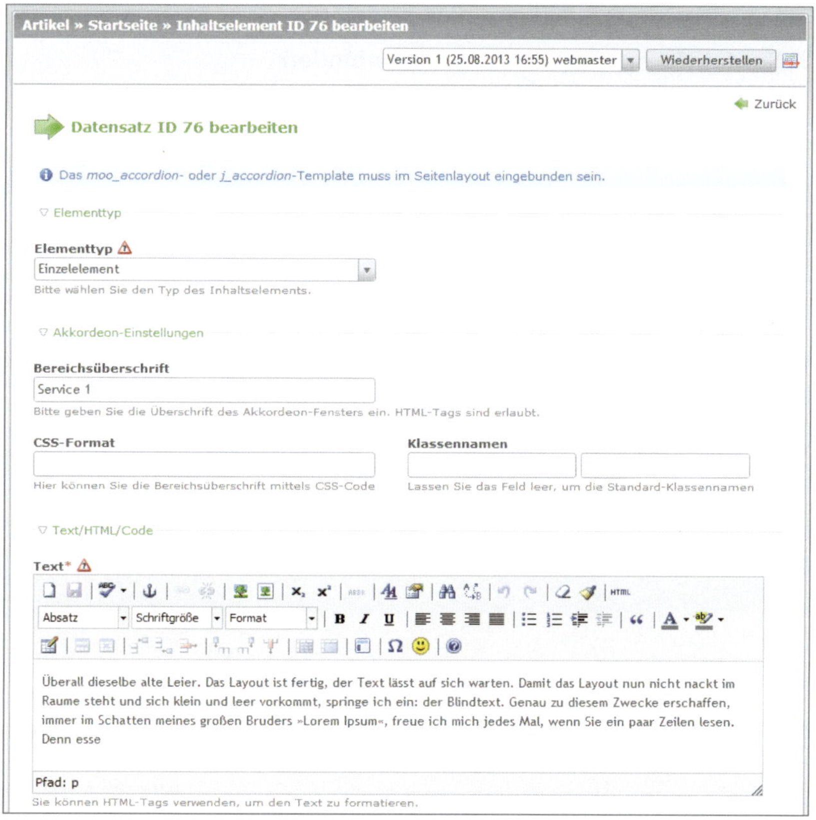

Bild 8.55 Einstellung des Elementtyps Akkordeon – Einzelelement

Contao erinnert Sie oberhalb der Auswahl des Elementtyps daran, dass dieses Inhaltselement nur dann funktioniert, wenn Sie im Seitenlayout eines der Akkordeon-Templates (abhängig ob Sie *jQuery* oder *MooTools* als JavaScript-Framework nutzen) ausgewählt haben.

Tragen Sie im Feld TEXT Ihren Text ein und vergeben in den *Experten-Einstellungen* die CSS-Klasse *grid12*. Speichern Sie das Inhaltselement ab, duplizieren es und passen die Inhalte beziehungsweise den Text darin an. Das CSS für das Akkordeon finden Sie in Listing 8.17 in Abschnitt 8.1.13.2.

8.1.11 Kontaktadresse und -formular erstellen

Nachdem die beiden Akkordeon-Elemente erstellt sind, folgen nun die Kontaktadresse und das Kontaktformular. Hier wird eine zweispaltige Aufteilung gewählt, so dass die Kontaktadresse und das Kontaktformular nebeneinander dargestellt werden.

8.1.11.1 Kontaktadresse

Für die Kontaktadresse legen Sie ein *Inhaltselement* TEXT, nach den Inhalten des Bereichs Service, an. Geben Sie innerhalb des Feldes *Text/HTML/Code* die Kontaktadresse sowie die E-Mail-Adresse an. In den *Experten-Einstellungen* geben Sie die CSS-Klasse *grid6* ein.

8.1.11.2 Kontaktformular erstellen und einbinden

Legen Sie nun das Formular an. Klicken Sie dazu im Backend in INHALTE > FORMULARGENERATOR und klicken dann auf den Link NEUES FORMULAR (Bild 8.56).

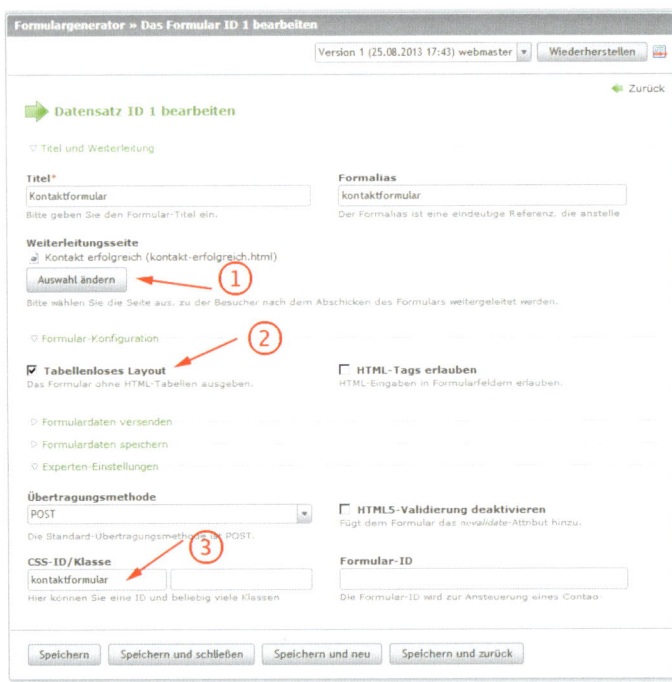

Bild 8.56
Konfiguration eines
Formulars

In der Rubrik *Titel und Weiterleitung* geben Sie dem Formular den Titel *Kontaktformular*. Das Feld *Formalias* füllt Contao beim Speichern eigenständig aus, wenn Sie es leer lassen (Bild 8.56).

8.1.11.3 Weiterleitungsseite anlegen

Damit die Besucher nach dem Absenden ihrer Nachricht eine Rückmeldung darüber erhalten, ob Contao ihre Nachricht auch erfolgreich versendet hat, kann eine *Weiterleitungsseite* definiert werden (Punkt 1 in Bild 8.56). Auf dieser Seite platzieren Sie einen Text und bedanken sich für die Kontaktaufnahme. Es funktioniert auch ohne Kontaktbestätigung – aber höflicher und im Sinne von gelungener Kommunikation besser mit.

 PRAXISTIPP: Weiterleitungsseite anlegen

Wenn Sie in späteren Projekten Formulare generieren, kennen Sie den Schritt und legen bei der Erstellung aller Seiten in der Seitenstruktur dann die Weiterleitungsseite gleich mit an.

Öffnen Sie im Backend Layout > Seitenstruktur und klicken auf den Link Neue Seite (Bild 8.57).

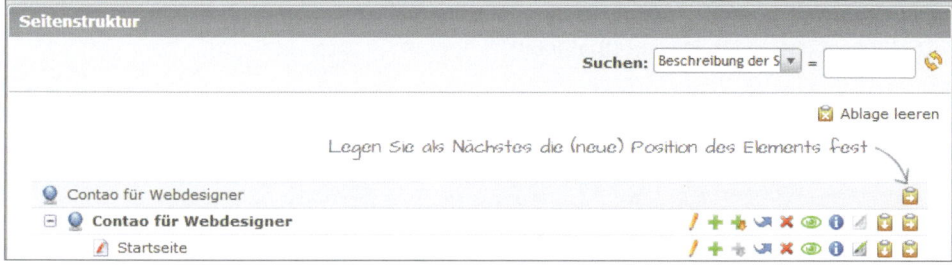

Bild 8.57 Einfügen der Weiterleitungsseite für das Formular

Sie erhalten von Contao den Hinweis, die Position der neuen Seite festzulegen. Wenn Sie auf das braunorange Icon der Seite *Startseite* mit dem Pfeil nach rechts klicken, wird die neue Seite eine Unterseite der Seite *Startseite*. Klicken Sie auf das Icon mit dem Pfeil nach unten, wird die Seite nach der Seite *Startseite* eingefügt. Nach dem Anlegen der neuen Seite können Sie diese auch in ihrer Position verschieben, indem Sie das Icon mit dem blauen Pfeil klicken und dann die Position durch Klicken auf eines der beiden orangenen Icons festlegen.

In der Rubrik *Formular-Konfiguration* (Punkt 2 in Bild 8.56) aktivieren Sie die Option *Tabellenloses Layout*. Damit wird das Layout im Quellcode ohne Tabellen ausgegeben.

In den *Experten-Einstellungen* (Punkt 3 in Bild 8.56) vergeben Sie noch eine CSS-ID. Damit lässt sich dann das Formular mit CSS ansprechen. Auch ohne eine CSS-ID wird eine interne, fortlaufende ID von Contao vergeben. Eine namentlich benannte ID lässt sich jedoch einfacher zuordnen – denken Sie an eine Website mit vielen Formularen.

Speichern Sie das Formular. Im nächsten Schritt geht es um die einzelnen Felder.

8.1.11.4 Formularfelder anlegen

Legen Sie folgende Felder an und wählen Sie den Feldtyp sowie den Feldnamen aus:

- Anrede (Feldtyp: Select-Menü – Feldname: Anrede)
- Vorname (Feldtyp: Textfeld – Feldname: Vorname)
- Nachname (Feldtyp: Textfeld – Feldname: Nachname)
- Strasse (Feldtyp: Textfeld – Feldname: Strasse)
- PLZ (Feldtyp: Textfeld – Feldname: PLZ)
- Ort (Feldtyp: Textfeld – Feldname: Ort)
- E-Mail (Feldtyp: Textfeld – Feldname: email – Eingabeprüfung: E-Mail-Adresse)
- Betreff (Feldtyp: Textfeld – Feldname: Betreff)
- Nachricht (Feldtyp: Textarea – Feldname: Nachricht)
- Sicherheitsfrage (Feldtyp: Sicherheitsfrage – Feldbezeichnung: SPAM-Schutz)
- Absendefeld (Feldtyp: Select-Menü – Feldname: Anrede)

Das Formular als Inhaltselement einbinden

Nachdem Sie diese Felder erstellt haben, können Sie nun das Formular in der Seite *Startseite* im Artikel *Startseite* einfügen. Klicken Sie dazu auf Inhalte > Artikel und dann auf das Bleistift-Icon des Artikels *Startseite*. Fügen Sie ein neues Element nach dem Inhaltselement *Text* mit der Kontaktadresse ein (Bild 8.58).

Bild 8.58 Einfügen des neuen Inhaltselements Formular

Wählen Sie als Elementtyp Formular aus und in der Rubrik *Include-Einstellungen* das Formular *Kontaktformular (ID 1)*. Tragen Sie die Überschrift *h2* ein und vergeben Sie auch hier unter den *Experten-Einstellungen* die CSS-Klasse *grid6* (Bild 8.59).

Nachdem Sie nun das Formular in den Artikel eingebunden haben, können Sie es sich einmal im Frontend anschauen. Ohne explizite CSS-Definitionen wird es angezeigt, sieht aber noch ungestaltet aus (Bild 8.60).

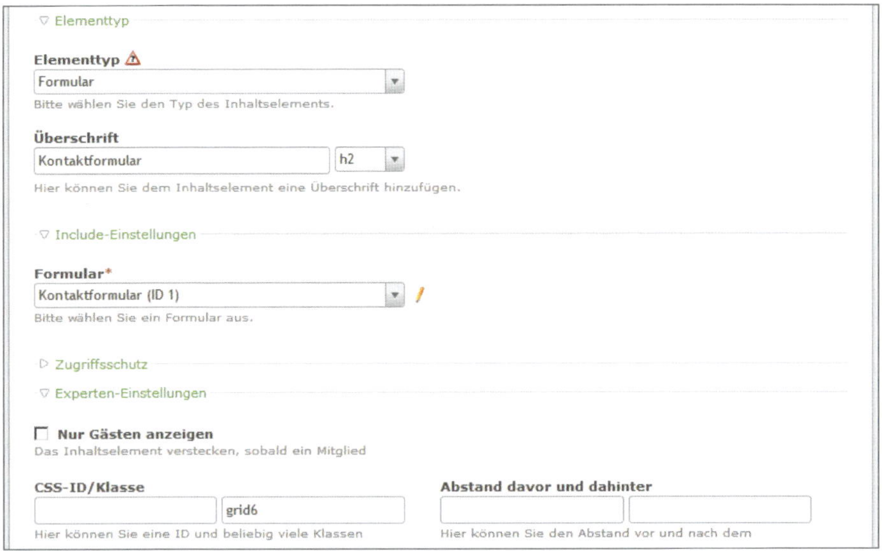

Bild 8.59 Einstellungen des Inhaltselements Formular

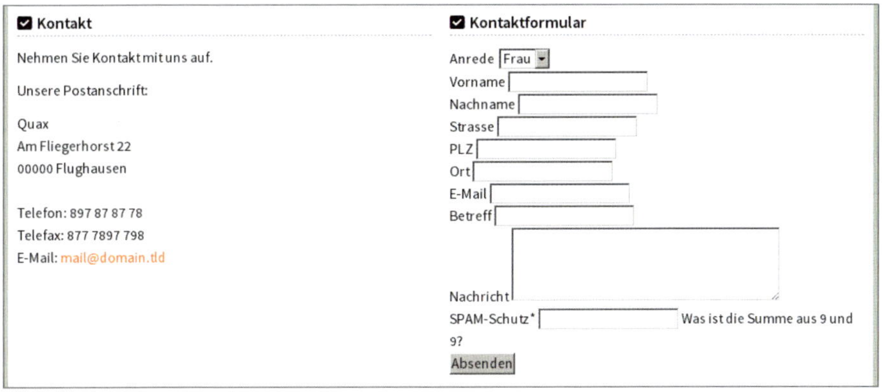

Bild 8.60 Formular im Frontend ohne CSS-Definitionen

Das Formular gestalten

Daher werden nun die CSS-Definitionen für das Formular vergeben (Listing 8.14).

Listing 8.14 CSS-Definitionen für das Kontaktformular

```
/* Kontaktformular */
#kontaktformular label {
    display:block;
    margin:0;
    padding:2px;
    font-weight:600;
}
#kontaktformular input {
```

```
    border:1px solid #ccc;
    width:96%;
    margin:2px;
    padding:2px;
}
#kontaktformular textarea {
    border:1px solid #ccc;
    width:96%;
    margin:2px;
    padding:2px;
}
#kontaktformular .select,
#kontaktformular .submit {
    border:1px solid #ccc;
    width:98%;
    margin:2px 0;
}
#kontaktformular input:hover,
#kontaktformular textarea:hover,
#kontaktformular input:focus,
#kontaktformular textarea:focus
{
    border:1px solid #ad5758;
}
```

Speichern Sie die CSS-Definitionen und rufen Sie noch einmal das Frontend auf. Jetzt sieht alles schon deutlich besser aus (Bild 8.61).

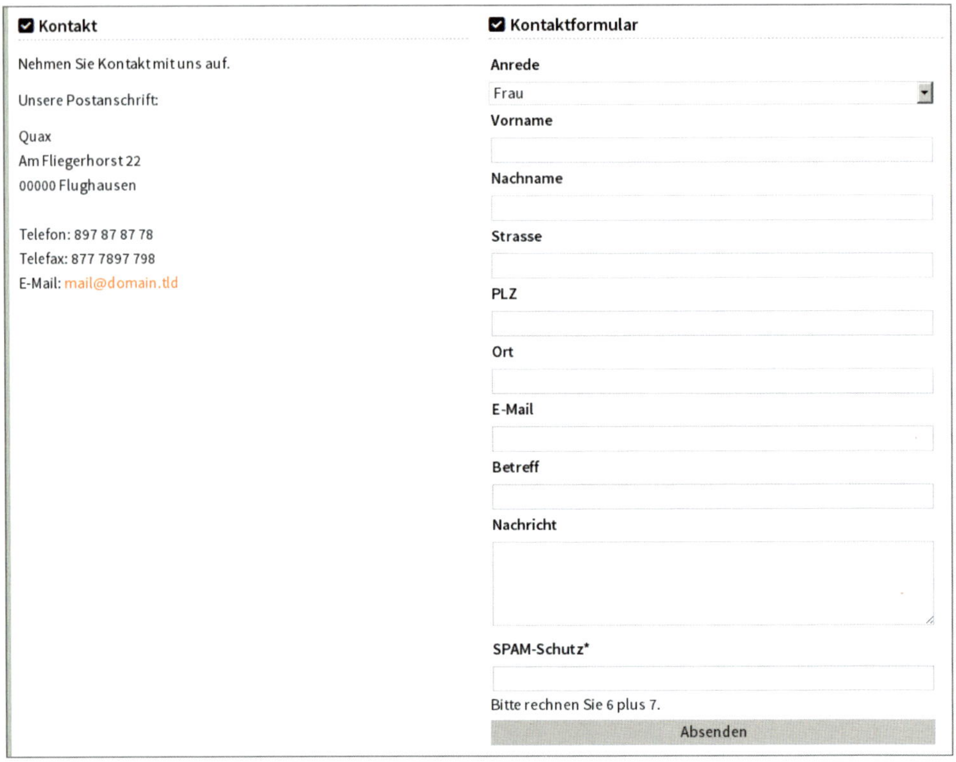

Bild 8.61 Formular im Frontend mit CSS-Definitionen

Nun ist das Formular mit den Feldern angelegt, das Formular in den Artikel integriert und auch die Optik wurde angepasst. Wenn der Benutzer mit dem Mauszeiger über ein Eingabefeld navigiert, wird dies durch die Änderung der Farbe für den Rahmen visuell hervorgehoben ebenso wenn ein Eingabefeld für die Eingabe aktiviert wurde (Bild 8.62).

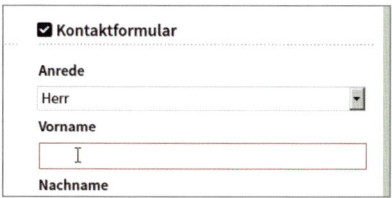

Bild 8.62
Hervorhebung der Eingabefelder durch CSS

Was nun noch fehlt, ist der Versand des Formulars.

8.1.11.5 Einstellungen für den Versand des Formulars

Die Einstellungen für den Versand des Formulars legen Sie im *Formularkopf* fest. Hier haben Sie vorhin schon die *Weiterleitungsseite* definiert. Klicken Sie dazu im Backend in INHALTE > FORMULARGENERATOR und auf das Icon für die Einstellungen (Bild 8.63).

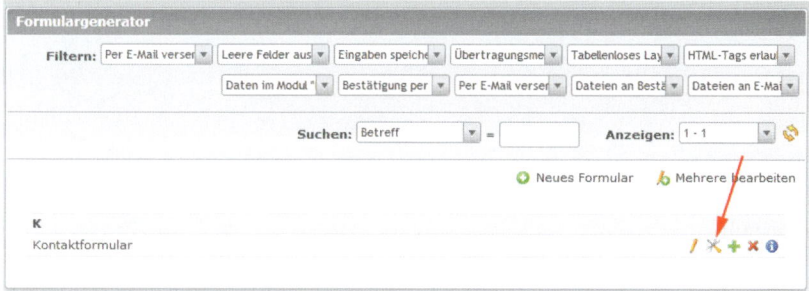

Bild 8.63 Einstellungen des Formulars bearbeiten

In der Rubrik *Formulardaten versenden* aktivieren Sie die Checkbox PER E-MAIL VERSENDEN und tragen im Feld EMPFÄNGER-ADRESSE die *E-Mail-Adresse* ein, an welche die Formulardaten gesendet werden sollen. Benennen Sie im Feld BETREFF eine eindeutige Bezeichnung, so dass Sie diese E-Mail in Ihrem E-Mail-Programm schnell zuordnen können. Das Feld DATEN-FORMAT belassen Sie auf der Auswahl *Rohdaten*. Wenn Sie die Option LEERE FELDER AUSLAS-SEN aktivieren, dann werden nur die Felder in der E-Mail versendet, die ausgefüllt wurden (Bild 8.64).

Bild 8.64 Formulareinstellungen für den Versand

Nachdem Sie nun auch die Angaben erstellt haben, dass das Formular versendet werden kann, binden Sie als letztes Inhaltselement ein Element vom Typ Text ein. Es beinhaltet die Angaben für das Impressum.

 PRAXISTIPP: Legen Sie dieses Inhaltselement wie die Inhaltselemente vom Typ *Text* an (siehe Abschnitt 8.1.9).

8.1.12 Sticky Footer

Ein Sticky Footer sorgt dafür, dass die Fußzeile immer am unteren Browserrand positioniert wird – unabhängig davon, wie lang eine Seite ist. Die CSS-Definitionen in Listing 8.15 ermöglichen den Sticky Footer.

Listing 8.15 CSS-Definitionen für den Sticky Footer

```
html, body {
    height: 100%;
}

#wrapper {
    min-height: 100%;
    position:relative;
}

#footer {
    Position: absolute;
    bottom:0;
    margin:0;
    padding:0;
    width: 100%;
    height:160px;
}

#container {
    padding: 0 0 160px 0;
}
```

Wichtig ist hier, dass Sie den Elementen *html* und *body* eine *Höhe* von *100%* geben. Der *Wrapper* erhält eine *Mindesthöhe* von *100%* und wird *relativ positioniert*.

Der *Footer* wird *absolut positioniert, unten ausgerichtet* und bekommt eine *Breite* von *100%* und eine *feste Höhe*. Dieser Wert der Höhe des Footers ist der gleiche Wert wie für den inneren Abstand nach unten *(padding-bottom)* des Containers. Außen- und Innenabstände werden auf Null gesetzt.

Wenn Sie den Wert der Höhe des Footers ändern, nehmen Sie den gleichen Wert für den inneren Abstand nach unten im Container.

8.1.13 Icon-Fonts einbauen

Einige Elemente auf der Website werden mit Icons ergänzt. Dabei kommt der Icon-Font Font Awesome zum Einsatz.

8.1.13.1 Icon-Fonts für alle h2-Überschriften

Listing 8.16 CSS-Definitionen für alle h2-Überschriften

```
h2:before {
    content:"\F14A";
    font-family:FontAwesome;
    font-size:1em;
    padding:0 5px 0 0;
}
```

Der Wert „\F14A" entspricht dem Icon-Namen des Icon-Fonts Font Awesome und wird als Unicode eingesetzt. Wie Sie diesen Unicode für das Icon ermitteln, ist in Abschnitt 7.2 beschrieben.

8.1.13.2 Icon-Fonts für das Listenelement Akkordeon

Listing 8.17 CSS-Definitionen für die Icon-Fonts im Akkordeon

```
/* Akkordeon */
.toggler {
    background:#333;
    color:#fff;
    margin:0 0 1px 0;
    padding:10px;
    border-bottom:1px solid #fff;
    cursor:pointer;
}
.toggler:before {
    content:"\F138";
    font-family:FontAwesome;
    color:#fff;
    padding:0 5px;
}
.toggler.ui-state-active:before {
    content:"\F13A";
    font-family:FontAwesome;
    color:#fff;
    padding:0 5px;
}
.toggler.ui-state-active {
    margin-bottom:1px;
    padding:10px;
    background-color:#E8780B;
    color:#fff;
    cursor:pointer;
}
.toggler:hover:before {
    content:"\F13A";
    font-family:FontAwesome;
```

```
        color:#fff;
        padding:0 5px;
}
.toggler:hover {
        margin-bottom:1px;
        padding:10px;
        background-color:#E8780B;
        border-bottom:1px solid #777;
        color:#fff;
        -webkit-transition:background 350ms ease-in;
        /* Firefox */
        -moz-transition:background 350ms ease-in;
        /* WebKit */
        -o-transition:background 350ms ease-in;
        /* Opera */
        transition:background 350ms ease-in;
        /* Standard */
        cursor:pointer;
}
```

Für das Akkordeon beziehungsweise das Toggler-Element werden für die Toggler-Zustände *normal*, *hover* und *aktiv* unterschiedliche Icons eingebunden.

8.1.13.3 Icon-Fonts für Footer (Social-Media-Links)

Im Fußbereich der Website wird nun noch auf verschiedene Social-Media-Plattformen verlinkt. Dabei kommen auch wieder Icon-Fonts zur Anwendung.

Erstellen Sie dazu innerhalb des Artikels *Fußzeile – editierbar* ein neues Inhaltselement vom Typ HTML und fügen den Code aus Listing 8.18 ein.

Listing 8.18 Code für die Social-Media-Links

```
<div id="socialmedia" class="grid6">
<ul>
  <li><a href="https://www.xing.com/profiles/Thomas_Weitzel3" title="XING"><span
class="icon-xing-sign icon-2x"></span></a></li>
  <li><a href="https://www.facebook.com/thomas.weitzel2" title="Facebook"><span
class="icon-facebook-sign icon-2x"></span></a></li>
  <li><a href="https://plus.google.com/u/0/101174417471431089456/about/p/pub"
title="Google+"><span class="icon-google-plus-sign icon-2x"></span></a></li>
  <li><a href="http://www.linkedin.com/pub/thomas-weitzel/62/957/ab5"
title="LinkedIn"><span class="icon-linkedin-sign icon-2x"></span></a></li>
  <li><a href="https://twitter.com/contaowebdesign" title="Twitter"><span
class="icon-twitter-sign icon-2x"></span></a></li>
  <li><a href="http://pinterest.com/contaowebdesign" title="Pinterest"><span
class="icon-pinterest-sign icon-2x"></span></a></li>
  <li><a href="http://www.contao-fuer-webdesigner.de/share/contao-buch.xml"
title="RSS-Feed Contao für Webdesigner"><span class="icon-rss-sign
icon-2x"></span></a></li>
</ul>
</div>
<div class="clear"></div>
```

Abschließend wird noch die DIV-Klasse *clear* eingesetzt, damit nach den Social-Media-Icons das Layout umbrochen wird. Das Clearing-DIV wird benötigt, wenn die Gridbreite weniger als 12 Spalten besitzt (hier *grid6*).

HINWEIS: Passen Sie die Linkziele für Ihre Website an und ersetzen diese mit Ihren eigenen Online-Profilen. ∎

Die CSS-Definitionen für die Social-Media-Links zeigt Listing 8.19.

Listing 8.19 CSS-Definitionen für die Social-Media-Links

```
/* footer Socialmedia */
#socialmedia ul{
  margin:0;
  padding:0;
  list-style-type:none;
}
#socialmedia li{
  float:left;
  margin:0;
  padding:5px 5px 0 0;
}

#socialmedia a{
  color:rgba(255,255,255,.3) !important;
  -webkit-transition: color 0.2s ease-in-out;
  -moz-transition: color 0.2s ease-in-out;
  -ms-transition: color 0.2s ease-in-out;
  -o-transition: color 0.2s ease-in-out;
  transition: color 0.2s ease-in-out;
}

#socialmedia a:hover {
  color:rgba(232,120,11,1) !important;
  text-decoration:none;
}
```

8.1.14 Die Erweiterung responsive_images

Diese Erweiterung wurde in ihrer Funktion schon in Abschnitt 6.9 beschrieben. Sie sorgt dafür, dass abhängig von der Bildschirmauflösung die Bilder entsprechend verkleinert vom Server geliefert werden. Fazit: schnellere Auslieferung bei weniger Traffic und somit auch kürzere Ladezeiten.

 HINWEIS: Responsive versus mobil

Durch die geringere Datenmenge wird ein responsiver Ansatz für die Website interessant, da sich die gleichen Inhalte auch auf kleinen Displaygrößen optimiert darstellen lassen. Alternativ würde man einen mobilen Ansatz wählen und mit weniger Bildern arbeiten, um die Ladezeiten kurz zu halten. Damit würden man aber auch andere Inhalte liefern und somit mitunter eine weitere Pflege der Inhalte benötigen. ∎

Installieren Sie diese Erweiterung, indem Sie im Backend auf SYSTEM > ERWEITERUNGSKATA-LOG klicken und dort im Suchfeld *responsive_images* eingeben (Bild 8.65).

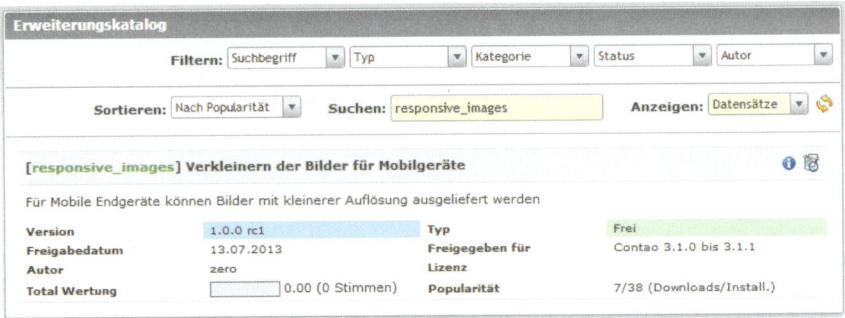

Bild 8.65 Installation der Erweiterung responsive_images

Nach der Installation finden Sie zwei Felder sowie eine Checkbox in den Einstellungen LAYOUT > EINSTELLUNGEN in der Rubrik *Dateien und Bilder* (Bild 8.66).

Bild 8.66 Definitionen der Breakpoints

Im Feld BREAKPOINT (Bild 8.66) tragen Sie die Breakpoint-Werte ein, die Sie bei dieser Website einsetzen beziehungsweise bei welchen Bildschirmbreiten neue Bildgrößen erstellt und geliefert werden sollen.

Im Feld FALLBACK FÜR BILDSCHIRMBREITE (Bild 8.66) können Sie einen Wert für die Breite eingeben, die bei deaktiviertem JavaScript und ohne Cookies verwendet werden soll.

Mit der Checkbox AUFLÖSUNGSCOOKIE (Bild 8.66) können Sie Ihre Website direkt testen und ermitteln, wie sich die Bildgrößen anhand der von Ihnen eingegebenen Breakpoints ändern.

 HINWEIS: Vor der Veröffentlichung Ihrer Website deaktivieren Sie die Option „AuflösungsCookie", damit die Bilder entsprechend der Bildschirmbreiten und nicht der Viewportbreiten generiert werden.

8.1.15 Mach mal passend – die Website responsiv machen

Bis jetzt verwendet die Website nur die Media-Query-Anweisung aus dem Layout-Builder, die bei einer Viewportbreite von kleiner 768 px die Inhalte aus Listing 8.20 definiert.

Listing 8.20 Auszug der Media-Query-Anweisung

```css
@media (max-width:767px)
  {
    #wrapper {
      margin:0;
      width:auto;
    }
    #container {
      padding-left:0;
      padding-right:0;
    }
    #main,#left,#right {
      float:none;
      width:auto;
    }
    #left {
      right:0;
      margin-left:0;
    }
    #right {
      margin-right:0;
    }
  }
```

Diese Anweisung finden Sie im Contao-Verzeichnis unter dem Pfad *assets/contao/css/layout.css*. Besser lesbar ist die Variante *layout-uncompressed.css* im gleichen Verzeichnis.

Alle Spalten werden untereinander dargestellt, die Floats werden aufgehoben. Das Holy-Grail-Prinzip[8] wird aufgehoben. Gut und anschaulich hat dies Peter Müller auf der Contao-Konferenz 2013 in Halle aufbereitet.[9]

Da hier in der Beispiel-Website nur die Hauptspalte eingesetzt wird (in der Regel immer dann, wenn ein Gridsystem angewendet wird), wirkt sich das Holy-Grail-Prinzip hier nicht auf die Darstellung der Seiteninhalte im Frontend aus.

Wenn Sie sich die Website einmal ohne die nachfolgenden, zusätzlichen Media-Queries ansehen, dann entdecken Sie an einigen Stellen bei Viewports kleiner 767 px noch unschöne Stellen. Zum einen überlagern sich die Navigationspunkte (Bild 8.67) und werden dadurch nicht oder nur noch sehr eingeschränkt benutzbar. Zudem werden die Bilder des Karussells nach oben hin, die längeren Bildunterschriften nach rechts hin visuell abgeschnitten.

---

[8] *http://alistapart.com/article/holygrail*
[9] *http://www.ck2013.think-contao.de/layout-builder-holy-grail.html*

PRAXISTIPP: Testen

Testen Sie eine responsive oder mobile Website unter erschwerten Bedingun-
gen zum Beispiel mit Handschuhen. Probieren Sie dann einmal schmale, kleine
Links zu treffen. Oder lassen Sie sich als Beifahrer schwungvoll durch Kurven
fahren und versuchen dabei, auf einer Website zu navigieren. Die Testmöglich-
keiten sind vielfältig ...

Der sich einblendende Pfeil, um nach oben scrollen zu können, sitzt direkt über der Navigation (Bild 8.68).

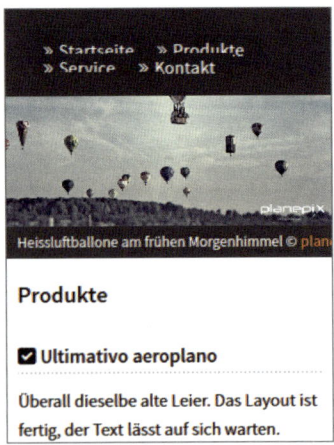

Bild 8.67
Überlagernde Navigationspunkte

Bild 8.68
Der Nach-oben-Scrollbutton überlagert das Navigationsmenü

Genau hier hilft der responsive Ansatz weiter: Er sorgt dafür, alle Elemente so darzustellen,
dass die Navigation bedienbar und die Inhalte les- und erreichbar werden.

In Bild 8.69 sehen Sie eine anders gestaltete Navigation, die sich bei einem schmalen Viewport einblendet. Auch das Bild aus dem Karussell wird nach oben hin nicht mehr abgeschnitten. Bei einem Viewport kleiner 360 px wird die Bildunterschrift ausgeblendet.

Bild 8.69
Navigation wird bedienbar eingebunden

Wie Sie in Bild 8.70 sehen, überlagert auch der Scroll-Button nicht mehr die Navigation, sondern passt sich in das Gestaltungsraster ein.

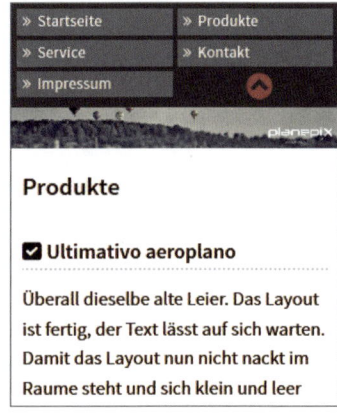

Bild 8.70
Der Scroll-Button verdeckt nicht mehr die Navigation.

Wenige Änderungen mit großer Wirkung: Für Viewports kleiner 767 px passen sich nun die Navigation, der Slider mit den Bildunterschriften und auch das Kontaktformular entsprechend an.

Alle CSS-Definitionen für das responsive Verhalten finden Sie in Listing 8.21.

HINWEIS: Wenn Sie mit einem externen Stylesheet arbeiten, ergänzen Sie die CSS-Definitionen für das responsive Verhalten im bestehenden Stylesheet. Arbeiten Sie mit dem internen CSS-Editor von Contao, erstellen Sie für jede reponsive Angabe ein Stylesheet und binden diese dann in das Seitenlayout ein. Im internen CSS-Editor kann je Stylesheet nur eine Media-Query eingegeben werden.

Listing 8.21 CSS-Definitionen für eine responsive Darstellung

```
/* responsive start */
@media only screen and (max-width: 768px)
  {

/* Hauptspalte */
  #main {
    margin: 0;
    padding: 0;
  }

/* Kopfzeile */
  #header {
    position:fixed;
    z-index:1000;
    height:90px;
  }

/* Container */
  #container {
    padding-top:90px;
  }

/* Navigation */
  #mainnav {
    margin:0;
    padding:0;
    height:86px;
  }

  #mainnav ul {
    margin:3px;
  }

  #mainnav li {
    width:49%;
    float:left;
    margin:1px;
    padding:0;
  }

  #mainnav a {
    margin:1px;
    padding:5px 5px 5px 0;
    display:block;
    text-decoration:none;
    font-size:.8em;
    background:#717171;
    color:#fff;
    letter-spacing:.024em;
    -webkit-transition:background .3s ease-in-out;
    -moz-transition:background .3s ease-in-out;
    -ms-transition:background .3s ease-in-out;
    -o-transition:background .3s ease-in-out;
    transition:background .3s ease-in-out;
  }
```

```
  #mainnav a:hover {
    border:none;
    background:#AD5758;
    padding:5px 5px 5px 0;
  }

/* Kontaktformular */
  #kontaktformular input,
  #kontaktformular textarea,
  #kontaktformular .submit {
    width:100%;
  }

/* carouFredSel */
  .caroufredsel_controls {
    height:90% !important;
  }

/* Scroll-Funktion nach oben */
  #header .scrollup {
    width:49%;
    position:absolute;
    top:60px;
    right:10px;
    display:none;
    z-index:99999;
  }

  #header a.scrollup,
  #header a.scrollup:link,
  #header a.scrollup:visited {
    text-decoration:none;
    color:#ad5758;
    margin:0;
    padding:0;
    text-align:center;
    height:22px;
    width:48%;
  }

  #header a.scrollup:before {
    content:"\F139";
    font-family:FontAwesome;
    font-size:1.6em;
  }
}
/* responsive 768px end */

@media only screen and (min-width: 768px) and (max-width: 987px)
  {
    #header {
      position:fixed;
      z-index:1000;
      height:90px;
      width:100%;
      max-width:744px;
    }
  }
```

```
@media only screen and (max-width: 360px)
  {
    .caption {
    display:none;
    }
}
```

8.1.16 Einbinden eines Homescreen-Icons für ein Lesezeichen auf Tablets und Smartphones

Allen Besuchern der Website mit einem Tablet oder Smartphone bieten Sie nun noch an, dass das Favicon beziehungsweise das Homescreen-Icon beim Sichern als Lesezeichen unverkennbar und visuell hervorgehoben gespeichert werden kann.

Benutzer eines iOS-Gerätes wie iPhone und iPad können in Safari die integrierte Funktion Zum Home-Bildschirm hinzufügen nutzen. Das Ganze funktioniert sowohl für das iPhone als auch für den iPod Touch.

Erstellen Sie zunächst das Icon, das sich später in vier verschiedenen Größen speichern lässt. Auf den Developer-Seiten von Apple werden andere Größen spezifiziert.[10]

Folgende Größen des Icons werden gespeichert:

- 144 x 144 px für das Retina-Display (iPad 4. Generation)
- 114 x 114 px für das Retina-Display (iPhone 4, 4S und iPod Touch 4. Generation)
- 72 x 72 px für das iPad und iPad 2
- 57 x 57 px für die restlichen Geräte (iPhone bis 3GS und iPod Touch bis 3. Generation)

Das Betriebssystem iOS erzeugt die Abrundungen und den Schlagschatten automatisch. Der Glanz- oder Gloss-Effekt wird auf die Icons gelegt. Diesen Glanz-Effekt können Sie auch deaktivieren, indem Sie den Zusatz *-precomposed* im Dateinamen weglassen.

Listing 8.22 Code für Favicons und Homescreen-Icons

```
<link rel="icon" href="files/homeicons/favicon.ico" type="image/x-icon">
<link rel="shortcut icon" href="files/homeicons/favicon.ico" type="image/x-icon">
<!-- Android -->
<link rel="apple-touch-icon-precomposed"
href="files/homeicons/apple-touch-icon-precomposed.png">
<!-- iPad 2 und iPad3 -->
<link rel="apple-touch-icon" sizes="72x72"
href="files/homeicons/apple-touch-icon-72x72-precomposed.png">
<!-- iPhone 4. Generation Retina -->
<link rel="apple-touch-icon" sizes="114x114"
href="files/homeicons/apple-touch-icon-114x114-precomposed.png">
<!-- iPad 4. Generation Retina -->
<link rel="apple-touch-icon" sizes="144x144"
href="files/homeicons/apple-touch-icon-144x144-precomposed.png">
```

Binden Sie den Code (Listing 8.22) im Seitenlayout in der Rubrik *Experten-Einstellungen* im Feld Zusätzliche <head>-Tags ein.

---

[10] *https://developer.apple.com/library/ios/qa/qa1686/_index.html*

Im Beispiel wurde der Ordner *homeicons* in der Dateiverwaltung angelegt, in dem die Icons abgelegt sind. Dieser Pfad wurde entsprechend angepasst.

Für Android, BlackBerry oder Tablets mit iOS 1 lassen Sie die Größenangabe im Dateinamen der Icons weg. Duplizieren Sie das iOS-Icon mit der Größe von 72 × 72 px und nennen dieses Icon dann *apple-touch-icon-precomposed.png.* Das Android OS ignoriert den Dateinamen und erkennt das Icon, auch wenn der Dateiname suggeriert, es sei ein Icon für iOS.

Das Android OS fügt im Gegensatz zum iOS keine runden Ecken und keinen Glanz-Effekt dem Icon hinzu. Unterstützt werden nur „precomposed"-Icons.

In Listing 8.22 ist der Code für das Android OS schon eingebunden. Listing 8.23 zeigt diesen Code-Abschnitt noch einmal einzeln dargestellt.

Listing 8.23 Code für die Einbindung eines Icons für Android OS

```
<!-- Android -->
<link rel="apple-touch-icon-precomposed"
href="files/homeicons/apple-touch-icon-precomposed.png">
```

Wer sich eine Menge Arbeit ersparen möchte, findet auch hierzu einen Online-Generator: Icon Slayer[11]. Sie laden hier einfach eine Grafik hoch und exportieren diese dann (Bild 8.71). Hier werden auch die Anwendungsfälle für die unterschiedlichen Icon-Größen aufgeführt.

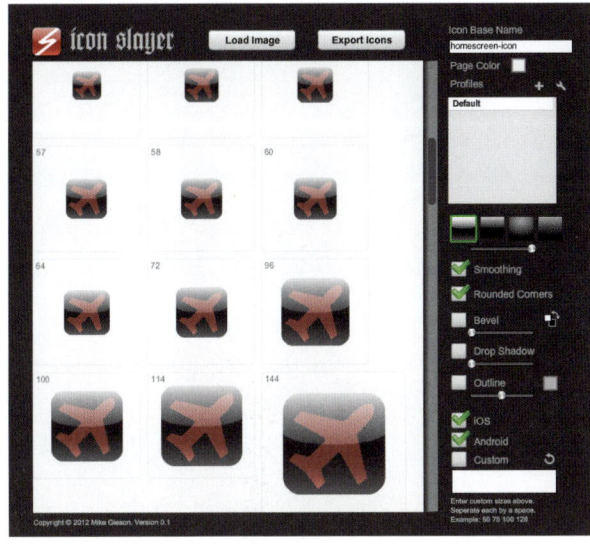

Bild 8.71
Der Icon-App-Generator Icon Slayer

---

[11] *http://www.gieson.com/Library/projects/utilities/icon_slayer/#.UhzwMRtX9IE*

9 Suchmaschinen-optimierung (SEO)

In diesem Kapitel erfahren Sie mehr über die Einstellungen von Contao hinsichtlich der Suchmaschinenoptimierung. Contao bietet als Basis einen suchmaschinenoptimierten Aufbau hinsichtlich Struktur und semantischem Code. Sie können dann noch weitere Angaben und Einstellungen ergänzen.

Darüber hinaus erfahren Sie, wie Sie eine aus Contao erstellte Sitemap-Datei bei Google anmelden und mithilfe der Google Webmaster Tools Ihre Website auswerten und optimieren können.

■ 9.1 Suchmaschinenrelevante Einstellungen

In den Einstellungen im Backend sind einige Einträge für Suchmaschinen relevant. Contao bietet Ihnen für die suchmaschinenrelevanten Angaben die Möglichkeit, neben einem Seitentitel auch Schlüsselwörter *(keywords)* und Seitenbeschreibungen *(descriptions)* anzulegen.

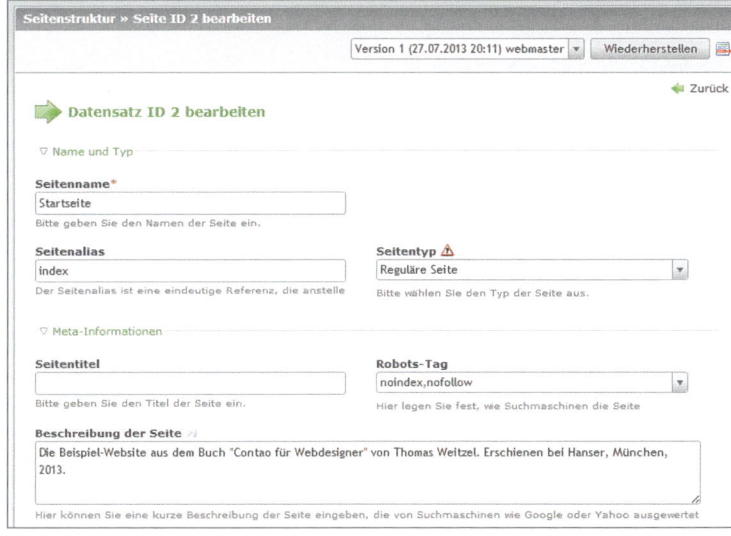

Bild 9.1
Seitentitel und
Beschreibung
der Seite

Den Seitentitel legen Sie in der Regel durch den Namen der Seite innerhalb der Seitenstruktur fest (Bild 9.1). Wenn Sie in der Rubrik Meta-Information einen Seitentitel eingeben, wird dieser Text als Seitentitel anstatt des Namens der Seite verwendet. Innerhalb der gleichen Rubrik können Sie die BESCHREIBUNG DER SEITE *(description)* hinzufügen. Die Beschreibung sollte exakt den Inhalt dieser Seite wiedergeben. Nehmen Sie diese Beschreibung für jede Seite einzeln und mit individuellem Text vor.

9.2 Schlüsselwörter vergeben

Die Schlüsselwörter *(keywords)* spielen schon seit Längerem kaum noch eine entscheidende Rolle für die Optimierung von Websites – speziell bei Google. Die Schlüsselwörter definieren Sie in jedem Artikel im Kopfbereich. Öffnen Sie dazu im Backend von Contao INHALTE > ARTIKEL und klicken auf das Editier-Icon zum Bearbeiten der Artikeleinstellungen eines Artikels (Bild 9.2).

Contao für Webdesigner
Contao für Webdesigner
Startseite
Startseite [Hauptspalte]

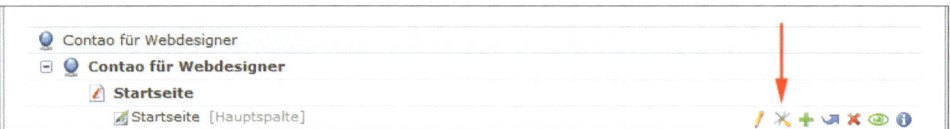

Bild 9.2 Artikeleinstellungen öffnen

In der Rubrik LAYOUTBEREICH UND SUCHBEGRIFFE können Sie nun die Schlüsselwörter im Feld SUCHBEGRIFFE eingeben. In der Regel empfiehlt es sich, wenige, aber dafür den Artikelinhalt treffende, Schlüsselwörter zu verwenden (Bild 9.3).

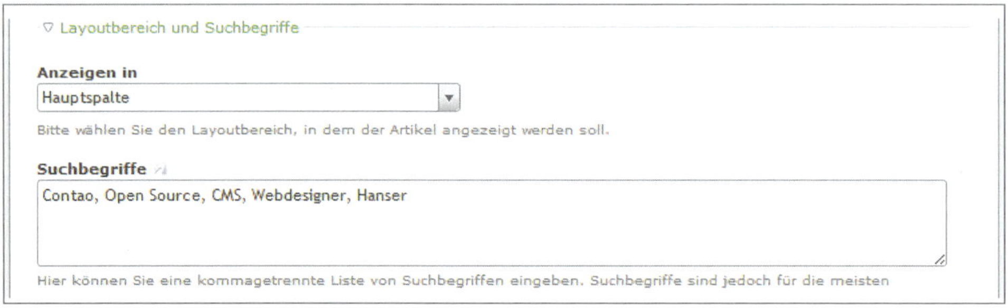

Layoutbereich und Suchbegriffe
Anzeigen in
Hauptspalte
Bitte wählen Sie den Layoutbereich, in dem der Artikel angezeigt werden soll.
Suchbegriffe
Contao, Open Source, CMS, Webdesigner, Hanser
Hier können Sie eine kommagetrennte Liste von Suchbegriffen eingeben. Suchbegriffe sind jedoch für die meisten

Bild 9.3 Eintragen von Schlüsselwörtern

Nehmen Sie dies für alle Artikel vor und geben Sie die Schlüsselwörter für jeden Artikel individuell ein. Individuell bedeutet: auf die Inhalte dieser einen Webseite bezogen. Ebenso sollten die Begriffe so gewählt werden, dass sie zum einen zum Thema passen und zum anderen zum Wortschatz der Zielgruppe dieser Website gehören.

Sinnvoller und zielführender ist es, wenn Sie gute Inhalte und damit für Suchmaschinen in erster Linie gute Texte einsetzen – davon profitiert auch der Leser.

■ 9.3 Auszeichnungen überprüfen

Überprüfen Sie die Auszeichnungen bei Überschriften und Modulen und achten Sie darauf, dass Sie eine Gewichtung durch den Einsatz von Auszeichnungen wie *h1* bis *h6* vornehmen. Verwenden Sie für Zwischenüberschriften nicht die Textauszeichnung fett, sondern setzen Sie dafür zum Beispiel eine *h2*- oder *h3*-Auszeichnung ein. Ändern Sie dann mit CSS die Darstellung einer solchen Zwischenüberschrift in Fett ab.

■ 9.4 URLs umschreiben

In den Einstellungen (SYSTEM > EINSTELLUNGEN) unter der Rubrik FRONTEND-EINSTELLUNGEN finden Sie die Option URLs UMSCHREIBEN, was in Verbindung mit der Webserver-Funktion (Apache) *mod_rewrite* dafür sorgt, dass die URLs lesbar bleiben und die Links Ihrer Website nicht kryptisch ausgegeben werden.

Die Option KEINE SEITENALIASE VERWENDEN sollte nicht aktiviert sein, da die URLs sonst anstatt der Verwendung des Seitenalias die numerische ID der Seite verwenden.

Die URL wird dann aus dem Seitenalias *(seitenalias)* und dem URL-Suffix *(.html)* gebildet.

Beispiel ohne Verwendung der Option KEINE SEITENALIASE VERWENDEN:

- Ohne URLs UMSCHREIBEN: `http://www.meinedomain.tld/index.php/seitenalias.php`
- Mit URLs UMSCHREIBEN: `http://www.meinedomain.tld/seitenalias.html`

Beispiel mit Verwendung der Option KEINE SEITENALIASE VERWENDEN:

- Ohne URLs UMSCHREIBEN: `http://www.meinedomain.tld/index.php/index.php?id=24`
- Mit URLs UMSCHREIBEN: `http://www.meinedomain.tld/index.php?id=24`

Verwenden Sie immer die Version ohne die Option KEINE SEITENALIASE VERWENDEN in Kombination mit der Option URLs UMSCHREIBEN, wenn die Funktion *mod_rewrite* auf dem Server zur Verfügung steht.

■ 9.5 Eine Sitemap in Contao erzeugen

Haben Sie beim Einrichten der Webseite gleich eine Sitemap angelegt? Wenn nicht, dann gehen Sie folgendermaßen vor: Navigieren Sie im Backend zu LAYOUT > SEITENSTRUKTUR und klicken auf das Bearbeiten-Icon des Seitentyps STARTPUNKT EINER WEBSEITE. Alternativ navigieren Sie sich mit der Tasten-Klick-Kombination CMD+KLICK (CTRL+KLICK) auf den horizontalen Bereich der zu bearbeitenden Seite.

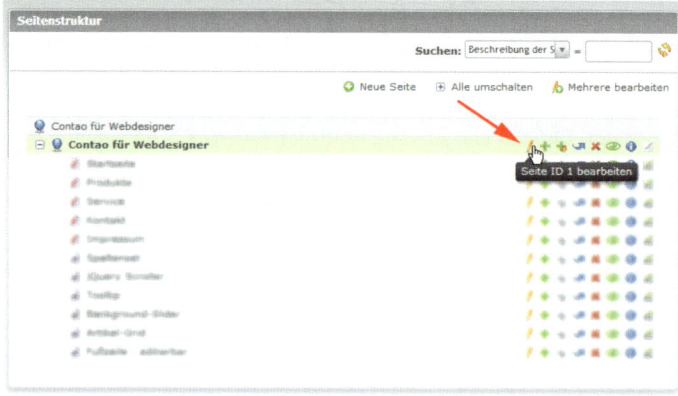

Bild 9.4
Seitenstruktur bearbeiten zum Aktivieren der Sitemap-Datei

Unter der Rubrik XML-SITEMAP aktivieren Sie die Checkbox EINE XML-SITEMAP ERSTELLEN und vergeben einen Namen für die Sitemap (Bild 9.5). Die Endung *xml* fügt Contao automatisch dazu.

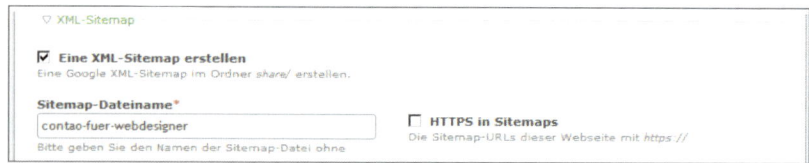

Bild 9.5 Eine Google-XML-Sitemap erstellen

Ergänzend können Sie auch noch das Wort *sitemap* anfügen, dann ist durch die Benennung schnell klar, für was diese Datei verwendet wird.

 HINWEIS: Verwechseln Sie diese Sitemap nicht mit der Contao-eigenen, die der Darstellung der Seitenstruktur auf der Website dient. Die hier generierte XML-Sitemap-Datei sorgt für die schnelle Indizierung Ihrer Website durch Suchmaschinen, vor allem Google.

Die Sitemap-Datei wird im Unterverzeichnis *share* abgelegt und kann später mit *share/contao-fuer-webdesigner.xml* in den Google Webmaster Tools[1] eingetragen werden.

■ 9.6 Die Sitemap bei Google anmelden

Sie können die von Contao generierte Sitemap-Datei bei Google mit den Google Webmaster Tools[2] anmelden. Falls Sie bereits ein Google-Konto haben, zum Beispiel für GMail oder Google+, können Sie es auch für die Google Webmaster Tools nutzen.

---

[1] *https://www.google.com/webmasters/tools/home?hl=de*
[2] *www.google.com/webmasters/tools/?hl=de*

Wenn Sie ein Google-Konto erstellt haben, können Sie sich bei den Google Webmaster Tools anmelden und die von Contao erstellte Sitemap-Datei einreichen (Bild 9.6). Melden Sie die neue Domain an und tragen Sie den Pfad zur XML-Sitemap-Datei ein. Durch eine Sitemap-Datei wird die Domain und damit werden auch die Seiten dieser Domain durch die Webmaster Tools schneller im Google-Index erfasst.

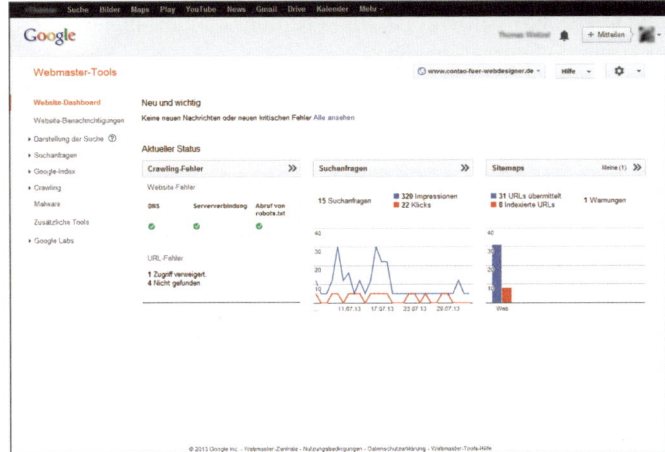

Bild 9.6
Dashboard der Google
Webmaster Tools

Ist die angemeldete Website dann einige Zeit online, werden immer mehr Daten im Dashboard für die angemeldete Website sichtbar (Bild 9.6).

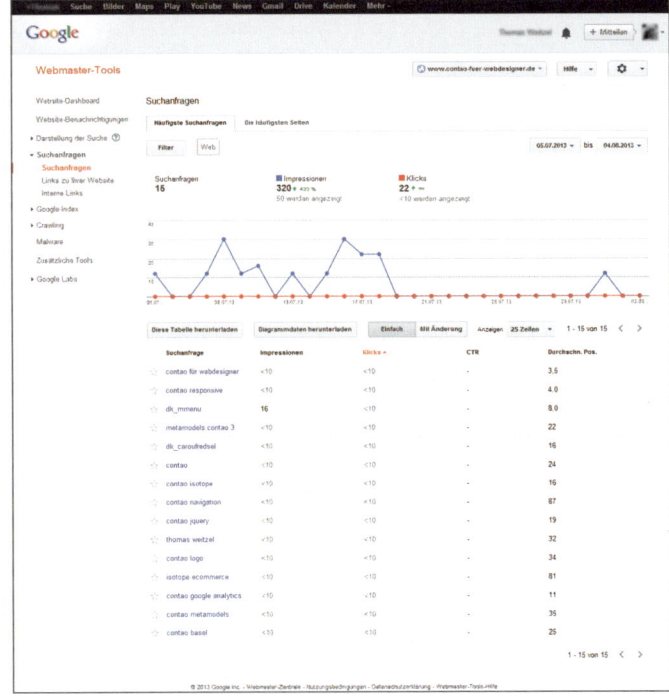

Bild 9.7
Übersicht der Suchanfragen

In der linken Spalte der Rubrik *Suchanfragen* sehen Sie die am häufigsten eingegebenen Suchwörter in Google, gefolgt von der Position (Bild 9.7). Aufgelistet werden die Suchwörter, unter denen Ihre Website in den Suchergebnisseiten gefunden wurde, und der Link von Benutzern angeklickt wurde. Die Nummer in der Spalte *Durchschnittliche Position* bedeutet, an welcher Position der Suchergebnisse Ihre Seite in den Suchergebnisseiten von Google mit dem Suchwort aufgelistet ist. In der Regel werden immer zehn Suchergebnisse auf einer Suchergebnisseite von Google angezeigt. Sprich: Ist die Position kleiner gleich zehn, erscheint Ihre Website auf der ersten Suchergebnisseite.

Um das einmal zu überprüfen, suche ich bei Google nach dem Begriff *Contao für Webdesigner* und erhalte das in Bild 9.8 dargestellte Suchergebnis.

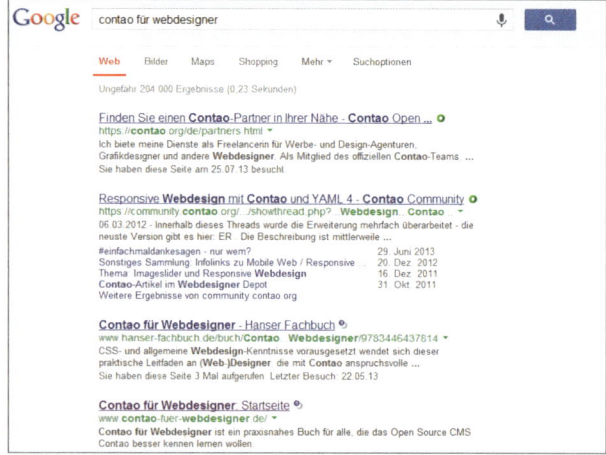

Bild 9.8
Suchergebnisse von Contao für Webdesigner

Bei dieser Suche erscheint die Seite an vierter Position der ersten Suchergebnisseite. Suche ich nochmals mit den Suchbegriffen in Anführungszeichen gesetzt – *„contao für webdesigner"* – wird sogar die Position zwei erreicht. In Anführungszeichen gesetzte Suchbegriffe erkennt Google als „ausschließlich nach dieser Wortkombination" suchen.

Bei knapp 204.000 Treffern ist das eine gute Positionierung. Ebenso zeigen die Webmaster Tools die gefundenen Keywords der Website an. Anhand dieser Auflistung lassen sich weitere Optimierungen vornehmen. Hilfreich ist der Menüpunkt Crawling, dabei speziell der Unterpunkt Crawling-Fehler. Hier erhalten Sie Tipps und Hinweise, anhand derer Sie die Website erneut überprüfen und optimieren können.

■ 9.7 Webstatistiken

Nutzen Sie unbedingt auch Webstatistiken. Ganz gleich, ob Sie Google Analytics oder ein Webstatistik-Skript wie Piwik[3] verwenden: Die Einbindung eines Analyse-Skriptes hilft Ihnen bei der Auswertung und Optimierung der Inhalte Ihrer Website.

---

[3] *http://de.piwik.org/*

9.7.1 Google Analytics in Contao verwenden

Für Google Analytics[4] ist Contao bereits vorbereitet (Bild 9.9). Die Vorgehensweise ist wie nachfolgend für Piwik beschrieben anzuwenden. Tragen Sie Ihre Google-Analytics-ID (UA-XXXXXX-XX) im Template *analytics_google.html5* beziehungsweise *analytics_google.xhtml* ein. Binden Sie dann das Template in das Seitenlayout ein. Die Google-Analytics-ID wird erst auf Ihrer Website integriert, wenn Sie sich aus dem Backend von Contao abgemeldet haben.

Wenn Sie für Ihre Website mehrere Seitenlayouts verwenden, tragen Sie die Google-Analytics-ID in jedes Seitenlayout ein. Nur dann werden alle Webseiten erfasst.

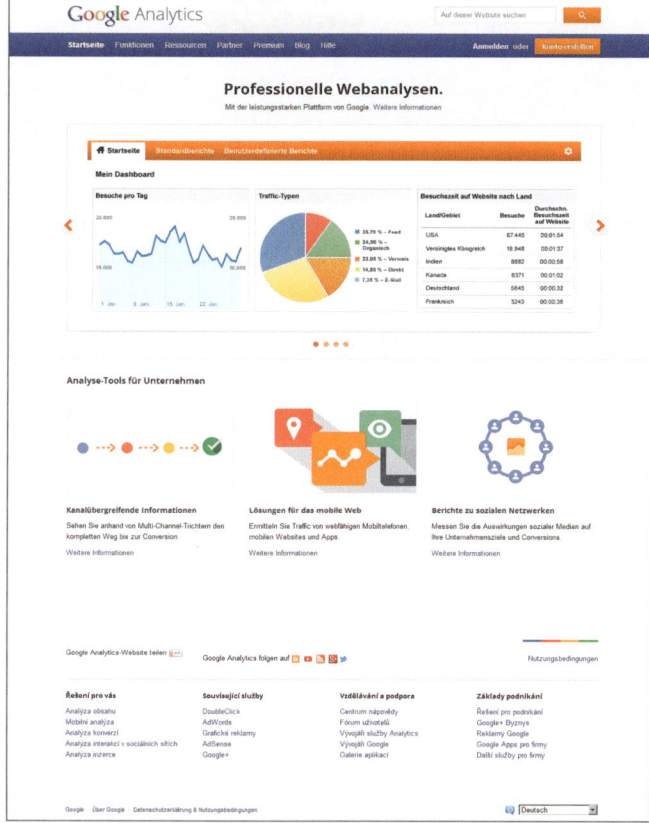

Bild 9.9
Die Website Google Analytics

9.7.2 Piwik in Contao verwenden

Piwik wird im Vergleich zu Google Analytics eigenständig auf Ihrem Server installiert, zum Beispiel in ein Unterverzeichnis. Details zur Installation von Piwik finden Sie unter *http://piwik.org/3*.

---

[4] *www.google.com/analytics*

Wenn Sie statt Google Analytics das Open-Source-Skript Piwik verwenden möchten, finden Sie dazu im Seitenlayout (Layout > Themes > Seitenlayout) unter der Rubrik Script-Einstellungen die beiden auswählbaren Analytics-Templates (Bild 9.11).

Bild 9.10 Die Website von Piwik

Aktivieren Sie hier zunächst die Checkbox Piwik und speichern Sie das Seitenlayout (Bild 9.11).

Bild 9.11 Aktivierung des Piwik-Templates

Nachdem Sie Piwik installiert haben, erstellen Sie unter Layout > Templates ein neues Template *analytics_piwik* und tragen dort den Pfad zur Piwik-Installation ein (Bild 9.12 und Bild 9.13).

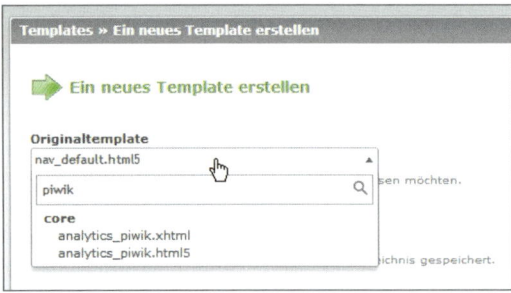

Bild 9.12
Auswahl des Piwik-Templates

Bild 9.13 Eintragen des Pfades zur Piwik-Installation und der Site-ID

Passen Sie nur den Wert für die Piwik-Site *$PiwikSite* sowie den Pfad zur Piwik-Installation *$PiwikPath* an. Diese Daten finden Sie in Ihrer Piwik-Installation unter EINSTELLUNGEN > WEBSEITEN.

16	Contao für Webdesigner	www.contao-fuer-webdesigner.de	Ja	UTC+3	EUR	-	✎ Ändern	✗ Löschen	Tracking-Code anzeigen

Bild 9.14 Piwik Site-ID (hier im Beispiel 16)

Testen Sie nach dem Einbinden eines Analytics-Templates, ob die Zählung erfolgreich ist, und rufen Sie die Website mit verschiedenen Browsern auf oder bitten Sie entfernt arbeitende Kollegen um einen Aufruf der Website.

10 Checkliste für die Website-Veröffentlichung

In diesem Kapitel erfahren Sie mehr über notwendige und sinnvolle Schritte zur Veröffentlichung einer Website. Eine Checkliste erleichtert Ihnen die Kontrolle.

■ 10.1 Contao in einem Unterverzeichnis

Haben Sie Contao während der Entwicklung der Website in einem Unterverzeichnis auf dem Server betrieben? Und nun möchten Sie, dass die Website direkt unter der Hauptdomain im Wurzelverzeichnis aufgerufen werden kann?

Ich habe mir angewöhnt, bis zur Veröffentlichung einer Website diese in einem Unterverzeichnis zu installieren, zum Beispiel ein Kürzel wie */ct* oder das aktuelle Jahr */2013*. Somit wird eine bestehende Website nicht in ihrer Funktion beeinträchtigt und Sie können die neue Website in Ruhe aufsetzen und entwickeln.

Wenn Sie Hyperlinks in Inhaltselementen vom Typ EIGENER HTML-CODE verwenden, schreiben Sie diese am besten unter Verwendung des Insert-Tags[1] {{env::path}}, um nach dem Verschieben der Contao-Installation aus dem Unterverzeichnis in das Wurzelverzeichnis die Hyperlinks nicht anpassen zu müssen.

Auch nach einer Änderung eines Seitenalias werden Sie so weiterhin korrekt funktionierende Hyperlinks erhalten (Listing 10.1).

Listing 10.1 Schreibweise für Erzeugung dynamischer Links durch Insert-Tags

```
<a href="{{env::path}}{{link_url::ID}}"title="Impressum">Impressum</a>
```

Anstelle des Platzhalters ID setzen Sie die Nummer der Seite ein, auf die Sie verlinken. Ermitteln Sie die ID der Seite, indem Sie im Backend LAYOUT > SEITENSTRUKTUR aufrufen und den Mauszeiger über das i-Icon positionieren. Tragen Sie dann diese Nummer nach den zwei Doppelpunkten des Insert-Tags ein.

---

[1] *https://contao.org/de/manual/3.1/managing-content.html#inserttags*

Das Beispiel würde dann, wenn die ID der Seite Impressum die ID 5 hat, vollständig wie in Listing 10.2 dargestellt aussehen.

Listing 10.2 Code für die Erzeugung eines Links auf die Seite Impressum

```
<a href="{{env::path}}{{link_url::5}}"title="Impressum">Impressum</a>
```

■ 10.2 Anpassung in den Einstellungen und der .htaccess-Datei

Bei einer Installation in einem Unterverzeichnis in Contao[2] wird der relative Pfad bereits bei der Installation festgelegt und durch das Install-Tool in der Datei *pathconfig.php* im Verzeichnis *system/config* eingetragen. Wenn Sie nachträglich die Installation in ein Unterverzeichnis verschieben möchten, dann gehen Sie so vor: Ändern Sie den relativen Pfad in dieser Zeile (siehe Listing 10.3).

Listing 10.3 Anpassen des relativen Pfades der Installation

```
<?php
// Relative path to the installation
return '/ct';
```

Wenn Sie auch während der Entwicklung der Website mit suchmaschinenfreundlichen URLs arbeiten möchten, definieren Sie ebenfalls in den EINSTELLUNGEN unter FRONTEND-EINSTELLUNGEN die Option URLs UMSCHREIBEN und speichern die Einstellungen.

Wenn Sie nun in die Frontend-Ansicht wechseln oder den Link FRONTEND-VORSCHAU anklicken, wird Ihnen die Webseite nicht korrekt angezeigt, da Sie zwar im Backend in den Einstellungen die Option URLs UMSCHREIBEN aktiviert haben, es jedoch zur korrekten Ausgabe und Anzeige der Seiten noch eines weiteren Schrittes bedarf.

Im Wurzelverzeichnis der Contao-Installation befindet sich die Datei *.htaccess.default*. Laden Sie sich diese Datei vom Server lokal auf Ihren Rechner und öffnen Sie diese Datei mit einem UTF-8-fähigen Texteditor, zum Beispiel PSPad[3] (Open Source). Sie finden darin unter anderem die in Listing 10.4 dargestellten Zeilen.

Listing 10.4 RewriteBase Standard

```
# Rewrite base
##
RewriteEngine On
RewriteBase /
```

Bei RewriteBase schreiben Sie nun den Verzeichnisnamen hinter den Schrägstrich. Hier im Beispiel lautet dieser Eintrag dann „ct" wie in Listing 10.5 dargestellt.

---

[2] *https://contao.org/de/news/contao_3-0-6.html*
[3] *http://www.pspad.com/de/*

Listing 10.5 RewriteBase angepasst an das Unterverzeichnis ct

```
# Rewrite base
##
RewriteEngine On
RewriteBase /ct
```

Speichern Sie die Datei und ändern den Dateinamen von *.htaccess.default* in *.htaccess* ab. Laden Sie danach die Datei *.htaccess* wieder in das Wurzelverzeichnis der Contao-Installation auf den Server.

Durch den Eintrag und das Entfernen der Ergänzung *.default* im Dateinamen *.htaccess. default* ist die Funktion nun aktiv und eine suchmaschinenfreundliche Ausgabe aller Seiten ist gegeben. Die Funktion zum Umschreiben von URLs nennt sich modRewrite und funktioniert nur auf Apache-Servern.

Wenn die Website zur Veröffentlichung ansteht und diese direkt im Wurzelverzeichnis des Servers aufgerufen werden soll, passen Sie den relativen Pfad zum Contao-Verzeichnis sowie den Eintrag für die RewriteBase in der Datei *.htaccess* an. Anschließend verschieben Sie alle Ordner und Dateien aus dem Unterverzeichnis *ct* in das Wurzelverzeichnis des Servers.

 HINWEIS: Das alleinige Ändern des relativen Pfades zum Contao-Verzeichnis reicht nicht aus, wenn Sie Ihre Contao-Installation in einem Unterverzeichnis erstellt haben. Sie müssen dann, wie vorangehend beschrieben, immer noch manuell die Pfadangabe in der Datei *.htaccess* anpassen. Ohne diese Anpassung werden Sie sowohl im Backend (Dateiverwaltung) als auch im Frontend (falsche Seitenaufrufe) Darstellungs- und Funktionsprobleme bekommen.

Mit der beschriebenen Methode können Sie innerhalb von wenigen Minuten eine Contao-Installation aus einem Unterverzeichnis in das Root-Verzeichnis verschieben und mit den Anpassungen live schalten.

■ 10.3 Wurden suchmaschinenrelevante Einträge vorgenommen?

Contao bietet Ihnen für die suchmaschinenrelevanten Angaben die Möglichkeit, neben einem Seitentitel auch Schlüsselwörter *(keywords)* und Seitenbeschreibungen *(descriptions)* anzulegen. Überprüfen Sie, ob Sie dies schon vorgenommen haben. Sie können diese Angaben auch nach der Veröffentlichung einer Website vornehmen. Jedoch profitieren Sie davon, diese Angaben schon vor Veröffentlichung der Website einzutragen. Die Suchroboter der Suchmaschinen können diese Angaben dann gleich erfassen und auswerten. Später hinzugefügte Angaben, also nach der Veröffentlichung der Website, werden dementsprechend auch wesentlich später durch die Suchroboter erfasst und aktualisiert.

Die detaillierte Beschreibung zur Definition von Seitentitel, Seitenbeschreibung und Schlüsselwörtern finden Sie in Abschnitt 9.2.

■ 10.4 Wurde ein Sprachen-Fallback eingerichtet?

Damit Besucher Ihrer Website aus einem anderen Land oder mit einem anderssprachigen Browser die Webseiten auch ansehen können, bietet Contao die Möglichkeit eines Sprachen-Fallbacks an. Diese Funktion steht immer zur Verfügung, da Sie als erste Seite automatisch mit dem Seitentyp STARTPUNKT EINER WEBSEITE starten. Auch bei einer einsprachigen Website müssen Sie im Seitentyp STARTPUNKT EINER WEBSEITE den Sprachen-Fallback aktivieren sowie die Sprache angeben, um die Sprachen-Fallback-Funktion nutzen zu können. Die Einstellung des Sprachen-Fallbacks definieren Sie innerhalb des Seitentyps STARTPUNKT EINER WEBSEITE in der Rubrik DNS-EINSTELLUNGEN (Bild 10.1).

Bild 10.1 Sprachen-Fallback aktivieren und Sprache definieren

 HINWEIS: Suchmaschinen und Suchmaschinencrawler sind in der Regel englischsprachig und würden Ihre Website ohne aktiven Sprachen-Fallback nicht erfassen. Auch Besucher, die zum Beispiel mit einem englischsprachigen Browser aus Deutschland auf Ihre Website zugreifen, würden ohne Sprachen-Fallback lediglich den Hinweis *No pages found* angezeigt bekommen. Vermeiden Sie also, dass Sie interessierte Besucher Ihrer Website verlieren. ■

■ 10.5 Validieren des Quellcodes und der CSS-Dateien

Zu einer professionellen Website gehört das Validieren der einzelnen Seiten sowie der CSS-Dateien als Service dazu. Zum Glück erleichtern Onlinedienste diese Aufgabe und geben Hinweise auf Fehler. Wenn Sie das Firefox-AddOn Web Developer Toolbar installiert haben, rufen Sie unter dem Menü Extras den Menüpunkt HTML VALIDIEREN auf. Ein neues Browserfenster öffnet sich und überprüft und validiert die aktuelle Webseite.

 PRAXISTIPP: Die Überprüfung mit dem Tool aus der Web Developer Toolbar verlinkt auf den W3C-Service, der als CSS-Validator auf CSS 2.1 überprüft – und somit nicht aktuell ist. Vieles auf Grün ist prima, lässt sich aber nicht immer bei einem Projekt realisieren. Es lohnt sich dennoch, den Validator über die Website zu schicken, allein um Tipp- oder Syntaxfehler aufzuspüren. ■

Das Ergebnis erhalten Sie im gleichen Browserfenster. Im gleichen Menü finden Sie auch den Menüpunkt CSS VALIDIEREN, mit dem Sie die Stylesheets überprüfen können.

Anhand der Anzeige der Fehler beziehungsweise der Warnungen erhalten Sie Hinweise, was zu ändern ist. Sinnvoll ist es, die zuerst genannten Fehler zu korrigieren, da die weiteren Fehler oft Folgefehler sind.

■ 10.6 Interne und externe Links überprüfen

Nichts ist ärgerlicher, als ein nicht funktionierender Link – ganz besonders auf der eigenen Seite, aber auch bei Links, die zu externen Websites führen. Überprüfen Sie daher schon während der Entwicklung einer Website die Links. Für den Firefox-Browser gibt es das AddOn LinkChecker[4], mit dem Sie einfach alle Links auf einer Seite überprüfen können.

Wer unter Windows arbeitet oder Windows unter Mac OS X nutzen kann, dem sei auch noch ein weiteres Werkzeug empfohlen: Xenus Link Sleuth[5].

Damit lassen sich bestehende wie zu veröffentlichende Webseiten schnell analysieren. Fehler wie falsche URLs, fehlende Bilder und ungültige Links lassen sich so schnell aufspüren. Das AddOn nimmt es einem jedoch nicht ab, die angelegten Links auch mit dem jeweils richtigen Ziel zu verknüpfen.

---

[4] *https://addons.mozilla.org/de/firefox/addon/linkchecker/*
[5] *http://home.snafu.de/tilman/xenulink.html*

◼ 10.7 E-Mail-Adressen im Backend kontrollieren

Überprüfen Sie auch die Einstellungen der E-Mail-Adressen im Backend von Contao. Während der Entwicklung setze ich in der Regel immer eine eigene E-Mail-Adresse ein, damit eventuell Fehler oder bei Verwendung von Formularen die E-Mails für Funktionstests nicht an den Kunden gehen, sondern quasi intern in der eigenen Mailbox landen.

Sie finden die Einstellungen der E-Mail-Adressen im Backend von Contao unter *Einstellungen* (Bild 10.2).

▽ Globale Einstellungen

E-Mail-Adresse des Systemadministrators*

contao@weitzeldesign.de

Automatisch erstellte Mitteilungen wie z.B. Kommentar-

Zeichensatz*

utf-8

Damit Sonderzeichen richtig dargestellt werden, wird die

Bild 10.2 E-Mail-Adresse des Systemadministrators in System > Einstellungen

Auch unter dem Seitentyp Startpunkt einer Website kann eine E-Mail-Adresse eingetragen werden (Bild 10.3).

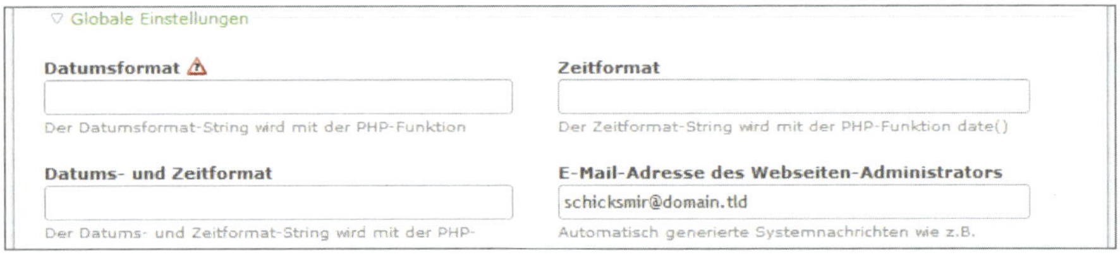

▽ Globale Einstellungen

Datumsformat ⚠

Der Datumsformat-String wird mit der PHP-Funktion

Datums- und Zeitformat

Der Datums- und Zeitformat-String wird mit der PHP-

Zeitformat

Der Zeitformat-String wird mit der PHP-Funktion date()

E-Mail-Adresse des Webseiten-Administrators

schicksmir@domain.tld

Automatisch generierte Systemnachrichten wie z.B.

Bild 10.3 E-Mail-Adresse des Webseiten-Administrators im Seitentyp Startpunkt einer Website

Wenn Sie im Startpunkt einer Webseite eine andere E-Mail-Adresse eintragen als in den Einstellungen, wird diese E-Mail-Adresse für Systemnachrichten wie zum Beispiel neu registrierte Benutzer oder gesperrte Konten verwendet.

Zusammenfassend gesagt: Die E-Mail-Adresse in den Einstellungen ist für die Personen, die die Contao-Installation verwalten (Updates, Wartung etc.). Die E-Mail-Adresse im Startpunkt einer Webseite ist für diejenigen, welche die Website inhaltlich verwalten (Formulare etc.).

◼ 10.8 Testen der Webseiten mit den gängigsten Browsern

Alle Inhalte sind eingepflegt, alle Nachrichten sind angelegt und einem Stapellauf der neuen Website steht nichts mehr im Weg. Sie haben die Entwicklung mit einem modernen und standardkonformen Browser gemacht, um möglichst auf allen modernen und standardkonformen Browser ein gleiches Ergebnis zu erhalten. Alles passt und sieht so aus, wie Sie sich das in Ihrem Entwurf gedacht haben.

Nun schicken Sie die URL der neuen Website einigen Kollegen und Freunden – zumindest ist dies eine kluge Entscheidung – und erhalten dann Rückmeldungen, dass hier und da etwas verrutscht dargestellt wird. Sie haken nach: „Welchen Browser verwendest Du?" Sie kennen dieses Szenario?

Kurzum: Testen Sie die von Ihnen realisierten Websites vor einer Veröffentlichung gewissenhaft mit den gängigsten Browsern – sowohl auf visuelle Darstellung als auch auf Funktionen wie eine bedienbare Navigation. Testen Sie unter allen Ihnen zugänglichen Endgeräten. Aus der Erfahrung kann ich Ihnen empfehlen: testen, testen und nochmals testen. Und am besten immer mit realen Geräten! Manche Simulatoren sind nahe dran am Ergebnis, aber eben knapp.

Wenn Sie auf OS X testen können, sollten Sie die Websites unter Firefox und Safari testen. Neben Onlinediensten empfiehlt sich unter Windows zum Beispiel die Installation von VirtualPC, das Sie jeweils für den Internet Explorer 6, 7 und 8 konfigurieren können. Sie können auch nur die Versionen für den Internet Explorer 6 und 8 installieren und im Internet Explorer 8 auf den Kompatibilitätsmodus schalten und damit den Internet Explorer 7 simulieren. Nichts ist ärgerlicher, als eine Website veröffentlicht zu haben und dann sehr schnell Korrekturen und Tests starten zu müssen – gegebenenfalls sind Sie dann schon mitten im nächsten Projekt.

Auch OS X-Benutzer können dank Parallels Desktop oder VMware Fusion auch die Browser unter einem Windows-Betriebssystem testen.

Kalkulieren Sie also von vornherein genügend Zeit für eine ausgiebige Testphase der von Ihnen entwickelten Websites ein. Die folgende Website leistet Ihnen bei Browsertests gute Dienste: *www.browsershots.org*.

Speziell für das Testen von Websites im Internet Explorer (IE) gibt es verschiedene Ansätze:

- Zum einen kann man ab dem IE 9 mit den Entwicklertools auch zwischen IE 7 und IE 8 umschalten (Bild 10.4).

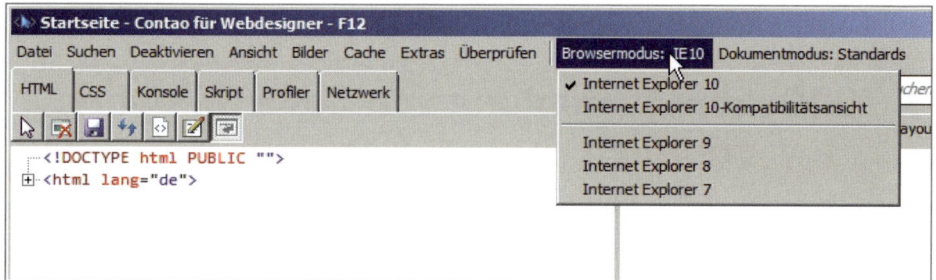

Bild 10.4 Umschalten zwischen verschiedenen IE-Versionen

- Man nutzt die offizielle Website von Microsoft *(http://modern.ie)*[6].

---

[6] *http://modern.ie*

Bild 10.5
Die Website http://modern.ie

Zudem eignen sich Onlinedienste wie *www.browserstack.com*[7] und *www.saucelabs.com*[8] für ein Live-Testen ohne Installation von Zusatzsoftware auf dem eigenen Rechner. Der Online-Service Saucelabs wird in Abschnitt 5.4.1 detailliert beschrieben.

■ 10.9 Workflow zum Abschluss eines Projektes

Nach dem Freischalten einer Website führen Sie noch einmal eine komplette Sicherung der Daten und der Datenbank durch und übergeben dann die Website an den Kunden. Je nach Angebot und gewünschten Leistungen führen Sie eine Schulung für Redakteure oder Administratoren durch, erstellen eine Projektdokumentation oder betreuen Ihre Kunden durch Updates und Aktualisierungen der Erweiterungen der Contao-Installation.

■ 10.10 Eine Sammlung von Code-Snippets erstellen

Im Laufe vieler Projekte mit Contao werden Sie immer wiederkehrende Funktionen oder Stylesheets verwenden können. Erstellen Sie sich in unregelmäßigen Abständen eine Sammlung von Code-Snippets, die Sie dann wieder für Ihre neuen Contao-Projekte einsetzen können. Dazu zählen angepasste Templates wie für die Nachrichten-Templates oder CSS-Definitionen für eine horizontale oder vertikale Navigation. So haben Sie bei Projektstart schon einen Teil zur Verfügung und fangen nicht bei null an.

---

[7] http://www.browserstack.com/
[8] http://www.saucelabs.com

11 Contao maßgeschneidert – individuelle Anpassung von Websites

Einige Dinge wird man immer wieder in einer Website anpassen. Dazu gehören meist auch Sprachlabel, bei denen man die Texte für den Kunden von der „Sie-Form" zur „Du-Form" ändern möchte. Oder das „Weiterlesen …" ist zu gewohnt und man möchte dort lieber „Neugierig?" stehen haben. Für all diese Dinge kann man relativ einfach und vor allem updatesicher Anpassungen vornehmen. Wie das geht, das erfahren Sie in diesem Kapitel.

Folgende Punkte werden näher erklärt:

- Einzelne Sprachlabels anpassen
- Weiterlesen-Link verändern
- Sprachabhängige Bezeichnungen definieren
- Einzelne DCA-Werte anpassen
- HTML-Tags in Seitentitel erlauben
- HTML-Tags in Überschriften erlauben
- Felder der Mitgliederregistrierung anpassen

■ 11.1 Einzelne Sprachlabels anpassen

Mit der Version 3 von Contao[1] wurden die Übersetzung und das Verwalten der Sprachen via Transifex gelöst[2] (Bild 11.1). Auch einige Erweiterungen wie MetaModels[3] nutzen diesen Service.

In früheren Versionen konnte man im Contao-Wiki die entsprechenden Sprachlabels herausfinden[4]. Mit der Version 3 von Contao ist dies nun nicht mehr so ohne Weiteres „lesbar", da die Dateien nicht mehr als PHP-Dateien, sondern im XLF-Format vorliegen. Wie man dies dennoch lesbar bekommt, erfahren Sie gleich.

---

[1] *https://contao.org/de/news/contao_3-0-RC2.html*
[2] *https://www.transifex.com/projects/p/contao/*
[3] *http://now.metamodel.me*
[4] *http://de.contaowiki.org/Defaultwerte_vorbelegen*

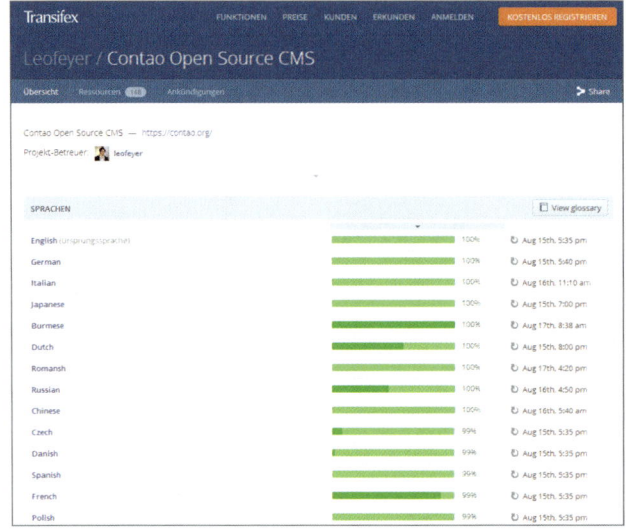

Bild 11.1
Die Website Transifex für die
Text-Übersetzungen von Contao

11.1.1 Anpassung des Sprachlabels „Weiterlesen"

Wie im Contao-Wiki beschrieben wird zunächst der zu ändernde Begriff mittels einer Volltextsuche in allen Dateien von Contao gesucht. Zum Durchsuchen eignen sich verschiedene Programme, die lokale Ordner komplett nach Texten durchsuchen können. Unter Windows verwende ich PSPad[5]. Unter OS X wird zum Beispiel oft mit Coda[6] oder Espresso[7] gearbeitet.

Starten Sie die Suche nach „weiterlesen" und bestimmen Sie dazu das Verzeichnis, in dem Contao entpackt auf Ihrem Rechner liegt. In Bild 11.2 liegt der Ordner auf dem Desktop.

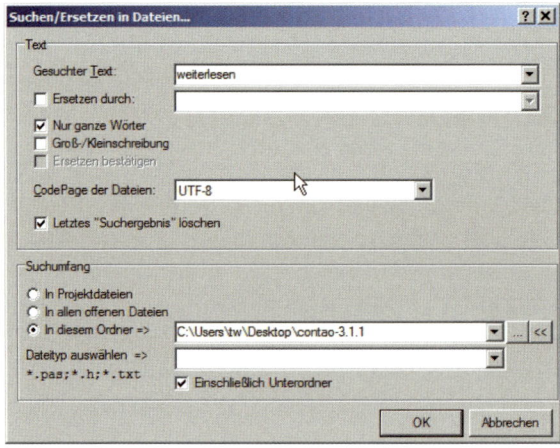

Bild 11.2
Suchen des Wortes weiterlesen

---

[5] *http://www.pspad.com/de/*
[6] *http://www.panic.com/coda/*
[7] *http://macrabbit.com/espresso/*

Wie es das Bild 11.3 zeigt, wurden vier Treffer für den Suchbegriff *weiterlesen* gefunden. Der relevante Teil ist in Listing 11.1 zu sehen.

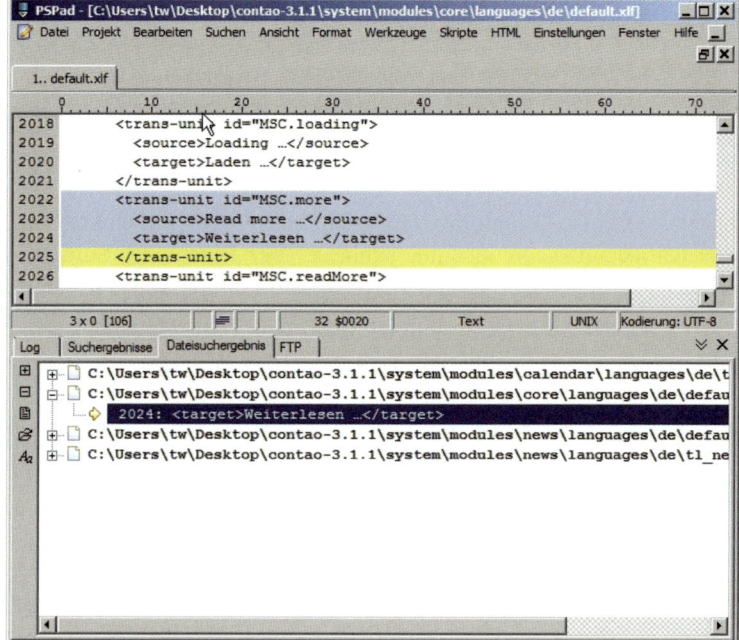

Bild 11.3 Auswertung der Suchtreffer

Listing 11.1 Codeabschnitt für das Sprachlabel Weiterlesen

```
<trans-unit id="MSC.more">
  <source>Read more …</source>
  <target>Weiterlesen …</target>
</trans-unit>
```

Aus diesen Angaben lässt sich nun der entsprechende Code zusammenstellen (Listing 11.2).

Listing 11.2 Code für Änderung der Bezeichnung Weiterlesen

```
$GLOBALS['TL_LANG']['MSC']['more'] = 'Den gesamten Artikel lesen';
```

Aus der ersten Zeile mit der *id* ergeben sich die beiden ersten Codes *MSC* und *more*. Der Begriff der zwischen *<target>* und *</target>* steht ist der zu ersetzende Begriff.

Nun ist es geschafft! Diesen Code tragen Sie nun in die Datei *langconfig.php* im Ordner *system/config* ein. Sobald Sie nun Ihre Website im Frontend aufrufen, sollten Sie die Änderungen sehen. Denken Sie daran, auch den Contao- und Browsercache zu leeren.

PRAXISTIPP: Gewusst wie – oder manchmal ist der Cache zu etwas gut

Baut man den internen Cache von Contao auf, indem man unter EINSTELLUNGEN > GLOBALE EINSTELLUNGEN > INTERNEN CACHE UMGEHEN diese Option aktiviert, dann befinden sich die Sprachlabels im Cache-Verzeichnis *system/cache/language/de* (deutsche Sprachlabels) beziehungsweise das entsprechende Länderkürzel. In diesen Dateien finden Sie nun die Sprachlabels und können so die Syntax einfach wieder in die Datei *langconfig.php* eintragen. ∎

Der sehr engagierte Contao-Community-Moderator xchs hat dies in einem Contao-Community-Thread abschließend schön zusammengefasst: „Der Succus des Ganzen: 'Es ist alles sehr kompliziert.' Jedenfalls hat das ein österreichischer Bundeskanzler mal gemeint."[8]

Bleibt hier zu hoffen, dass es hierzu einmal Werkzeuge oder Methoden geben wird, mit denen sich die Sprachlabel einfacher anpassen lassen.

 HINWEIS: Immer updatesicheres Ergänzen oder Ändern von Sprachlabels

Ändern Sie Sprachlabels immer nur durch den Eintrag in die Datei *dcaconfig. php* und nie in der Originaldatei. Somit bleibt Ihr System updatesicher und ein Update bereitet diesbezüglich keine Probleme. ∎

■ 11.2 Einzelne DCA-Werte anpassen

Contao verwendet sogenannte Data Container Arrays zur Speicherung von Tabellen-Meta-daten. Die Konfigurationen der einzelnen DCAs sind in den DCA-Ordnern der verschiedenen Module hinterlegt. Sie können einzelne Werte updatesicher überschreiben, indem Sie diese Änderungen in der Datei *dcaconfig.php* im Ordner *system/config* eintragen.

11.2.1 HTML-Tags im Seitentitel erlauben

Hin und wieder ist es hilfreich, HTML-Tags wie eine Span-Klasse für eine differenzierte Formatierung in einem Seitentitel zu verwenden. Tragen Sie dazu in der Datei *dcaconfig. php* nach dem öffnenden PHP-Tag *<?php* die Inhalte aus Listing 11.3 ein.

Listing 11.3 HTML-Tags im Seitentitel erlauben

```
$GLOBALS['TL_DCA']['tl_page']['fields']['title']['eval']['allowHtml'] = true;
```

---

[8] *https://community.contao.org/de/showthread.php?42563-Feldbezeichung-im-Registrierungsformular-anpassen-(3-1-1)&p=274715&viewfull=1#post274715*

11.2.2 HTML-Tags in Überschriften erlauben

Auch in Überschriften kann es hilfreich sein, HTML-Tags zu verwenden. Tragen Sie dazu in der Datei *dcaconfig.php* nach dem öffnenden PHP-Tag *<?php* die Inhalte aus Listing 11.4 ein.

Listing 11.4 HTML-Tags in Überschriften erlauben

```
$GLOBALS['TL_DCA']['tl_content']['fields']['headline']['eval']['allowHtml'] = true;
```

11.2.3 Felder der Mitgliederregistrierung anpassen

Genauso können Sie auch Felder in der Mitgliederregistrierung zu Pflichtfeldern machen oder das Pflichtfeld aufheben. Tragen Sie dazu in der Datei *dcaconfig.php* die Inhalte aus Listing 11.5 ein.

Listing 11.5 Felder der Mitgliederregistrierung anpassen

```
$GLOBALS['TL_DCA']['tl_member']['fields']['company']['eval']
['mandatory'] = true;
$GLOBALS['TL_DCA']['tl_member']['fields']['street']['eval']
['mandatory'] = true;
$GLOBALS['TL_DCA']['tl_member']['fields']['city']['eval']
['mandatory'] = true;
$GLOBALS['TL_DCA']['tl_member']['fields']['phone']['eval']
['mandatory'] = false;
$GLOBALS['TL_DCA']['tl_member']['fields']['postal']['eval']
['mandatory'] = true;
$GLOBALS['TL_DCA']['tl_member']['fields']['gender']['eval']
['mandatory'] = true;
```

Sie können zum Beispiel das Feld für Telefon *phone* nicht als Pflichtfeld definieren, wenn Sie statt des Wertes *true* den Wert *false* einsetzen.

Index

Kompakter Schnelleinstieg für IT-Profis

Jardin
Joomla! 2.5
480 Seiten
ISBN 978-3-446-43086-0
→ Mit kostenlosem E-Book (PDF)

Mit einer allgemeinen Einführung in die grundlegenden Strukturen von Joomla! startet dieses Praxisbuch. Sie lernen, wie Sie Inhalte, Menüs, Templates und Erweiterungen verwalten und die essenziellen Werkzeuge des CMS erfolgreich einsetzen. Um Ihnen den Einstieg in Joomla! zu erleichtern, werden Sie gemeinsam mit dem Autor eine Beispiel-Site erstellen.

Der Fokus des Buches liegt auf Themen, die insbesondere beim professionellen Einsatz von Joomla! eine Rolle spielen. So erfahren Sie, wie Sie mit dem Templatesystem arbeiten und eigene HTML- und CSS-basierende Layouts in Joomla! einbinden. Einen weiteren Schwerpunkt bilden spezialisierte bzw. eigene Erweiterungen sowie die Umsetzung von komplexen Seiten mittels Content-Construction-Kits.